Zu diesem Buch

Viele große und kleine Originale waren in dem schönen Land zwischen Weichsel und Memel zu Hause. In diesem herzerfrischenden Geschichtenband treffen wir sie wieder: die Kutscher und Königsberger Fischfrauen, die Madamchens, Lorbasse und Marjellchens, den Rektor Pogorzelski und den Philosophen Kant. Etwas behäbige, aber immer offene Menschen von saftiger Derbheit und Humor, die sich auch dann nicht unterkriegen ließen, wenn es «nichts zu lachen» gab.

In dieser reichhaltigen Sammlung der berühmtesten Anekdoten, Schwänke, Histörchen, Kurzgeschichten und Sprichwörter – die auch wunderbar zum Vorlesen geeignet ist! – sind neben wenig Bekanntem und bisher nur mündlich Überliefertem auch die Klassiker des ostpreußischen Humors mit hochdeutschen oder mundartlichen Beiträgen vereint. Diejenigen Leser(innen), die noch nicht wissen, was, sagen wir: ein Mutzkopp oder Driffke ist, finden am Ende ein «ostpreußisches Wörterbuch».

Das Hausbuch des ostpreußischen Humors

Herausgegeben von Marion Lindt und Otto Dikreiter

Mit Holzschnitten von Eugen O. Sporer

rororo

Rowohlt

Umschlagbild Greta-Maria Scherzer / Umschlaggestaltung Manfred Waller

1.–25. Tausend März 1977
26.–40. Tausend Oktober 1977

Veröffentlicht im Rowohlt Taschenbuch Verlag GmbH, Reinbek bei Hamburg, März 1977

Gesamtherstellung Clausen & Bosse, Leck/Schleswig
Printed in Germany
480- ISBN 3 499 14045 4

Inhalt

Kleine Philosophie über den ostpreußischen Humor	7
Land und Leute	13
Von großen Ostpreußen und anderen Originalen	51
Ostpreußen – wie es lebt und lacht	81
Lorbaß und Marjellchen	127
Vom guten Essen und vielen Trinken	167
Der fröhliche Landmann	185
Von Rekruten und Exzellenzen	205
Alter schützt vor Torheit nicht	221
Ostpreußisches Wörterbuch	239
Namen- und Titelregister	262

Kleine Philosophie über den ostpreußischen Humor

Glauben Sie mir, es ist gar nicht so einfach mit dem Humor – mit einem Satz kann man ihn nicht abtun, weder im allgemeinen noch im speziellen Falle. Humor hat – so paradox es klingt – bei aller Heiterkeit seinen eigenen Ernst. Humor kommt aus dem Herzen und geht zu Herzen, im Gegensatz zum Witz, der dem Intellekt entspringt und wie ein bunter Luftballon mit lautem Knall zerplatzt.

Der Humor ist Harmonie des Herzens und bedarf keiner starken Pointierung. Er will nichts weiter als ein leises Schmunzeln und Freuen auslösen, vielleicht auch befreiendes Lachen. Glücklich der Mensch, der Humor besitzt – er wird manche schwierige Situation spielend meistern. Wer Humor hat, ist bestimmt auch witzig, wenn auch in gemäßigter, duldsamer und nicht verletzender Weise. Der Humor wärmt und leuchtet, er klingt nach wie ein Ton, auf einem feinen Instrument angeschlagen und eine Weile anhaltend.

Menschen mit Humor kennen ihre eigenen kleinen Schwächen und lächeln über die Unzulänglichkeiten anderer, aber nicht auf deren Kosten. Der Witzereißer dagegen ist auf Effekt und Applaus aus.

Mit Humor lassen sich Brücken schlagen von Mensch zu Mensch, Bindungen zu einer anderen Landschaft. Wahrer Humor wurzelt in der Volksseele und offenbart ein reiches Maß an Lebensweisheit.

Wie grundverschieden ist allerdings der Humor von Landschaft zu Landschaft, verschieden wie die Menschen selber, und doch überall liebenswert, wenn man ihm zu lauschen versteht.

Dem schlesischen Humor sagt man nach, er sei hintergründig. Der ost- und westpreußische Humor ist das Gegenstück. Er ist geradeheraus ohne jeden Hintergedanken, er ist plastisch breit und zuweilen sogar von saftiger Derbheit. Bei allem ist er prägnant, und recht oft trifft er den Nagel auf den Kopf.

Fremde erkennen uns Ostpreußen sogleich an dem singenden Tonfall, an dem melodischen Auf und Ab unserer Sprache. »Sie klingt wie die östliche Landschaft«, hat jemand einmal gesagt. Wohl meinte er, in ihr wird die Landschaft lebendig: das weite Land mit den saftigen Wiesen, den wogenden Kornfeldern und den tiefen, endlosen Wäldern und Seen.

Ja, wie das Land, so ist auch die Sprache der Ost- und Westpreußen, breit und herb. ›Hart‹ sagen die anderen. Sie klingt schwerfällig und ist doch so gemütlich, wie der ausladende Kachelofen, an dem man sich wintertags gerne wärmt. Abwartend und etwas umständlich kann sie mitunter in der Formulierung sein. Es ist nun einmal nicht unserer Menschen Art, viele große Worte zu machen, mit Hab und Gut zu protzen, am allerwenigsten mit der Herrlichkeit unseres Landes ›hausieren‹ zu gehen, um es ganz banal auszudrücken.

Mancher Sturm, so mancher Krieg ist über das östliche deutsche Grenzland gezogen, und manche dicke Suppe hat wohl jeder auslöffeln müssen, doch den Humor haben die wenigsten dabei verloren.

Die Sprache der Ost- und Westpreußen ist gewürzt mit Sonderausdrücken wie jede andere auch. Bei Außenstehenden lösen solche fremden ›Vokabeln‹ zuweilen ein Kopfschütteln aus, obgleich schon dieser und jener gesagt hat, es wäre gar nicht so schwer, sich den Sinn des Gesagten zusammenzureimen, weil die Sprache ›so schön mit Worten male‹. Das tut sie wirklich. Natürlich kann ein Fremder, der unsere Heimat nie besucht hat, nicht auf Anhieb wissen, was ein ›Dubbas‹, ein ›Asjettchen‹, was ›Farin‹, ein ›Driffke‹ oder ›Fitzelband‹ bedeutet. Oder wer hat in einer anderen Gegend schon einmal etwas von ›unegalschen Fingern‹ gehört, von ›dusen Farben‹, von ›durch'nen Fingern‹ und ›zu'nen Fenstern‹, von ›Couleur de Nuschel‹, ganz zu schweigen von einer ›geistlichen Sauce‹*.

Das alles sind den Fremden verständlicherweise nicht so leicht zu übersetzende und schwer erlernbare Fremdwörter. Uns sind sie lieb und vertraut wie der blaue Himmel und ›de warme Sonnchen‹ an einem hellen Sommertag auf der Kurischen Nehrung. Wir haben die Muttersprache ja mit all ihren Eigentümlichkeiten von Kindesbeinen an in uns hineingesogen, und sie wird immer die Melodie unserer Heimat bleiben, die uns überallhin begleitet.

Eine Sonderheit in unserer Sprache, die jedem Fremden sofort auffällt, ist der häufige Gebrauch des Wörtchens ›ei‹ am Anfang einer Frage. Wir sagen nicht, wie allgemein üblich: »Wie geht's zu Haus?« Wir fragen: »Ei, wie jeht's zu Haus?« oder »Ei, was macht de Ohmchen?« und »Ei, was nu?« Dieses fest eingebürgerte ›ei‹ ist lediglich ein Füllwort, es ist eine Angewohnheit, die man einfach nicht ablegt. Wenn man dem Ursprung des ostpreußischen ›ei‹ ein wenig nachspürt, dann kommt man auf den Gedanken, daß es sich aus dem ›i‹ entwickelt haben muß, das wir ebensogern in unserem Wortschatz führen. So sagen wir ›i wo‹, ›i wo werd ich‹, ›i nich doch‹, ›i, jehn Se‹. Auf dem Markt konnte man am häufigsten das ›ei‹ vernehmen, wenn die Handels- und Fischfrauen ihre Ware anpriesen: »Ei, Dorsch, Madamche, ei Stint, ei Zanderchens?« Und wenn die Hausfrau dankte: »Ei, wie is es mit e Maßche Blaubeerchens, ei wie mit Jelböhrches?« Und hier hat das ›ei‹ nun seine Berechtigung, hier wird es im Sinne von ›Wie wär's mit ...‹ gebraucht.

* Die ›Übersetzung‹ finden Sie im Wörterbuch am Schluß dieses Buches.

Ebensogern wie das ›ei‹ verwenden wir auch das kleine Wort ›wo‹. So sagen wir: ›I wo‹, was soviel wie ›aber nein‹ bedeutet. Oft hört man auch ›die, wo‹, beispielsweise ›die, wo schwer lernen‹, ›die, wo viel fragen‹. Und welcher Ost- und Westpreuße kennt nicht den Ausspruch: ›Wo werd ich Streit anfangen‹. Lange und umständliche Reden liebt er nicht, und so fragt er den Sohn des Nachbarn nicht: »Wie heißt du?«, sondern: »Wem's bist?«

Es gibt eine ganze Reihe von Wörtern in unserer Mundart, die man als unser ›Ureigentum‹ ansprechen dürfte. *Ein* Wort vor allem scheinen wir gepachtet zu haben, das Wort ›Erbarmung‹. Man gebraucht es zu allen passenden und unpassenden Gelegenheiten. So, wenn man erschrickt, wenn man sich über etwas wundert oder freut, selbst, wenn man eine abfallende Kritik äußern will, sprudelt es spontan heraus: »Erbarmung!« – ganz breit mit scharfem Zungen›rrr‹, wie es besonders betont die Insterburger sprechen, und immer mit tönendem ›k‹ am Ende des Wortes statt des ›g‹. Zuweilen sagen wir auch etwas abgeschwächt ›Erbarmsterche!‹ Ein bekannter Gutsbesitzer pflegte zum Ergötzen aller stets sein Urteil mit dem Schlußsatz zu bekräftigen: »Da kann man bloß sagen – Erbarmung!« – Ich glaube, diese Vokabel wird kein Ostpreuße sein Leben lang ablegen, wenn sich auch im Laufe der Jahre der singende Tonfall etwas abschwächt oder verwischt. Das ›Erbarmung‹ wird immer seine Herkunft verraten.

So fallen uns Eigentümlichkeiten in unserer Muttersprache heute besonders auf, wo viele Jahre und Kilometer uns von der Heimat trennen. Kürzlich fiel ich geradezu über die typisch ostpreußische Redensart einer alten, unbekannten Dame, die mich auf der Straße ansprach und leise fragte: »Ach, Verzeihung, Sie können mir wohl auch nicht sagen, wo das nächste Postamt ist?« Diese Redewendung mit der Voraussetzung einer negativen Antwort war unverkennbar heimatlich. Im Weitergehen habe ich überlegt, warum wir sie wohl gebrauchen, und ich kam zu dem Resultat, daß es lediglich die falsche Formulierung einer Höflichkeitsform sei, man wolle wohl nicht jemanden über Gebühr beanspruchen. Ja, das allein war's wohl, und es würde sich ganz mit der Wesensart der Ostpreußen decken.

Typisch für die ost- und westpreußische Mundart ist auch der Gebrauch der Verkleinerungs- und Zärtlichkeitsform, des ›che‹, bei Namen, Dingen und anderen Worten. Es löst bei Fremden immer große Heiterkeit aus.

Der Schlesier benutzt sie ebenfalls, er hängt aber ein ›la‹ statt unseres ›che‹ an. So spricht er: ›Mei Hundla, mei Häusla, mei Vatala, mei Muttala, mei Schwiegermuttala‹. Letzteres allerdings seltener.

Wir Ostpreußen sagen ganz selbstverständlich und ernsthaft: ›Herr

Dokterche, Herr Beamterche, Herr Schaffnerche, Herr Lehrerche, Herr Pfarrerche, Herr Oberche, Herr Schneidereitche, Frau Schlumbiesche‹. Und wir sagen auch: ›dis liebe Gottche, dis Sonnche, de Sternchens‹. Die Kinder ruft man: ›Karlche, Fritzche, Trudche, Liesche‹. Ruft die Mutter einmal Liese oder Karl, dann weiß man, es ist dicke Luft zu Hause. Das wissen selbst die kleinsten ›Gnossen‹. Dann nimmt man schleunigst die Beine in die Hand und ›peest‹ los.

Das Thema ›che‹ ist mit den Dingwörtern und Namen noch nicht erschöpft. Wir sagen auch: ›Was'che? Was is'che? Na'che? Müd'che, satt'che‹. Eine Mutter hörte ich neulich mitten in einer westdeutschen Stadt ihren kleinen Sproß so zum Weitergehen ermuntern: »Nu komman'che, komman'che, hast doch mitt'che bekommen, Jungche.«

Die Verkleinerungsform mit den vielen ›ch's‹ in unserer Sprache klingt selbst für Außenstehende anheimelnd und herzlich, wenngleich sie es sich auch nicht verkneifen können, dabei heimlich zu ›gniddern‹.

Die Krone aller Verkleinerungs- und Zärtlichkeitsformen ist und bleibt aber das Wort ›Du'che‹. Komisch, da lacht niemand, man schmunzelt, denn in diesem kleinen Wort liegt die ganze Seele der ostdeutschen Menschen. Wenn ein ›Marjellche‹ zu seinem Liebsten verhalten und zärtlich ›Du'che‹ sagt, dann klingt das wie ›puscheiche‹ machen, wie streicheln.

Nun muß ich mich am Ende fragen, ob alle diese Spracheigenheiten, die ich hier aufgerollt habe, überhaupt etwas mit dem Humor ihrer Menschen zu tun haben. Ich meine, ja, sogar sehr viel. Es ist ein stiller Humor, der wärmt und von dem man blanke Augen bekommt, vorausgesetzt, daß er unverfälscht echt, ohne jede Übertreibung, gebracht wird.

Es gibt so manch einen, der den singenden Tonfall unserer Mundart fast perfekt nachahmen kann, obgleich er aus einer ganz anderen Gegend stammt. An *einem* Buchstaben verrät er aber seine Nichtzugehörigkeit, an dem Buchstaben ›g‹, den sowohl die Ost- als auch die Westpreußen völlig unregelmäßig gebrauchen. So sagen wir ›ganz und gar‹, hier wird das ›g‹ guttural gesprochen wie ›che‹, ebenso bei ›Gottche‹. Wir sagen andererseits ›jeh, jeh‹ statt ›geh, geh‹, ›Jeld‹ statt ›Geld‹. Die Mutter hat uns das alles als Kinder gelehrt, die Sprache mit all ihren Eigentümlichkeiten ist uns eben ins Blut gegangen. Höre ich einen sonst noch so guten Imitator sagen ›Ach Jott‹, dann weiß ich, er ist nie und nimmer in unserer Heimat zur Welt gekommen.

Schlagen Sie nun, liebe Leser, das vorliegende große Humorbuch auf, für das viele unserer heimatlichen Dichter und Schriftsteller Beiträge zugesteuert haben, diesmal humorige zu Ihrer Erbauung. Blättern Sie zuerst einmal darin und dann genießen Sie jeden Tag ein Kapitel, ein paar Seiten. Unser unverfälschter ost- und westpreußischer Humor wird belebender auf Sie wirken als alle Medikamente.

MARION LINDT

Du warscht lache

Onns kann hier önne fremde Welt
lang nich so intresseere,
wenn ener ons e Spoaß vertellt,
als wenn to Hus wie were.

Zwoar hätt e jedet Land sien Bruk,
hätt Spoaß tom Tiedverdriewe.
Wie Ostpreiße, wie häbbet ook
und wölle doabie bliewe.

Onns Mutterwitz to rechter Stund,
dä deit wie Hechtsopp tehne.
On böst du krank, lachst die jesund,
die kullre böttre Träne.

Dromm wenn ön die omm't Heimatland
de Truer deit erwache,
denn nömm ditt Bok'ke önne Hand,
les ött un du warscht lache!

WILHELM BIENENFELD

Land

und Leute

Gleich von Anfang will ich der Meinung entgegentreten, die ziemlich allgemein verbreitet zu sein scheint, daß Ostpreußen jenseits Sibiriens liegt. Meinen gewissenhaften und mühseligen Messungen ist es gelungen, festzustellen, daß das keineswegs der Fall ist. Ich sah auch, daß es den größten Teil des Jahres eisfrei ist; und das Nördliche Eismeer stößt zwar an das Land, aber vermittels des Skagerraks, des Kattegatts und der Ostsee. Eisberge habe ich nur in Konditoreien getroffen, und die dazugehörigen Bären mußte ich mir extra aufbinden lassen. Von Wölfen sind nur die auch sonstwo gebräuchlichen zu finden: Leo Wolf, Loeser & Wolff, Heinrich Wolff u. a.

Das Hauptgebirge ist der uralisch-baltische Höhenzug, ein Gebirge, das zu den allerältesten der Erde zu zählen ist, denn es wird auf zwei Milliarden Jahre geschätzt, daher ist es auch vor Alter schon ganz klein geworden, obwohl es in seiner Jugend die jetzigen höchsten Gipfel der Erde um das Dreifache überragte. Das ehemalige Hochland ist nun zum Oberland, das Tiefland zur Niederung geworden. Die höchsten Erhebungen sind der Galtgarben, Wachbudenberg, Rombinus, Kernsdorfer Höhen, der Haberberg und der Butterberg in Königsberg. Auch den Gebirgen angemessene riesengroße Ströme, denen gegenüber die Wolga und der Jangtsekiang nur kleine Rinnsale sind, eilten früher hier ins Weltenmeer, die jetzigen Flüsse sind nicht mehr ganz so groß und heißen Pregel, Inster, Pissa, Rominte, Alle, Angerapp, Goldap, Passarge, Weichsel. Aber jede Stadt hat noch einen Fluß extra für die Wäsche. Außerdem hat das Land fast überall Seen. Es sind ihrer so viel, daß man bei der herrschenden Dunkelheit leicht hineinfallen kann. Die wichtigsten sind die Masurischen, sie sind Erinnerungen an die Eiszeit der Erde, sozusagen Abschiedstränen der Gletscher, bevor sie für längere Zeit nach Norden verschwanden.

Die Küste der Ostsee, die Samlandküste, ist an einzelnen Stellen bis 9000 cm hoch. Leider wird sie von dem Meere fortgesetzt abgetragen. In tausend Jahren frißt sich die See um 0,5 cm ins Land. Ich wollte mich davon durch den Augenschein überzeugen, aber es dauerte mir zu lange. Sicher ist jedoch, daß in ein paar kurzen Jahrhunderttausenden jede Königsberger Hausfrau ihre Wäsche am Meeresstrande wird waschen können.

Die merkwürdigsten Gebilde des Landes sind die beiden Nehrungen, die wie zwei Wurmfortsätze eines Blinddarms am Körper des Landes angeheftet sind. Ähnliche Bildungen habe ich nur an den Gestaden des Atlantik vor der Mündung des gewaltigen Amazonenstromes beobachten können. Aber sie sind noch jetzt steten Veränderungen unterwor-

fen, so daß es sich kaum lohnt, von ihnen Karten zu kaufen, weil sie ja in tausend Jahren sicher nicht mehr stimmen.
Die Fruchtbarkeit des Bodens ist in einzelnen Teilen berühmt; Ostpreußen gehört zu den Kornkammern der Welt. Leider ist die Ernte seit Menschengedenken so entsetzlich schlecht, daß nicht einmal die Aussaat von den Landwirten eingebracht werden kann. Das liegt an den Witterungsverhältnissen und an der Statistik und das ist sehr traurig.

ROBERT BUDZINSKI

Kleine Geographie Ostpreußens

Über die Bärenruhe des Ostpreußen sollte man kein Wort mehr verlieren, sie ist allgemein bekannt. Es ist nicht leicht, einen Ostpreußen in einen ernsthaften Streit zu verwickeln, wobei nicht gesagt sein soll, daß die Menschen dort sich nicht auch ab und zu untereinander ›zergten‹. Aber das geschah dann doch mehr auf eine neckende, gemütliche Art, sozusagen ›auf Spaß‹. Man braucht nur an die Spottverse zu denken, die auf viele ostpreußische Städte in Umlauf waren, sie stellen, heute betrachtet, geradezu eine kleine heitere Geographie Ostpreußens dar.
So hatte der Volksmund auf das romantisch gelegene Städtchen *Insterburg* an der Inster den Vers geprägt: »Überall dringt Bildung durch, bloß man nich in Insterburg.«
Wie es zu diesem Vers kam, ist schwer zu sagen, vielleicht war er eine Anspielung auf die traditionelle Bullenschau in Insterburg. Rundherum lagen nämlich viele große Güter und Bauernhöfe, und so fand gerade hier denn auch alljährlich die große Bullenschau und -auktion statt, deren festlichen Abschluß der bis über die Provinz hinaus bekannte, wohlrenommierte ›Bullenball‹ bildete. Soviel steht jedenfalls fest, daß sich kein Insterburger bei seiner Ortsneckerei getroffen fühlte oder gar ›übelnahm‹. Der Vers war vielleicht nur des Reimes wegen entstanden, sagte man sich und legte den Fall unbekümmert zu den Akten.
Auch die *Pillkaller* pflegten nur zu schmunzeln, wenn man von ihrer Stadt sagte: »Es trinkt der Mensch, es säuft das Pferd – in Pillkallen ist es umgekehrt.«
Natürlich mußten sich die Pillkaller schon ein Glas mehr genehmigen, wenn der Nordost unweit der russischen Grenze verdammt aasig zu wehen begann und es im Winter man so ›knasterte‹ vor Kälte, aber da-

für wurde doch im allgemeinen hier nicht mehr als woanders in Ostpreußen getrunken.
Einen drolligen Vers, der recht aufschlußreich für seine Bewohner ist, gab es auf zwei Städte am Pregel, die östlich von Königsberg lagen. Auf *Tapiau* und *Wehlau*. Es hieß im Volksmund: »Wer nicht wagt, kommt nicht nach Wehlau – wer zuviel wagt, kommt nach Tapiau.«
Dazu als Erläuterung: In Wehlau wurde der große Pferdemarkt abgehalten, zu dem aus der ganzen Provinz Fuhrwerke und Autos in Scharen angebraust kamen. Kurz vor der Einfahrt in die Stadt war jedoch eine ziemlich zerbrechliche Brücke, die jeder passieren mußte. Es gehörte schon eine gute Portion Mut dazu, da noch heil hinüberzusetzen.
In Tapiau dagegen befand sich eine Besserungsanstalt, daher wohl die Warnung: »Wer zuviel wagt, kommt nach Tapiau.«
Auch auf *Fischhausen*, im Samland am Frischen Haff, hatte man einen Spottvers ersonnen: «Komm mit nach Fischhausen herein, allwo die Miggepritscher sein.«
Über die Miggepritscher – zu hochdeutsch Mückenspritzer – kursierte eine sehr lustige Geschichte. Sie lautete etwa so:
Vor vielen Jahren hatte es einmal in Fischhausen Feueralarm gegeben, weil jemand entsetzt geschrien hatte: »Der Kirchturm brennt!« Alles, was Beine hatte, eilte sogleich herbei, um zu helfen und auch Zeuge des Schauspiels zu sein. Ja, dichte Wolken zogen um den Kirchturm, es sah aus, als rauche er. Flink wurde die Feuerspritze herbeigeschafft und in Gang gesetzt. Nur wenige Augenblicke dauerte es, und schon war der ganze Rauch zerstoben. Was war es gewesen? Haffmücken, die sich um den Turm zusammengeballt und getanzt hatten, sie hatten die Illusion eines Brandes hervorgerufen. Der Bürgermeister, der höchstpersönlich das Kommando zum Löschen gegeben, stand da wie ein begossener Pudel. »Freunde«, bat er, »tut mir einen Gefallen und tragt nicht aus der Stadt heraus, was hier passiert ist, sonst sind wir für alle Zeiten vor der ganzen Welt blamiert.«
Natürlich versprachen die Fischhausener zu schweigen, aber es muß doch wohl ein ›Langzung‹ darunter gewesen sein, denn bis auf den heutigen Tag nennen alle Ostpreußen die Fischhausener im Scherz ›Miggepritscher‹.
Von dem Städtchen *Domnau* erzählt man sich eine Geschichte, die sich ebenfalls um eine Feuerspritze dreht. Sie spielt um die Zeit Friedrich Wilhelms IV. Der König hatte einmal einen Domnauer Bürger kennengelernt und ein Gespräch mit ihm geführt, das ihm ausgezeichnet im Gedächtnis geblieben war. Eines Tages äußerte er den Wunsch, der Stadt Domnau einen Besuch abzustatten. Als der Rat der Stadt dies

erfuhr, geriet er natürlich in größte Aufregung, solch einen hohen Besuch hatte man hier noch nie zuvor empfangen. Man überlegte lange hin und her, was man dem Landesvater Gutes zu seinem Empfang bieten könnte, etwas Besonderes müßte es schon sein.
Viele Vorschläge wurden hervorgebracht, aber alle wieder verworfen, bis jemand meinte: »Das Schönste und Beste, was wir in unserer Stadt haben, ist doch die neue Feuerspritz'. Mit dieser sollten wir unserem König entgegenfahren und ihn mit einem zünftigen Strahl begrüßen.«
Da die Geschichte sich, wie gesagt, in Domnau abspielte, wurde diese Anregung einstimmig akzeptiert.
Als der König nun in seiner schmucken Kalesche angefahren kam, stand die gesamte Feuerwehr aus Domnau mitten auf dem Weg, den er passieren mußte, und als die Kutsche ganz dicht dran war, setzte man sie feierlich in Aktion. Der König wurde in seiner Staatsrobe bis auf die Haut naß. Aber Friedrich Wilhelm hatte Humor: »So hat mich bisher noch niemand begrüßt«, lachte er. Im gleichen Moment ist ihm wohl klargeworden, daß das, was man von den Domnauern neckend erzählte, schon seine Richtigkeit haben müsse. »Von Domnau sagt man öfters leise, daß da die Leute wenig weise, und läge Schildburg nicht in Schwaben, könnt' Domnau auch die Ehre haben.«
Zinten, das nur einen Katzensprung von Königsberg entfernt lag, also mitten in Ostpreußen, wurde allgemein als Ausland bezeichnet. Wie es zu der Entstehung der Redensart »Nach Zinten ins Ausland reisen« kam?
Die Nichtkatholischen durften sich laut Verordnung des ermländischen Bischofs von 1526 nur vorübergehend im Ermland aufhalten, im Höchstfall ein Jahr. Trotzdem hörten die Protestanten nicht auf, hier ihrem Gewerbe nachzugehen. Zum Schein verließen sie das Ermland für kurze Zeit und reisten in das nahe liegende Zinten. Darum hat man scherzhaft von Zinten als dem ›Ausland‹ gesprochen.
Elbing hänselte man ebenfalls: »Es gibt so'ne und solche und Albinger.« Weil in Elbing das ›e‹ mehr wie ›a‹ gesprochen wurde, neckte man auch einander: »Es gibt Leute, die schreiben Albing mit ›E‹.«
Viele andere heitere Spottverse kannte der Volksmund von ostpreußischen Städten. Nicht allen können wir in diesem Rahmen Platz geben, aber einen dürfen wir nicht auslassen, den Vers, der auf *Kraxtepellen* im Samland umging. Den gleichen Spottvers wandte man auch auf viele andere kleine Orte an. Wenn jemand weit ab vom Schuß wohnte, so ›beim Deiwel auffe Rinn‹, dann hänselte man: »Er ist aus Kraxtepellen, wo die Hunde mit dem Zagel bellen.«

MARION LINDT

Wer aus Insterburg kommt unbekneipt,
aus Gumbinnen unbeweibt,
aus Pillkallen ungeschlagen,
der kann von großem Glücke sagen.

ALTER SPRUCH

Die wichtigsten Ortschaften des Landes

Die Bewohner Ostpreußens leben in Städten und Dörfern. Die erste Stadt, die man betritt, wenn man aus der Kulturwelt kommt, heißt Marienburg. Hier ist ein altes Schloß, aber neu auflackiert. Früher war es das berühmteste Ordensschloß, es herrschten da die Ordenshochmeister, jetzt herrscht dort der Oberbaurat Dr. h. c. Schmidt. Im Innern des Schlosses ist besonders schön zu sehen die Ritterküche mit dem Eber, der am Spieß schmort über dem ewigen Feuer, das nicht erlöschen kann, weil es wie der Eber aus bestem Gips ist. Ähnliche hübsche Überraschungen verbergen sich noch häufig in den Sälen, Kemenaten, Remtern des Baues.
Die Hauptstadt des Landes aber ist Königsberg am Pregel, die Stadt der reinen Vernunft. Das kann man am besten beobachten auf dem sogenannten Paradeplatz oder Königsgarten. Kommt man vom Bahnhof in die Nähe des Schlosses, so steht da ein riesengroßer Polizist und hält den einen Arm mit dem Signal hoch, so daß man stehenbleiben muß. Es ist aber nur der alte Kaiser Wilhelm bei der Krönung, und Bismarck steht etwas abseits und sieht zu, ob er es auch richtig macht. Nicht weit davon sind die beiden größten Sehenswürdigkeiten der Stadt, die Fischweiber und das Blutgericht. Die Fischweiber sind nicht etwa Wesen in der luftigen Art der schönen Lau, der schönen Magelone, sondern sehr gediegen und wiegen nicht unter zwei Zentnern. Sie sitzen seit Jahrhunderten hier an der grünen Brücke, zu allen Tages- und Jahreszeiten. Oberbürgermeister kommen und gehen, sie sitzen, Staatsformen treten auf und verschwinden, sie sitzen, die Menschen beten katholisch, sie sitzen, sie beten evangelisch, sie sitzen noch immer, die Menschen beten überhaupt nicht, aber die Fischweiber werden auch dann noch sitzen. Ihre Sprache ist ewig. Wenn schon längst alle Welt vielleicht Esperanto sprechen wird, werden diese Nornen ihr angeborenes uraltes Königsbergsch sprechen. Sonst aber verkaufen sie Flundern, Hechte, Stinte, Bücklinge und Räucherheringe.
Das Blutgericht ist ein Weinlokal im Schloßhof. Früher war es das hochnotpeinliche Gericht, das manchen den Kopf absprach, weshalb

auch jetzt noch manch einer die dunklen Gemächer kopflos verlassen muß. Aber vielleicht ist es gut, von Zeit zu Zeit einmal von seinem Kopfe befreit zu werden, sieht man doch allerorten, wie wenig notwendig er im Grunde genommen doch ist.

Andere Sehenswürdigkeiten in dieser Stadt sind: Der Schloßteich mit Brücke und Schwänen, der Richtblock mit echtem Blut im Prussiamuseum, der Samlandbahnhof am Sommersonntagsmorgen, die Kunsthandlungen Riesemann & Linthaler und Teichert mit Schreckenskammern, der neue Hauptbahnhof, der im Jahre 2007 nach Chr. G. fertig wird, die Alkoholströme auf dem Messegelände zur Zeit der Herbstmesse, das Publikum beim Pferderennen in Karolinenhof, die Angler am Oberteich, das Gedränge in den Kunstausstellungen der Kunsthalle, die Gesichter der Zuschauer in den Kinos, der Hammerkrug mit der Kunstakademie, das Universitätsgebäude auf dem Paradeplatz mit seinem berühmten Strahlenkranz honoris causa, ihr gegenüber die Buchhandlung Gräfe und Unzer, die vornehmste unseres Planetensystems. Die Stadt hat ungefähr 280000 lebende und sehr viel mehr tote Einwohner, die lebendigsten sind E. T. A. Hoffmann und Kant.

Die Hauptstadt des Südens und zugleich Rivalin Königsbergs ist Allenstein. Zwar hat Königsberg seinen Kant, aber Allenstein hat seinen Worgitzky, dazu noch einen hochberühmten Mord und ein prächtiges Theater. Und in absehbarer Zeit wird es auch als Hauptstadt die Stelle Königsbergs einnehmen, wenn dieses nämlich die Fluten der Ostsee begraben haben werden. Vorläufig bereitet es sich auf diese zukünftige Bestimmung auf jede Weise vor. Die Hotels haben schon lange angefangen, sich großstädtischen Verhältnissen anzupassen, vollständig gelungen ist es ihnen allerdings nur bei den Zimmerpreisen. Die Umgebung der Stadt ist sehr schön, der hervorragendste Punkt am Lanskersee heißt Präsidentenhöhe. Aus diesem Namen ist zu ersehen, wie weit die Demokratisierung des Landes schon vorgeschritten ist. Hier in dieser Gegend fängt sie auf dem Lande zuerst an.

Andere Städte sind Elbing mit Schichau, Komnick und Englisch-Brunnen, Nikolaiken mit Maränen, Mohrungen mit Herder, Marienwerder mit einer nicht restaurierten Ordensburg, Frauenburg mit Kopernikus, Dom und Haff, Zinten mit dem Beinamen ›Das Ausland‹, Domnau mit vielen lieblichen Sagen, Angerburg, Gerdauen und Fischhausen mit sozialdemokratischen Landräten, Mühlhausen mit einem angebundenen Krebs im Mühlenteich, Marggrabowa mit dem größten Marktplatz des Weltalls, Neidenburg mit Gregorovius aus Rom und Restaurationen, die sich über die halbe Stadt erstrecken, ebensolche finden sich auch in Ortelsburg, Passenheim mit der schönsten Umgebung ganz Europas, Labiau, Tapiau und Wehlau am Ende mit au. In Rastenburg

lebte ein Erfinder des Skatspiels, in Bartenstein und in Tilsit sind die beiden anderen geboren und in Heiligenbeil gestorben, in Braunsberg aber beerdigt, in Tharau lebte die ostpreußische Nationalheilige ›Ännchen von Tharau‹, in Insterburg der Klempnermeister Kadereit.
Bei meinen Wanderungen stieß ich wiederholt auf Ortschaften mit nicht sehr bekannten, aber desto klangvolleren Namen, so daß ich oft glaubte, mich in einer verzauberten Landschaft umherzutreiben. So fuhr ich einmal mit der Bahn von Groß-Aschnaggern nach Liegetrokken, Willpischken, Pusberschkallen nach Katrinigkeiten, frühstückte in Karkeln, kam über Pissanitzen, Perkuiken, Juckenischken, Kuhdiebs nach Katzenduden, aß in Aschlacken Mittag, verirrte mich dann in Pudelkeim, Pupinnen, Bammeln, Babbeln und abendbrotete in Pschintschiskowsken, übernachten wollte ich in Kartzanupchen, wo ich entdeckte, daß ich infolge der vielen mir vorgekommenen merkwürdigen Namen meinen eigenen Vatersnamen ganz vergessen hatte, was den Wirt in Kartzanupchen mit Namen Struntzkeitzki veranlaßte, mich fortzuweisen; so ging ich über Strontzken, Grondzken und Dumbeln nach Bumbeln und Budschißken, wo mir mein Name infolge der Klangähnlichkeit wieder einfiel, so daß ich in dem benachbarten Kackschen beim Gastwirt Kaschemecker anstandslos übernachten konnte. Am nächsten Morgen nahm mich ein Fuhrwerk aus Gartenpungel mit. Als ich den Besitzer fragte, von wo er her wäre, sagte er nur Prosit, hatte aber keine Flasche bei sich. Auf meine weitere Frage, wohin er fahre, meinte er Prostken, was mich veranlaßte, ihn zu einem Schnaps einzuladen. Erst später erfuhr ich, daß die beiden Namen nicht ein Wink mit dem Zaunpfahl, sondern höchst anständige Ortsnamen waren. An dem folgenden Tage lernte ich noch kennen: Plampert, Purtzunsken, Kötzlauken, Mierunsken, Spirokeln, Wannagpuchen, Meschkrupchen, Salvarschienen, hörte noch von Spucken, Maulen, Puspern, Plumpern, Schabbeln, Wabbeln, wurde ohnmächtig und erwachte in Mierodunsken, wo mich der Landjäger von Uschpiauschken hingebracht hatte. Es dauerte lange, bis ich meine Sprache beherrschte, denn meine Zunge drehte sich mir fortgesetzt im Leibe um, so daß ich auf die Frage des Mannes, wohin ich wolle, sagte: »Göbisknerg – Kösichgers – Knösiggerb – Königsberg.« Der Beamte meinte: über Mischmiautsken oder Kampinischken, was mich so ärgerte, daß ich ihn mit »Dammelskopp« anschrie. »Das liegt auf der anderen Strecke«, sagte er entgegenkommend. So gelangte ich denn über mehrere -ischken, -unsken, -schkallen und -scheiten nach Königsberg. Ein Blick in den Eisenbahnfahrplan überzeugte mich, daß ich nicht geträumt hatte.

ROBERT BUDZINSKI

Ostpreußisches Ortschaftsverzeichnis

Theerwischwolka, Perkunischken,
Kuth, Czymochen, Kampinischken,
Plampert, Mulk, Katrinigkeiten,
Uszpiaunen, Endruscheiten,
Pupkeim, Pudelkeim, Pupinnen,
Wickno, Wiersbau, Wiebs, Widminnen,
Jucha, Machenguth, Pogrimmen,
Swirkeln, Skirbst und Schuddledimmen,
Pilchen, Chelchen, Abschrey, Nassen,
Buddern, Wawern, Widdrichs, Prassen,
Kimschen, Kutzen, Rucken, Faulen,
Kummelupchen, Budschen, Maulen,
Kalenczinnen, Karkeln, Bumbeln,
Pissanitzen, Grondzken, Dumbeln,
Alxnupönen, Carallischken,
Schimiontken, Juckenischken,
Perkuiken, Mniodunsken,
Kuhdiebs, Czychen, Lomp, Mierunsken,
Gr.-Aschlacken und Schelecken,
Katzenduden, Kaszemecken,
Kölmisch, Kackschen, Eydginischken,
Truntz, Spirokeln, Tamowischken,
Wannagpuchen, Kartzanupchen,
Gr.-Aschnaggern und Meschkrupchen,
Mauen, Puspern, Olk, Farienen,
Gartenpungel, Kermuschienen,
Prosit, Prostken, Ackmonienen,
Liegetrocken, Czuppen, Bajohrgallen,
Punkt, Willpischken, Pusberschkallen,
Tutschen, Tutteln, Bammeln, Babbeln,
Spullen, Tullen, Spucken, Wabbeln,
Kabbeln, Gurkeln, Muldszen, Glommen,
Lenkuk, Gigarrn, Wusen, Wommen –
hast noch immer nicht genug,
nimm den Fahrplan vor und such!

A. VON WEISS

Spottverse

Ai, willst du mit, so komm, so komm!
Komm mit mir nach Danzig herain,
allda wo die Pomuchelsköpfe sain.
Ai, willst du mit, so komm!

Ai, willst du mit, so komm, so komm!
Komm mit mir nach Albing herain,
allda wo die Pottaklatscher sain.
Ai, willst du mit, so komm!

Komm mit mir nach Schippenbeil herain,
allda wo die Erbsenschmecker sain!

Komm mit mir nach Gerdauen herain,
allda wo die Saubader sain!

Komm mit mir nach Wehlau herain,
allda wo die Alenstecher sain!

Komm mit mir nach Insterburg herain,
allda wo die Barenlaiter sain!

Komm mit mir nach Tilsit herain,
allda wo die Pareeskenmacher sain!

Komm mit mir nach Memel herain,
allda wo die Sandhase sain!

Komm mit mir nach Königsberg herain,
allda wo die Clumsnickel sain!

Ai, willst du mit, so komm, so komm!
Komm mit mir nach Fischhausen herain,
allda wo die Miggepritscher sain.
Ai, willst du mit, so komm!

VOLKSMUND

In meiner Jugend hatte ich keine Zeit, um nach ihnen zu suchen. Ich hatte ganz andere Dinge im Kopf: die weite Welt, diesen herrlich schimmernden Buntfilm, von dem ich in den Grenzen meiner Heimat nur eine beschränkte Schwarzweißkopie zu sehen bekommen hatte.
Aber nach einem Jahrzehnt des Wanderns kam ich zurück, und da geschah das Wunder . . .
Davon will ich aber nicht erzählen, sondern von den Perlchen, den kleinen Städten meiner Heimat.
Meine Heimat ist ein reiches Land, wenn man von den Fehlstellen absieht, die es überall gibt. Und es ist ein lustiges Land, mit steilen Hügeln, blanken Seen und einer bunten, mannigfaltigen Flora. Eine lächelnde Landschaft, die blonde Schwester Masurens, aber nicht weniger schön.
Die Städte meiner Heimat sind einander sehr ähnlich, eben Perlchen, langsam gewachsen und von gleichem natürlichen Schmelz. Wenn ich eine beschreibe, denke ich auch an die anderen, und ich will nicht behaupten, daß ich nur eine bestimmte meine oder daß ich von der anderen nichts geborgt hätte. Deshalb ist es vergeblich, meine Perle auf einer Karte zu suchen. Alle sind in den gemeinsamen Zauber der Erinnerung verwoben.

Meine Stadt hat eine hohe, strenge Ordenskirche über einem ausschweifend geräumigen Marktplatz. Die Kirche ist aus rotem Backstein, sie hat ein steiles Dach und Zinnen, auf denen die Störche nisten. Auch ihr Turm hat solch ein Dach, und abends, wenn die Sonne darauf ihre letzten rötlichen Strahlen wirft, sieht der Turm wie eine Frau aus, die ein buntes Kopftuch über den Scheitel gelegt hat.
Von dort oben kann man hinübersehen zu den anderen Städten, die natürlich auch solch eine Kirche haben. Der See, der die Stadt wie ein Gürtel umsäumt, denn er bot ja zur Zeit der Gründung den besten Schutz, ist ebenfalls keine Besonderheit. Alle diese Städte tragen solch einen Gürtel, der abends, wenn die Nebel aufsteigen, zu einem breiten Schleier wird.
Die Märkte aber sind so groß, damit die vielen Bauernwagen darauf Platz haben. Früher, als das Pferd noch unumschränkt den Stolz des Landmannes versinnbildlichte, wurden die schönen Tiere auf den Märkten im Trab vorgeführt. Auch dazu brauchte man Platz.

Jetzt muß ich aber doch von dem Wunder erzählen, das mich ins Oberland zurückgebracht hatte. Es waren eigentlich viele Wunder, die zu-

sammenwirkten, doch hatten sie *einen* magnetischen Pol, der sie anzog.
Das Wunder kam aus der Großstadt, es hatte manche Eigenschaften, die meiner Heimat fremd waren.
An einem Markttage wollte das Wunder Obst und Gemüse einkaufen. Der große Platz war umstellt von Ständen, fast alle Güter der Umgegend hatten ihre Gärtner hingeschickt. Die hatten Blumen und Setzlinge vor sich aufgebaut. Aber Gemüse?
»Klops ist das beste Rundgemüse«, sagte man bei uns. Und die Gärtner meinten: »Gemüse ziehen wir nur für das Schloß.« Auch Herr Grümke, Kolonial- und Eisenwaren, an der Marktecke, mit der Weinstube und dem Stammtisch, an dem die Auserwählten von Stadt und Land sich einmal in der Woche zu treffen pflegten, hatte kein Gemüse.
»Versuchen Sie es doch einmal beim Hausfrauenverein!«
Das Wunder ging also in den Hausfrauenverein. Der hatte nur einen ganz kleinen Laden, so winzig, daß man meinte, die dicke Verkäuferin müsse herausgehen, wenn ein Kunde in den beschränkten Raum hineinwollte.
Tatsächlich, hier gab es Gemüse.
Das Wunder wählte kurzentschlossen etwas Wirsingkohl und ein wenig Spinat – damit war die Auswahl auch erschöpft.
»Salat?«
»Nein, Salat führen wir nicht. Der verwelkt mir hier bloß.«
»Also gut, was macht das?«
Ach nein, so schnell ging das nicht. Hier war noch die Gemütlichkeit zu Hause, und man wollte doch auch wissen, mit wem man es zu tun habe.
»Sie kommen wohl aus Kalitken?« riet die dicke Verkäuferin.
»Nein.«
»Na, dann vielleicht aus Terpen?«
»Den Namen kenne ich überhaupt nicht.«
»Da sind Sie wohl nicht von hier?«
»Nein.«
»Na, dacht ich's mir doch! Vielleicht zu Besuch?«
»Ich wohne hier in der Nähe.«
»Dann sind Sie wohl die junge Frau Schmalies?«
»Nein, wirklich nicht.«
»Ich hab doch gleich gedacht, ich kannt Ihnen nicht.«
»Ist auch nicht nötig.«
Ach, das Wunder ahnte noch nichts von dem Zauber unserer Perlchen. Nach einem halben Jahr hatte auch das Wunder Zeit, im Hausfrauenverein zu erfahren, was die abgeschiedene Gegend in Atem hielt.

Es waren die Neuigkeiten einer kleinen Welt, die man nicht unwichtig nehmen durfte, denn das Bild paßte in den Rahmen, in den es gehörte. Aber die kleine Stadt hatte nur ein bedingtes Eigenleben, das absterben mußte, wenn es nicht von außen her neue Antriebe erhielt.
Außen, das waren die großen und kleinen Güter, für die unsere Stadt der Umschlagplatz war.
Das wußten jene Kaufleute sehr genau, die in dem altväterischen Haus am Westrand wohnten, in diesem Haus, das zunächst ganz allein stand, ehe die Baulust der Jahrhundertwende die Villenvorstadt aus der Erde sprießen ließ.
Übel, Klatt & Co, Getreide, Saaten und Futtermittel, waren sozusagen die Hausärzte der Güter und Besitzer rund um die kleine Stadt. Sie fühlten ihnen den Puls und wußten sofort, wo und wann eine Krankheit im Begriff war, einen Wirtschaftskörper zu überwuchern. Von außen her war das nicht so leicht zu erkennen, denn solch ein Gutsherr trat nicht anders auf als bisher, höchstens daß er sich ein wenig gewollt forsch zeigte.
Das war aber nicht die Forschheit des alten Herrn von Bledau, den Herr Übel mit seinen achtzig Jahren noch gekannt hatte. Gewiß, auch damals wurde viel geredet, als der Herr von Bledau unerwartet aus Berlin zurückkam und seine Frau im Fohlenstall mit dem Viehhändler überraschte. Vor allem, als er sie dann auf einem dreckigen Mistwagen zur Bahn fahren ließ.
Immerhin, der Mann war im Recht, und Ordnung muß sein.
Aber als sein Sohn, der mit der strammen Frau, von der man sagte, daß *sie* die Wirtschaft führe – immer nach der neuesten Mode, wie Frauen das lieben –, als der junge Herr von Bledau also zu Herrn Klatt kam und den Kunstdünger für das Frühjahr bestellen wollte, trat plötzlich der alte Übel hinzu, der sich sonst nicht mehr um das Geschäft kümmerte, und sagte: »Und wie ist das mit der Pennunse?«
Solch eine unverblümte, um nicht zu sagen unverschämte Sprache war Herr von Bledau nicht gewohnt. Er bekam einen roten Kopf und sagte, nur mühsam beherrscht: »Ich gebe Ihnen natürlich Wechsel.«
»Wechselchen können gut sein«, Herr Übel wiegte seinen weißen Kopf, »zäh wie eine Schweinsblase. Aber wenn man mit Gewalt Luft hineinpustet, platzt die auch.«
»Sie wollen doch nicht sagen, daß ...«, der forsche Herr im kurzen Pelz fand keine Worte mehr.
»*Ich* habe gesprochen von einer Schweinsblase. Ich bin ein alter Mann, und ich habe gemeint, zum Guten zu sprechen.«
»Da haben Sie sich aber sehr getäuscht. Ich werde meinen Dünger bei Raiffeisen bestellen!«

»Siehste«, lächelte Übel, als er mit seinem Kompagnon wieder allein in dem Zimmer mit den gelben Möbeln saß, »der Herr von Bledau hat verstanden. Wenn er klug ist, wird es nicht zu spät sein, und wenn nicht ... sind *wir* raus!«

Ganz anders benahm sich Herr Übel gegenüber dem Grafen aus Murkeln, der immer mit der geflickten Jacke herumlief, so daß man behauptete, sein Inspektor schäme sich, mit ihm zusammen auf den Markt zu fahren.

»Haste schon gehört, Klatt, was der Preuß mir erzählt hat?« – Preuß besaß die kleine Vulkanisieranstalt gegenüber Übel, Klatt & Co. – »Kommt der Herr Graf aus Murkeln und bringt ihm einen Fahrradschlauch, was sag ich Schlauch, bringt er ihm Löcher mit ein bißchen Gummi dran. Sagt der Herr Graf: ›Den müssen Sie uns reparieren!‹ Sagt der Preuß: ›Nehmen Sie doch einen neuen Schlauch, Herr Graf!‹ Und der Herr Graf: ›So reich sind wir nicht!‹

Nu, die beiden reden hin und her um die drei Dittchen, die der neue Schlauch mehr kostet. Endlich gibt der Preuß nach: ›Meinetwegen, Herr Graf‹, sagte er, ›aber warum sagen Sie immer *wir,* wenn Sie von dem alten Schlauch reden?‹

Sagt der Graf: ›Das Rad gehört mir und meiner Frau zusammen.‹

Siehste, Klatt, so einem Mann kannste geben Kredit aufs Wort ohne Wechsel. Das ist echte preußische Art!«

Natürlich gab es in der kleinen Stadt auch eine Garnison, wenn auch nur ein Bataillon Infanterie da lag. Man liebte die Soldaten, und die Offiziere wurden in der Umgebung zur Jagd eingeladen.

Einmal – es war kurz vor dem Krieg – wurde die Truppe von einem sehr hohen Herrn inspiziert. Alles klappte, der hohe Chef fuhr befriedigt ab in die nächste kleine Stadt, in der es ein besseres Hotel gab.

Abends, während des Essens, als der Ober gerade die Krebse in einer dampfenden Terrine auftrug, äußerte der General sich zu seiner Umgebung wohlwollend über die Leistungen des Bataillons. »Aber«, meinte er plötzlich, »was würde wohl geschehen, wenn wir heute nacht noch einmal überraschend hinführen, jetzt, wo die sich auf Nummer Sicher fühlen?«

Er erwärmte sich für diesen Gedanken, und kaum daß die Krebse abgetragen waren, rollten die Kübelwagen durch das schlafende Land auf unsere kleine Stadt zu. Die schlummerte friedlich unter dem Schutz der Ordenskirche, und das Nachtleben war schon vor zwei Stunden ins Bett gegangen. Aber an dem Schlagbaum zur Kaserne stand das Offizierskorps geschlossen, Hand am Helm, und der Kommandeur meldete, als ob der hohe Besuch eine Selbstverständlichkeit wäre.

»Sehr schön ... äh ... danke sehr ... äh ... meine Herren, aber woher wußten Sie ...?«
Der Kommandeur antwortete sachlich, das Bataillon müßte hier in der Nähe der Grenze Tag und Nacht alarmbereit sein.
»Sie wollen mir doch nicht einreden, daß Sie jede Nacht hier stehen und auf eine Überraschung warten!«
»Zu Befehl, nein, immerhin ...«
»Also raus mit der Sprache, ich werde Ihren Abwehrdienst nicht verraten.«
Hin und her. Endlich kam es heraus: der Ober, der die Krebse servierte, hatte angerufen ...
So hielt man hier zusammen.

Natürlich blieben solche erregenden Erlebnisse nicht geheim. Man besprach sie beim Einkauf, und der wendige Herr Kindscher, der Besitzer der Löwendrogerie, wetteiferte mit der Verkäuferin des Hausfrauenvereins um die Frische der Nachrichten. Bisweilen lief Frau Bruskat beiden den Rang ab, denn als Gattin des Klempnermeisters bezog sie die Neuigkeiten von ihrem Mann aus erster Quelle, sozusagen aus jeder geplatzten Rohrleitung.
Auch Herr Klawittke, der Schlachtermeister, erfuhr viel bei seinen Rundfahrten, was seine kräftige Frau dann weitergab, während sie das Fleisch auf dem Hackblock zerkleinerte. Eine rüstige Frau, die Frau Klawittke. Sie hatte nur zehn Tage ausgesetzt, als ihre letzte Tochter geboren wurde. Vorher und nachher ließ sie das Beil unbekümmert in das blutige Fleisch sausen.
Der kleine Brunnenbauer, der ihr schräg gegenüber wohnte, dort, wo die letzten Reste der Stadtmauer erhalten waren und alte Holunderbäume aus den Ruinen wucherten, nahte sich dieser starken, lebensschäumenden Frau immer mit schlecht verhohlener Scheu. Es war ein schwächliches, kränkliches Männchen, das allein seine Zähigkeit aufrecht erhielt, eine unkrauthafte Zähigkeit, die typisch war für die Menschen dieses Landstriches. Der Arzt war häufig bei ihm, und es ist wohl nicht wahr, daß die beiden alten Männer vor allem deshalb zusammenkamen, um unbeobachtet und ungestört zu trinken.
Dieser Arzt war auch eine Eigentümlichkeit der kleinen Stadt, die noch Platz hatte für Originale. Er war ein aufrechter Mann, der sich nicht vor kräftigen Ausdrücken scheute. So sprach er mit Vorliebe von Durchmarsch – wahrscheinlich eine Erinnerung an seine Militärzeit.
Dabei hatte er eine zarte Seele, deren Schwingungen er in Musik ausklingen ließ, die abends aus seinem großen Zimmer über den stillen Marktplatz flutete.

Hinter seiner Einsamkeit stand wohl eine menschliche Tragödie, denn er hatte früher eine Frau gehabt, die noch irgendwo leben sollte. Man sagt ja, daß gerade Ärzte es schwer haben, sich zwischen Liebe und Beruf zu entscheiden ...
Aber vielleicht ist es auch alles nur Gerücht, denn die kleine Stadt hüllte sich über dies Ereignis in Schweigen.

Darum lebte es sich ja so gemütlich in und um diese kleinen Städte meiner Heimat, weil ihre Menschen gutartig waren wie unser Land, weil ihre Neugierde ohne Bosheit war, und weil sogar der Klatsch haltmachte vor dem, was den Menschen heilig sein soll.
Eine Welt für sich, meine kleine Stadt, eine Perle unter Perlchen. Ein Wunder auch für den, der nicht selbst von einem Wunder verzaubert ist.

OTTFRIED GRAF FINCKENSTEIN

Weder Optimist noch Pessimist

Wenn ich heute, wie eben jetzt, zu Ihnen von ›zu Hause‹ mit Bezug auf Ostpreußen spreche, dann schweben mir dabei immer Bilder und Gespräche vor, die irgendwie mit meinem Großvater zusammenhängen, dem ich äußerlich sowie charakterlich bis aufs Haar glich. – Oder auch mit Tante Ida.
Tante Ida wohnte in Königsberg auf den Hufen, in der Mendelssohnstraße, in einem Neubau. Sie hatte sogar ein richtiges Badezimmer mit 'nem langen Kanonenofen neben der Wanne. Wenn im Winter, bei 30 Grad Frost draußen, die Briketts im Ofen laut prasselten, dann durfte ich so lange dort im heißen Wasser liegen bleiben wie ich wollte, bis die Haut ganz schrumplig geworden war von der Hitze.
Nach dem Krieg lebte Tante Ida in einem Altersheim bei Chemnitz. Als sie so um die Achtzig rum war, bekam ich eines Tages ein Briefchen von ihr. Da stand drin, sie hätte eine schwere Grippe, und mit ihr wäre auch sonst nicht mehr viel los, sie wünsche mir alles Gute. Ein Dutzend Postkarten mit Adressen hätte sie all geschrieben, und wenn es soweit wäre, brauchte die Heimleitung bloß noch das Datum einzutragen und die Karten in den Kasten zu stecken. Lange hörte ich nichts mehr von Tante Ida, kein Sterbenswort. Auch die angekündigte Karte kam nicht. Ich wollte schon an das Heim schreiben. Da überraschte mich eines Tages der Briefträger mit einer handgeschriebenen Nachricht von ihr: Na ja, sie wäre sehr krank gewesen, aber wie sie gesehen hätte, daß

diese jungen Dinger von noch nicht mal siebzig mit ihrem bißchen Krankheit so'n Aufhebens machten, da wollte sie es ihnen zeigen und wurde eben wieder gesund.
Tante Idas erster Mann hieß Gustav. Er wäre normalerweise in unserer Familie ›der Onkel Gustav‹ gewesen. Aber da war noch ein Bruder von meiner Mutter und Tante Ida, der hieß auch Gustav. Natürlich war der ›der Onkel Gustav‹. Und der angeheiratete Gustav mußte sich mit seinem Nachnamen ›Ney‹ begnügen. Er hieß bei uns ›der Onkel Ney‹.
Am Begräbnistag von ›Onkel Ney‹ – ich war damals so siebzehn oder achtzehn alt –, ausgerechnet an dem Tag war meine ›Große Tanzstunde‹. So nannten wir den Abschlußball von einem Tanzkursus. Was sollte ich bloß machen? Die ganze Verwandtschaft sagte: »Nei, Jungche, an so'nem Tag kannst nicht schwoofen jehn.« War ja auch richtig, aber am Tag vorher nahm mich die Tante Ida beiseite und sagte: »Geh man am Nachmittag zum Kirchhof mit, und denn verschwindst so ganz klammheimlich. Was sollst hier auch rumhucken mang die Alten! Ändern tut es auch nichts, und lebendig wird er davon auch nich mehr.«
Damit niemand Tante Ida mißversteht: sie war ein sehr ernster Mensch und eine fromme Frau und gehörte sogar einer christlichen Kirchengemeinschaft an, genau wie mein Großvater. Der ging jeden Sonntag in die Kirche mit seinem neuen Regenschirm, im neuen Futteral. Als er einmal nach Hause kam, goß es in Strömen, und Opa schlich dicht an die Hauswand geklemmt, den guten Schirm unterm Mantel verstaut. »Warum hast denn nich den Schirm aufgespannt«, fragten wir. »Na, denkt ihr, ich werd den neuen Schirm naß machen?« Lieber ließ er Mantel und Hut total durchweichen. Ja, so war der Großvater.
Als im Ersten Weltkrieg in Rothenstein die Munitionsfabrik in die Luft flog – daran wird sich noch manch einer erinnern –, als in Königsberg und viele Kilometer weiter alle Fensterscheiben in Trümmer gingen, hatten sich die Menschen aufgeregt in die Keller oder auf freie Plätze geflüchtet. Ich rannte schnurstracks nach Hause – natürlich de Bixen voll –, um zu sehen, wie es da aussieht. Denn wir wohnten am Oberteich, gar nicht weit ab von Rothenstein.
Mein Großvater stand, als sei nichts passiert, in der Küche und schrabte die letzten gekochten Kartoffeln aus dem Topf in die Schüssel. Ich sagte: »Na, warst denn gar nicht draußen, Opa, sehen? Über Rothenstein steht doch eine riesige Wolke!«
Er ließ sich überhaupt nicht in seiner Tätigkeit stören, kratzte ruhig den Topf leer, und ich hör ihn heute noch: »Na, denkst, ich werd die Kartoffeln anbrennen lassen?«
Sie fragen sich nun vielleicht, warum erzählt er uns diese Geschichtchens, die können doch überall passiert sein. Nei! Eben *nich* überall!

Die Geschichtchens haben sogar einen Zusammenhang. Sie zeigen nämlich, *wie* wir durchs Leben gehen, wir Ostpreußen. Wir haben Gemüt und denken bequem und lassen uns durch nuscht aus der Fassung bringen, wir verlieren auch nie vor Aufregung die Schlorren.
Über meinen Großvater möchte ich noch eins sagen: der war kein Optimist, der war kein Pessimist, der war Ostpreuße.
Das ist es, was ich hier mal feststellen wollte. Natürlich sind wir schon Optimisten insofern, als wir auf das Gute hoffen. Aber wir haben keine vorgefaßte Meinung, wie der echte Optimist, der alles rosig vor sich sieht. Und wir sind natürlich auch Pessimisten insofern, als wir auch dran denken, daß es mal schiefgehen könnte. Aber der echte Pessimist, der unkt schon vorher, daß alles danebengehen wird. Und mein Großvater und ich, wir meinen erstmal gar nichts, sondern warten hübsch ab, wie es kommt. Es wird sich alles rausstellen. Und denn is immer noch Zeit, ernsthaft darüber zu schabbern, was man nun tun könnte.
Wenn de Sonnche scheint, is es schön. Und wenn's plötzlich fünf Minuten später von oben runter pladdert wie aus Eimern, na, dann steck ich – wie der Großvater – den neuen Schirm unters Jackett, damit er nich naß wird und nicht zum alten Schirm wird, sondern hübsch neu bleibt. Stimmt doch – na nicht?

ERNST ROTTLUFF

Der Leseteufel

Hamilkar Schaß, mein Großvater, ein Herrchen von, sagen wir mal, einundsiebzig Jahren, hatte sich gerade das Lesen beigebracht, als die Sache losging. Die Sache: darunter ist zu verstehen ein Überfall des Generals Wawrila, der unter Sengen, Plündern und ähnlichen Dreibastigkeiten aus den Rokitno-Sümpfen aufbrach und nach Masuren, genauer nach Suleyken, seine Hand ausstreckte. Er war, hol's der Teufel, nah genug, man roch gewissermaßen schon den Fusel, den er und seine Soldaten getrunken hatten. Die Hähne von Suleyken liefen aufgeregt umher, die Ochsen scharrten an der Kette, die berühmten Suleyker Schafe drängten sich zusammen – hierhin oder dorthin: worauf das Auge fiel, unser Dorf zeigte mannigfaltige Unruhe und wimmelnde Aufregung – die Geschichte kennt ja dergleichen.
Zu dieser Zeit, wie gesagt, hatte sich Hamilkar Schaß, mein Großvater, fast ohne fremde Hilfe die Kunst des Lesens beigebracht. Er las bereits geläufig dies und das. Dies: damit ist gemeint ein altes Exemplar des Masuren-Kalenders mit vielen Rezepten zum Weihnachtsfest; und das:

darunter ist zu verstehen das Notizbuch eines Viehhändlers, das dieser vor Jahren in Suleyken verloren hatte. Hamilkar Schaß las es wieder und wieder, klatschte dabei in die Hände, stieß, während er immer neue Entdeckungen machte, sonderbare dumpfe Laute des Jubels aus, mit einem Wort: die tiefe Leidenschaft des Lesens hatte ihn erfaßt. Ja, Hamilkar Schaß war ihr derart verfallen, daß er sich in ungewohnter Weise vernachlässigte; er gehorchte nur mehr einem Gebieter, welchen er auf masurisch den ›Zatangä Zitai‹ zu nennen pflegte, was soviel heißt wie Leseteufel, oder, korrekter, Lesesatan.

Jeder Mann, jedes Wesen in Suleyken war von Schrecken und Angst geschlagen, nur Hamilkar Schaß, mein Großvater, zeigte sich von der Bedrohung nicht berührt; sein Auge leuchtete, die Lippen fabrizierten Wort um Wort, dieweil sein riesiger Zeigefinger über die Zeilen des Masuren-Kalenders glitt, die Form einer Girlande nachzeichnend, zitternd vor Glück.

Da kam, während er so las, ein magerer, aufgescheuchter Mensch herein, Adolf Abromeit mit Namen, der zeit seines Lebens nicht mehr gezeigt hatte als zwei große rosa Ohren. Er trug eine ungeheure Flinte bei sich, trat, damit fuchtelnd, an Hamilkar Schaß heran und sprach folgendermaßen: »Du tätest«, sprach er, »Hamilkar Schaß, gut daran, deine Studien zu verschieben. Es könnte sonst, wie die Dinge stehen, leicht sein, daß der Wawrila mit dir seine Studien treibt. Nur glaube ich, wirst du nachher zersplieserter aussehen als dieses Buch.«

Hamilkar Schaß, mein Großvater, blickte zuerst erstaunt, dann ärgerlich auf seinen Besucher; er war, da die Lektüre ihn stets völlig benommen machte, eine ganze Weile unfähig zu einer Antwort. Aber dann, nachdem er sich gefaßt hatte, erhob er sich, massierte seine Zehen und sprach so: »Mir scheint«, sprach er, »Adolf Abromeit, als ob auch du die Höflichkeit verlernt hättest. Wie könntest du mich sonst, bitte schön, während des Lesens stören?«

»Es ist«, sagte Abromeit, »nur von wegen Krieg. Ehrenwort. Wawrila, dem Berüchtigten, ist es in den Sümpfen zu langweilig geworden. Er nähert sich unter gewöhnlichsten Grausamkeiten diesem Dorf. Und weil er, der schwitzende Säufer, schon nah genug ist, haben wir beschlossen, ihn mit unseren Flinten nüchtern zu machen. Dazu aber, Hamilkar Schaß, brauchen wir jede Flinte, die deine sogar besonders.«

»Das ändert«, sagte Hamilkar Schaß, »überhaupt nichts. Selbst ein Krieg, Adolf Abromeit, ist keine Entschuldigung für Unhöflichkeit. Aber wenn die Sache, wie du sagst, arg steht, könnt ihr mit meiner Flinte rechnen. Ich komme.«

Hamilkar Schaß küßte seine Lektüre, verbarg sie in einem feuerfesten Steinkrug, nahm seine Flinte und lud sich ein gewaltiges Stück Rauchfleisch auf den Rücken, und dann traten sie beide aus dem Haus. Auf der Straße galoppierten einige der intelligenten Suleyker Schimmel vorbei, herrenlos, mit vor Furcht weit geöffneten Augen, Hunde winselten, Tauben flohen mit panisch klatschendem Flügelschlag nach Norden – die Geschichte kennt solche Bilder des Jammers.

Die beiden bewaffneten Herren warteten, bis die Straße frei war, dann sagte Adolf Abromeit: »Der Platz, Hamilkar Schaß, auf dem wir kämpfen werden, ist schon bestimmt. Wir werden, Gevatterchen, Posten in einem Jagdhaus beziehen, das dem nachmaligen Herrn Gonsch von Gonschor gehörte. Es ist etwa vierzehn Meilen entfernt und liegt an dem Weg, den Wawrila zu nehmen gezwungen ist.«

»Ich habe«, sagte mein Großvater, »keine Einwände.«

So begaben sie sich, nahezu wortlos, zu dem soliden Jagdhaus, richteten es zur Verteidigung ein, schnupften Tabak und bezogen Posten. Sie saßen, durch dicke Bohlen geschützt, vor einer Luke und beobachteten den aufgeweichten Weg, den Wawrila zu nehmen gezwungen war.

Sie saßen so, sagen wir mal, acht Stunden, als dem Hamilkar Schaß, der in Gedanken bei seiner Lektüre war, die Zehen derart zu frieren begannen, daß selbst Massage nicht mehr half. Darum stand er auf und sah sich um, in der Hoffnung, etwas zu finden, woraus sich ein Feuerchen machen ließe. Er zog hier was weg und da was, kramte ein bißchen herum, prüfte, ließ fallen, und während er das tat, entdeckte er, hol's der Teufel, ein Buch, ein hübsches, handliches Dingchen. Ein Zittern durchlief seinen Körper, eine heillose Freude rumorte in der Brust, und er lehnte hastig, wie ein Süchtiger, die Flinte an einen Stuhl, warf sich, wo er stand, auf die Erde und las. Vergessen war der Schmerz der Kälte in den Zehen, vergessen war Adolf Abromeit an der Luke und Wawrila aus den Sümpfen: der Posten Hamilkar Schaß existierte nicht mehr.

Unterdessen, wie man sich denken wird, tat die Gefahr das, was sie so besonders unangenehm macht: sie näherte sich. Näherte sich in Gestalt des Generals Wawrila und seiner Helfer, die, sozusagen fröhlich, den Weg heraufkamen, den zu nehmen sie gezwungen waren. Dieser Wawrila, ach Gottchen, er sah schon aus, als ob er aus den Sümpfen käme, war unrasiert, dieser Mensch, und hatte eine heisere Flüsterstimme, und natürlich besaß er nicht, was jeder halbwegs ehrliche Mensch besitzt – Angst nämlich. Kam mit seinen besoffenen Flintenschützen den Weg herauf und tat, na, wie wird er getan haben: als ob er der Woiwode von Szczylipin selbst wäre, so tat er. Dabei hatte er nicht mal Stiefel an, sondern lief auf Fußlappen, dieser Wawrila.

Adolf Abromeit, an der Luke auf Posten, sah die Sumpfbagage herankommen; also spannte er die Flinte und rief: »Hamilkar Schaß«, rief er, »ich hab den Satan in der Kimme.« Hamilkar Schaß, wen wird es wundern, hörte diesen Ruf nicht. Nach einer Weile, Wawrila war keineswegs dabei stehengeblieben, rief er abermals: »Hamilkar Schaß, der Satan aus dem Sumpf ist da.«

»Gleich«, sagte Hamilkar Schaß, mein Großvater, »gleich, Adolf Abromeit, komme ich an die Luke, und dann wird alles geregelt, wie sich's gehört. Nur noch das Kapitelchen zu Ende.«

Adolf Abromeit legte die Flinte auf den Boden, legte sich dahinter und visierte und wartete voller Ungeduld. Seine Ungeduld, um nicht zu sagen: Erregung, wuchs mit jedem Schritt, den der General Wawrila näher kam. Schließlich, sozusagen am Ende seiner Nerven angekommen, sprang Adolf Abromeit auf, lief zu meinem Großvater, versetzte ihm – jeder Verständige wird's verzeihen – einen Tritt und rief: »Der Satan Wawrila, Hamilkar Schaß, steht vor der Tür.«

»Das wird«, sagte mein Großvater, »alles geregelt werden zur Zeit. Nur noch, wenn ich bitten darf, die letzten fünf Seiten.«

Und da er keine Anstalten machte, sich zu erheben, lief Adolf Abromeit allein vor seine Luke, warf sich hinter die Flinte und begann dergestalt zu feuern, daß ein Spektakel entstand, wie sich niemand in Masuren eines ähnlichen entsinnen konnte. Wiewohl er keinen von der Sumpfbagage hinreichend treffen konnte, zwang er sie doch in Dekkung, ein Umstand, der Adolf Abromeit äußerst vorwitzig und waghalsig machte. Er trat offen vor die Luke und feuerte, was die ungeheure Flinte hergab; er tat es so lange, bis er plötzlich einen scharfen, heißen Schmerz verspürte, und als er sich, reichlich betroffen, vergewisserte, stellte er fest, daß man ihn durch eines seiner großen rosa Ohren geschossen hatte. Was blieb ihm zu tun? Er ließ die Flinte fallen, sprang zu Hamilkar Schaß, meinem Großvater, und diesmal sprach er folgendermaßen: »Ich bin, Hamilkar Schaß, verwundet. Aus mir läuft Blut. Wenn du nicht an die Luke gehst, wird der Satan Wawrila, Ehrenwort, in zehn Sekunden hier sein, und dann, wie die Dinge stehen, ist zu fürchten, daß er Druckerschwärze aus dir macht.«

Hamilkar Schaß, mein Großvater, blickte nicht auf; statt dessen sagte er: »Es wird, Adolf Abromeit, alles geregelt, wie es kommen soll. Nur noch, wenn ich bitten darf, zwei Seiten vom Kapitelchen.«

Adolf Abromeit, eine Hand auf das lädierte Ohr gepreßt, sah sich schnell und prüfend um, dann riß er ein Fenster auf, schwang sich hinaus und verschwand im Dickicht des nahen Waldes.

Wie man vermuten wird: kaum hatte Hamilkar Schaß weitere Zeilen gelesen, als die Tür erbrochen ward, und wer kam hereinspaziert? General Zoch Wawrila. Ging natürlich gleich auf den Großvater zu, brüllte heiser und lachte, wie er das so an sich hatte, und dann sagte er: »Spring auf meine Hand, du Frosch, ich will dich aufblasen.«

Das war, ohne Zweifel, eine Anspielung auf seine Herkunft und seine Gewohnheiten. Doch Hamilkar Schaß entgegnete: »Gleich. Nur noch anderthalb Seiten.«
Wawrila wurde wütend und zog meinem Großvater eine über, und dann fühlte er sich bemüßigt, so zu sprechen: »Ich werde dich jetzt, du alte Eidechse, halbieren. Aber ganz langsam.«
»Eine Seite nur noch«, sagte Hamilkar Schaß. »Es sind, bei Gottchen, nicht mehr als fünfunddreißig Zeilen. Dann ist das Kapitelchen zu Ende.«
Wawrila, bestürzt, beinahe nüchtern geworden, lieh sich von einem hinkenden Menschen aus seiner Begleitung eine Flinte, drückte den Lauf auf den Hals des Hamilkar Schaß und sagte: »Ich werde dich, du stinkende Dotterblume, mit gehacktem Blei wegpusten. Schau her, die Flinte ist gespannt.«
»Gleich«, sagte Hamilkar Schaß. »Nur noch zehn Zeilen, dann wird alles geregelt werden, wie es sein soll.«
Da packte, wie jeder Kundige verstehen wird, Wawrila und seine Bagage ein solch unheimliches Entsetzen, daß sie, ihre Flinten zurücklassend, dahin flohen, woher sie gekommen waren – dahin: damit sind gemeint die besonders trostlosen Sümpfe Rokitnos.
Adolf Abromeit, der die Flucht staunend beobachtet hatte, schlich sich zurück, trat, mit seiner Flinte in der Hand, neben den Lesenden und wartete stumm. Und nachdem auch die letzte Zeile gelesen war, hob Hamilkar Schaß den Kopf, lächelte selig und sagte: »Du hast, Adolf Abromeit, scheint mir, etwas gesagt?«

SIEGFRIED LENZ

Klatsch

Weete S', truutste Merteneitsche?
Gistre bi de Johneleitsche –
da weer doch de Adomeitsche,
Piepereitsche, Buttgereitsche,
Dietrichkeitsche, Dawideitsche,
Penkoweitsche, Poweleitsche,
Kimnigkeitsche, Kämereitsche,
onn de scheewe Jodeleitsche
öngesoape, on wat deiht se?

Opp de Poweleitsche geiht se,
mött 'm ohle Bessem schleiht se,
ehr dem Puckel ganz terbleiht se;
dä Schangdarm kömmt on leit se
önne Klus', ömm Torkle geiht se. –
Hinderher de Adomeitsche,
Piepereitsche, Poweleitsche,
Kimnigkeitsche, Buttgereitsche,
Dietrichkeitsche, Dawideitsche,
onn de goode Johneleitsche.
Denkens S' bloß, Fruu Merteneitsche,
dä Schand fär de Jodeleitsche!

ROBERT JOHANNES

Alles kann der Mensch verlieren, Vater und Mutter,
selbst de Bixen, aber man bloß nich de Ruhe.

Nichts geht über die Gemütlichkeit, als ausgefegt und Sand gestreut.

Kömmst nich hiede, kömmst morje, äwermorje ganz jewiß.

E kleenet Etwas ös beter als e grotet Goarnuscht.

Gewest, wo gewest, tohus is immer best.

Da fuhren einmal zwei Bauern, der Schneidereit und der Kadereit, im Zug zusammen. In Gedanken versunken saßen sie nebeneinander und hatten eine halbe Stunde noch kein Wort miteinander gesprochen. Da steigt an einer Station ein Fremder hinzu, der in dem Schneidereit einen Bekannten aus der Stadt zu erkennen glaubt. Es entwickelt sich nun folgendes Gespräch:
»Guten Tag auch, Herr Jankuhn. Wie jeht denn?«
»Na, dankschön.«
»Was macht de Wirtschaft?«
»Dankschön.«
»Und de Frau und de Kinderchens, alles jesund?«
»Ja, ja, dankschön.«
»Ei, dem Magen – haben Se dem auch all ausjeheilt?«
»Ja, dankschön.«
In diesem Moment hält der Zug, der Fremde steigt aus. Nun sagt der Kadereit zum Schneidereit: »Hör mal, Menschche, du heißt doch gar nich Jankuhn!«
»Na, nei.«
»Verheirat bist doch auch nich!«
»Nei.«
»Und mit dem Magen hast doch noch nie nich was jehabt!«
»Nei.«
»Na, warum sagst ihm denn das nich?«
»I«, sagt da der Schneidereit gemütlich, »wo werd ich Streit anfangen!«

Eine Frau kommt in Königsberg auf dem Hauptbahnhof an und entdeckt unter den aussteigenden Reisenden einen guten alten Bekannten aus der Provinz. Erfreut ruft sie ihm zu: »Hallo'che, Herr Grigullche, wie jeht denn? Was gibt es Neues in Insterburg?«
Der Angeredete bleibt stehen und sagt: »Neues in Insterburg? Gar nuscht.«
»Nanu, gar nuscht?«
»Nei, nuscht nich. Bloß de Tantche ihr Hundche is krank.«
»Was? De Tantche ihr Hundche is krank? Was schadt ihm?«
»Was ihm schadt? Er bangt sich.«
»Dis Hundche bangt sich? Nach wem?«
»Na, nach de Tantche.«
»Nach de Tantche? Zu was bangt es sich denn nach de Tantche?«
»De Tantche is doch im Krankenhaus.«

»De Tantche is im Krankenhaus? Seit wann?«
»I, all sechs Wochen.«
»All sechs Wochen? Was schadt ihr?«
»Se hat sich verkühlt.«
»De Tantche hat sich verkühlt? Wo?«
»Na, anne Eck!«
»Anne Eck? Weswejen?«
»Se wartete im Regen e geschlagene Stund auffem Onkelche.«
»Und der Onkelche kam am End nich?«
»Nei, der Krät kam nich.«
»Zu was kam denn der Onkelche nich?«
»Na, sie hatten ihm doch abjeholt!«
»Sie hatten dem Onkelche abjeholt? Wohin denn?«
»Na, ins Gefängnis.«
»Was, der Onkelche im Gefängnis? Warum hatten sie ihm denn einjebuchtet?«
»Er hatte doch Wechsel gefälscht.«
»Na, *das* hat er doch all immer jemacht!«
»Naja, ich sagt doch, es gibt nuscht Neues in Insterburg!«

In der Zeit, als der Fremdenverkehr in Ostpreußen noch in den Kinderschuhen steckte, trug sich in dem kleinen Städtchen Margrabowa – hieß später Treuburg –, das übrigens den größten Marktplatz Europas besaß, folgende kleine Geschichte zu: Auf diesem Marktplatz war ein großer Menschenauflauf. Ein neugieriger Kaufmann konnte nicht erkennen, was auf der anderen Seite geschah. So rief er seinen Stift und sagte: »Fritz, lauf mal rüber und sieh nach, was da los ist!«
Der Junge sockte sogleich davon. Nach einer Stunde kam er atemlos wieder und berichtete: »Da is einer – dem kennt keiner!«

Eine Bauersfrau hatte einen Brandschaden angemeldet, und nach einiger Zeit traf ein Versicherungsbeamter auf dem Hof ein. Karlchen rief aufgeregt: »Muttche, komm, der Mann von der Feuerkass is da!«
Der Herr wurde in die gute Stube geführt, und bald kam Mutter mit Vaters schönem Pelz herein.
»Oh, das ist aber ein prachtvolles Stück«, meinte bewundernd der Beamte, »wann haben Sie denn den Pelz gekauft?«
»Das war zu Tante Lenchens Hochzeit.«
»Wann hatte denn Tante Lenchen Hochzeit?«
»Das war, als der Fritz zum Militär ging.«

»Und wann ging der Fritz zum Militär?«
»Na, als wir gerade Heuernte hatten.«
»Hm, ich meine, in welchem Jahr?«
»Herrche, in jedes Jahr ist doch Heuernte! Aber – warten Sie mal, das war doch – ja, richtig, beim ersten Schnitt war das, wie der Onkel August vom Fuder fiel, ja, da mußte der Fritz gerade weg.«
»In welchem Jahr war denn das alles, liebe Frau?«
»Aber liebes Herrche, ich hab doch schon am Anfang gesagt, das war, wie wir den Pelz fürn Vater kauften, diesen hier, wo verbrannt is!«

Während ein Bauer mit seinem Nachbarn telefoniert, erscheint das Mädchen und ruft ihn auf den Hof. Er sagt zu seinem Freund: »Rudolf, wart doch mal e bißche, ich komm gleich wieder.«
Er legt den Hörer hin und geht hinaus. Nun wird er noch in die Stallungen gerufen, und dabei vergißt er ganz das begonnene Telefongespräch. Als er nach einer knappen Stunde wieder in sein Herrenzimmer tritt, bemerkt er den aufgelegten Hörer. Hastig ergreift er ihn und ruft in den Apparat: »Rudolf, Menschche, bist noch da?«
Wie selbstverständlich kommt es bedächtig von der anderen Seite zurück: »Ja, warum denn nich?«

In einem Dorf stand eine Oma in der Küche, die zum Hof hinausführt, am Herd und briet Wurst in der Pfanne. Plötzlich erschien ein Bettler und bat um eine Kleinigkeit. Die Altchen ließ Wurst Wurst sein und ging in die gute Stube, um ihm einen Dittchen zu holen.
Als sie zurückkam, war der Bettler verschwunden – wie vom Erdboden verschluckt; aber mit ihm auch die ganze schöne Bratwurst, die in der Pfanne gekrischelt hatte.
Oma geriet in Hitze und schimpfte: »Na, ist denn das die Menschenmöglichkeit! Der krätsche Kerl, der! Opa, komm, Diebe!«
Opa saß gerade in seinem Lehnstuhl und las im Kreisblatt. Gemächlich schritt er zur Küche: »Wo brennt's denn, Minchen?«
Ohmchen überschlug sich mit Worten; als sie endlich ihren Bericht beendet hatte, sagte der alte Ostpreuße: »Die ganze fette Wurst hat er mitjenommen? Das verträgt doch der Magen nich. Lauf ihm nach, Minchen, und bring ihm Brot!«

MARION LINDT

Wenn wir früheren Ostpreußen uns hier an der Kieler Förde treffen, dann sind wir wie passionierte Sammler ständig auf der Suche. Wir stöbern alte, liebe Ausdrücke heimatlicher Mundart auf und schmuggeln sie dann mit scheinheiligem Augenaufschlag in die Unterhaltung. Es kommt nicht darauf an, ob sich das Thema um philosophische, politische oder persönliche Dinge dreht. Auch ist es höchst schnurzegal, ob sie aus dem Munde eines Internisten, des Oberstudienrats oder eines Fischers kommen. Da kann es passieren, daß jemand, der seine Zigarrenspitze abschneiden will, ganz unschuldig fragt: »Haben Se vleicht zufällig Ihren Poggenritzer inne Fupp? Ich suckel nich gern anne abgebissene Ziegarr rum.« Dann geht plötzlich eine heitere, gelöste Stimmung reihum, als habe man ein Glas Burgunder getrunken. Freilich, die Ausdrücke sind besonders wirksam, wenn sie wie zufällig in die Unterhaltung fließen. Vierblättrigen Klee sucht man auch lange und freut sich dann über ein einzelnes Exemplar.
Über ostpreußische Ausdrücke amüsiert man sich oft. Sie stammen von einer nur wenigen bekannten Spenderin: der Muse trockenen Humors. Wer nicht in Ostpreußen aufwuchs, kann zwar über einige Ausdrücke hell auflachen, doch schwingt bisweilen eine Prise Spott mit. Aber wer die Wendungen von Kindheit her kennt, lächelt ganz anders. Fast wie selig, einen alten, lieben Bekannten getroffen zu haben, der einem ans Herz gewachsen ist.
Wie Briefmarken und gute Bilder werden auch ostpreußische Ausdrücke mit dem Alter wertvoller. Man kann sie zwar sammeln, aber sie wirken nur, wenn mit ihnen der Hauch eines Lebenden verbunden ist. Deshalb sind sie uns wie gute alte Freunde, denen man freundlich, aber mit einem Wehgefühl nachwinkt, wenn sie uns verlassen.
Bei Familientreffen werden zuerst die Verwandten durchgehechelt: »Ei, das wollt ich noch fragen: wie meej es eijentlich Tante Hildchen gehn? Und was wird aus den Kinderchens von Stepputats geworden sein?«
Aber dann kommen jene eigenartigen Begebenheiten heran, die – wie unsterbliche Musik – immer wieder gern gehört werden. Jeder Erzähler gibt ihnen ja auch eine andere Farbe, läßt die Gestalten lächelnd oder gruselerregend aus der Erinnerung auftauchen.
So wurde ich unlängst auf einer Familienfeier gefragt: »Sag mal, du kanntest doch gut den Onkel Polte, der so allerhand erzählen konnte. Weißt du noch was von ihm?«
Ich fing gleich an: »Tja, es war ein eigenartiger Abend und eine noch ereignisvollere Nacht, als ich mit dem älteren Junggesellen Leopold

Sassenfeld, genannt Onkel Polte, zusammentraf. Wir hatten an einer Treibjagd bei dem Vater meines Schulkameraden teilgenommen. Der aus der Gegend des Zehlaubruchs hergekommene Onkel Polte, der dort ein großes Gut hatte, wurde Jagdkönig, und ich schoß als aufgeregter Primaner meinen ersten Krummen. Nach dem Abendessen mit ausgezeichneten Tischweinen zog sich die ganze Gesellschaft einschließlich der Damen in das halbdunkle Herrenzimmer zurück. Elchköpfe mit schweren Schaufeln, Kronengeweihe und Gehörne kapitaler Böcke warfen ihre dunklen Schatten an die Wand. Der Gärtner Friedrich, der zur Feier des Abends weiße Handschuhe angezogen hatte, sorgte dafür, daß die Gläser nicht mit offenem Munde dastanden. So kam es, daß das Gespräch von Jagd, Politik und Schweinepreisen abrückte und, wie so oft, zielstrebig bei Hellsehen, Geistern und Spuk anlangte. Die Damen schmiegten sich wie schutzsuchend in die weichen Sessel, die Herren tranken sich betont lachend zu, und über allem schwebte das ›Wer kann's-wissen‹ hin und her. Als man das Thema nicht einschlafen lassen, sondern irgendwie steigern wollte, erging die allgemeine Aufforderung an Onkel Polte, sich auch zu dem Thema zu äußern. Er nahm einen gewaltigen Schluck, blies einen mächtigen Rauchqualm nach oben und suchte nach den ersten Worten: ›Wenn man dem Spuk näher aufs Fell rücken will, dann muß man in die Höhle der Fachleute gehen. Das sind nun einmal die Pastoren. Aber so einig sie sich auch sonst in allen Glaubensfragen sind, hier wettern die einen gegen alles Geisterhafte, und die anderen zucken nur mit den Schultern. Noch vor kurzer Zeit erzählte mir anläßlich einer goldenen Hochzeit der Pastor aus Dollstädt von einer Spukgeschichte, die sich zwar schon vor dreihundert Jahren, dafür aber leibhaftig abgespielt hat. Zu dem damaligen Pfarrer Stödter war am ›abgebrachten Feiertag‹ zu Weihnachten sein Schwiegervater aus Tharau, wo das Ännchen geboren und besungen wurde, gekommen. Vermutlich wollten sie Weihnachtsmarzipan und Pfefferkuchen verputzen helfen. Der Nachbar aus Dexen, ein gewisser Fabricius, ließ sich auch nicht lumpen und kam trotz des Schneegestöbers per Schimmel angeritten. Zuerst sprach man über die damals verflixt heikle politische Lage: der Russe hatte sich sehr in die Brust geworfen, weil vor einem Dutzend Jahren die Kosaken zu ihm übergewechselt waren. Die Türken konnten ihren verlorenen Krieg nicht verknusen und schliffen ihre Krummsäbel. Die Franzosen ließen sich in Spanien ganz schön vollaufen. Das aber nicht genug: sie wollten partout noch holländischen Tabak an Ort und Stelle qualmen. In England machte sich Pungel selbständig. Es waren die Puritaner, die in See stachen. Immerhin fast ein Drittel der Bevölkerung. Ein ganz netter Hexenkessel.

Aber dann wollten die Pastoren von was reden, das mehr in ihre Branche fiel. Sie waren über einen Text aus den Sprüchen nicht ganz ins klare gekommen. So schickten sie die Christine, um eine Bibel aus dem Amtszimmer zu holen. Sie steckte sich ein kleines Funzelchen an und ging zuerst noch ganz karesig übern Flur zum Amtszimmer. Sie dachte auch gar nichts Schlimmes, als sie dort einen wie vom Mond beschienenen weißen Punkt sah. Ihr könnt euch aber denken, wie sie losschrie, als sich dieser helle Fleck als ein leibhaftiges Gesicht entpuppte. Wie sie sich in die Wohnstube zurückgebiestert hatte, wußte sie später beim besten Willen nicht mehr anzugeben. Den drei Pastoren schwante nichts Gutes. Was soll ich euch sagen: als sie im Amtszimmer ankamen, wen sahen sie da? Tatsächlich und ganz gewiß: den verstorbenen Pfarrer Heimbach, der bis 1670 sehr zum Segen der Gemeinde gewirkt hatte. Als seine Gestalt langsam und leise in der Nacht verschwand, getraute sich keiner auch nur ein Wortchen mit ihm zu wechseln. Ja, und nun kommt der Clou: in der Chronik, die ich selbst genau studierte, stand geschrieben: Das Merkwürdige an dieser Begebenheit ist, daß die drei Prediger den Ort, darüber sie gestritten, aufgeschlagen gefunden haben, welche Begebenheit die Gebauersche Familie, die zur Zeit gelebet, bestätigt hat.‹

›Weißt du vielleicht am Ende noch, Onkelchen, zufällig was von dem Text, über den sie gesprochen haben?‹

›Augenblickchen mal; weil er mir so gefiel, habe ich ihn von ungefähr behalten: Ein fröhlich Herz ist wie eine Arznei, aber ein betrübter Mut nimmt dem Menschen alle Lebenskraft.‹

Nach einer kleinen Weile der Besinnung wurde Onkel Polte gefragt, ob es nicht auch mal in seinem Hause gespukt habe. ›Aber gewiß doch. Stellt euch vor: Eines Nachts höre ich ganz deutlich einen Bums. Ich seh nach der Uhr: genau ein Uhr nachts ist es. Mit der Taschenlampe suche ich alles ab, und was finde ich? In der guten Stube war doch so'n hübsches Marmorgesichtchen runtergefallen, das aus Paris stammen sollte und nun ganz zerbrochen war. Und was soll ich euch sagen? Nach drei Tagen kommt doch ein Brief mit schwarzem Rand aus Goldap, in dem mir mitgeteilt wurde, daß mein Onkel, der mir jene Unbekannte zur Hochzeit geschenkt hatte, von der Kellertreppe gefallen war. Genau um ein Uhr nachts!

Aber nun will ich nicht weiter viel reden, sonst wird euch am Ende doch noch zu gruslig zur Nacht. Zu ernst soll man das alles ja sowieso nicht nehmen. Und wenn es ein bißchen spukt, was schadet das? Man spart viel Geld für Krimis und Kinos, wenn man zu Hause so ein bißchen Trampeln auf der Lucht, Ruscheln im Keller hat und ab und zu einen Bums hört.‹

Die Herren gossen sich noch lachend eins hinter die Binde. Die Damen versuchten mitzulachen, aber es sah etwas gezwungen aus. Sie klammerten sich fast wie ängstlich an ihre zuständigen Männer. Draußen rauschte der große Kastanienbaum, und der Sturm spielte irgendwo auf einem Flügel. Da alle Fremdenzimmer mit Gästen voll belegt waren, mußte ich mit Onkel Polte ein Zimmer teilen. Er meinte freundlich: ›Na, junger Mann, ich denk, wir werden uns schon vertragen.‹ Er holte aus seinem Koffer Nachthemd und Necessaire hervor, knotete seinen Schlips auf und sagte zuletzt: ›Na denn gute Nacht auch, junger Mann, hoffentlich schnarche ich nicht. Und vor Spuk brauchen Sie keine Angst zu haben. Ich bin ja da.‹

Wenn das Licht ausgeknipst wird, kommen die Gedanken angeflattert. Aber an diesem Abend schienen auch sie etwas müde zu sein, und so kam es, daß ich bald eingeschlafen war. Nach einer Spanne, deren Länge sich nicht bestimmen läßt, fuhr ich zusammen. Ich hatte geträumt, eine geisterhafte Bulldogge näherte sich plötzlich zähnefletschend und knurrend meinem Gesicht. Tatsächlich, es war kein Traum. Da knurrte etwas ganz gewaltig. Aber dann mußte ich lächeln: also das war das berühmte Schnarchen, von dem ich schon so viel gehört, das ich aber selbst noch nicht erlebt hatte, weil ich als einziges Kind immer allein geschlafen hatte. Während ich die Schnarchtöne verfolgte, kam mir der Gedanke: In der Natur hat doch alles Zweck und Grund! Aha, das war vielleicht der Sinn: schlafend ist der Mensch wehrlos. Wenn er aber knurrende Geräusche von sich gibt, dann scheint er zu wachen, ist angriffslustig und böse zugleich. Deswegen tauscht der Mensch das lautlose Schlafen gegen das knurrende Schnarchen ein. Vielleicht will er auch einen Spuk vertreiben? Dann aber wurde es mir allmählich doch zu viel. Also, Onkel Polte, so dachte ich, nun hör doch endlich auf! Jetzt weiß ich ja, wie und warum du schnarchst. Du wirst verstehen, daß ich jetzt meine Ruhe haben will.

Aber Onkel Polte dachte nicht daran, meine Gedanken zu lesen und aufzuhören. Er entlehnte seine Laute nicht mehr den tierischen Vorbildern, sondern wechselte in das Zeitalter der Technik über. Der luftholende Atemzug glich dem Abwärtsschalten vom zweiten auf den ersten Gang in Händen und Füßen eines Anfängers: krachendes Knirschen! Das Ausstoßen der Luft hatte sein Vorbild einem Autoreifen entliehen, der unter dem Druck von zwei Atmosphären auf einen spitzen Nagel fuhr.

In einem packenden Roman hatte ich etwas davon gelesen, daß die Soldaten in Deckung zu gehen pflegen, wenn von der Feindseite her die Generaloffensive erfolgt. In Deckung gehen, das war das Richtige! Ich zog also die Decke über meinen Kopf. Ach, war das ein guter Gedanke! Hier war es mollig warm, und nur ganz aus der Ferne klang es fast wie ein beruhigendes Brummen. Aber nach einiger Zeit lernte ich dort unter der Decke auch ein eisernes Naturgesetz kennen. Der Mensch verbraucht mit jedem Atemzug eine ganz beträchtliche Menge Sauerstoff. Wenn sie ihm entzogen wird, besteht akute Lebensgefahr. So kam ich bald mit meiner Nasenspitze wieder an die Oberfläche und verwünschte in diesem Augenblick, daß meine Ohren sich in der Nähe der Nase befanden. Das Zuhalten der Ohrmuscheln nützte auch nichts; denn sobald die Schlafmüdigkeit sich einstellte, glitten die Hände herunter, und der Schnarchton drang schärfer als je auf mich ein. Plötzlich kam mir eine geniale Idee. Mit einer sicheren Handbewegung, die auch etwas von Schadenfreude gelenkt wurde, ergriff ich einen vor meinem Bett stehenden schweren Schuh und schleuderte ihn gegen die im fahlen Mondlicht eben noch wahrnehmbare Tür. Ein donnernder Krach folgte. Onkel Polte fuhr zusammen und murmelte: ›Nanu, spukt es doch hier?‹ Damit sein Verdacht sich nicht gegen mich richtete, markierte ich augenblicklich nach dem eben gehörten Vorbild ein Schnarchen, das nicht ganz so laut war wie das von Onkel Polte, sondern eher ruhig und friedlich zu nennen war und allmählich an Lautstärke abnahm. Mochten die Gedanken Onkel Poltes sich jetzt mit dem lang ersehnten Spuk befassen, mochte ein Prickeln über seinen Rücken gehen: ich hatte jedenfalls meine Ruhe ... und bald darauf meinen lang ersehnten Schlaf.

Aber man soll die Nacht nicht vor dem Morgen loben. Der Schlaf kennt kein Zeitmaß. Es konnte vielleicht eine Stunde vergangen sein, da fuhr jemand mit dem angefeuchteten Daumen über eine lose sitzende Fensterscheibe, während der Fuß den Schwanz einer Katze bearbeitete. Noch halb im Schlaf ergriff ich jetzt ohne lange Besinnung mit geübtem Griff den zweiten Schuh und schleuderte ihn zur Tür hin. Da aber inzwischen der Mond verdeckt und es im Zimmer dunkel geworden war, hatte ich die Richtung verfehlt, was ja in der Finsternis leicht vorkommen kann. Das habe ich auch in späteren Jahren kennengelernt, wenn ich statt des Knopfes an der Nachttischlampe die Nasenspitze meiner Frau erwischte. Ja, und so geschah es damals, daß Onkel Polte durch den Aufprall des Stiefels geweckt, dann aber durch ein herabfallendes Zahnputzglas darauf aufmerksam gemacht wurde, daß sich etwas Programmwidriges im Zimmer abgespielt haben müßte. Ich schnarchte natürlich für alle Fälle gleich auf Zimmerlautstärke los, konnte aber trotz dieser seriösen Beschäftigung nicht verhindern, daß die schweren, ernsten Naturlaute von einem heiteren eingeblendeten Knurksen unterbrochen wurden. Da spürte ich plötzlich den hellen Schein von Onkel Poltes Taschenlampe. Er suchte den Ort der Handlung ab und strich dann über meine Nasenspitze hin. Ich hörte ihn noch murmeln: ›Eigenartiger Spuk! Na wart man, mein Jungchen! Dir werd ich schon das Schnarchen vertreiben!‹ Was nun folgte, war ganz folgerichtig. Onkel Poltes Stiefel sauste dorthin, wo das zweite Zahnputzglas stand, das nun klirrend zu Boden fiel. Sofort setzte, diesmal vom gegenüberliegenden Bett, ein lauter Schnarchton ein. Er war auch, genau wie bei mir, dann und wann von einem knurksenden Unterton aufkommender Heiterkeit unterbrochen. In der nächsten halben Stunde schleuderten wir noch verschiedene greifbare Gegenstände durch das Zimmer und müssen dann wohl allmählich vom Schlaf überrascht worden sein.

Als wir dann am Morgen zum Frühstück hinuntergingen, standen wir den sehr aufgeregten Blicken sämtlicher Gäste gegenüber. Besonders der Hausherr fuchtelte mit seinen Händen den anderen beschwörend zu, daß sie ihm die Neuigkeit nicht vorwegnehmen möchten.

›Na Mensch, Polte, du hast vielleicht was Schönes versäumt. Verschlafen habt ihr beiden es. Ja, staunt nur, es muß gar nicht so weit von eurer Tür gewesen sein. Gespukt hat es, richtig gespukt. Tante Minna hörte auf der Lucht einen mächtigen Bums, und dann polterte etwas auf der Treppe. Meine Frau flüsterte: Bleib bloß im Bett, wer weiß, was das sein kann!‹

Onkel Polte schüttelte wie traurig seinen Kopf: ›Schweinerei, daß man das verschlafen hat. Aber ob ihr's glaubt oder nicht, in unserm Zimmer muß auch irgendwas losgewesen sein. Unsere Zahnputzgläserchen lagen morgens am Boden.‹

Ja, so war es damals in der Spuknacht mit Onkel Polte, dem man immer gerne zuhörte. Er war nicht der einzige, der in seiner fröhlichen Art jener unbekannten Muse ostpreußischen Humors begegnet war.«

Wo ist sie geblieben, diese Muse? Sie wurde nicht gefangengenommen. Sie ist im Ostpreußenland geblieben. Irgendwo sitzt sie, mal auf dem Goldaper Berg, dem Galtgarben, dem Rombinus. Und wenn der Ostwind über die Wellen rauscht, scheint etwas von drüben her zu flüstern. Aber es ist zu weit: man versteht die einzelnen Worte nicht.

HERBERT WENSKY

Man ömmer dütsch rede

Sehr väle ut em Röchterstand
sönd fremd önn onsem Preißeland,
ut andere Provinze her.
Ons' Sproak, de kömmt en spanisch vär,
ons' Plattdütsch klingt en ganz kurios,
onn darönn licht de Grund ook blos,
dat man de Händ micht häufig bräke,
äw manchet Urteil, wat se spräke.
Steiht so e Sünder vär Geröcht
met sienem domme Schoapsgesöcht,
weet sölwst kuhm, wat he hefft gedoane
onn kann em Röchter nuscht verstoane,
onn em versteiht de Röchter nich,
denn steiht sien Sach sehr kläterig.
Onn öss gerecht de Röchter ook,
he wat nich ut dem Kördel klook,
wat ärgerlich onn onngeduldig
onn sprächt en Onnschuldge oft schuldig.
Da loow eck mie en hies'ge Mann
als Röchter, wo ook plattdütsch kann,
wo Land onn Lüd ganz gründlich kennt,
onn't Ding biem rechte Noame nennt.
Genau met onser Art vertrut,
kröcht he de Wahrheit meistens rut,
onn wenn se falsch woa wölle schwäre,
kömmt he en önn de Röcht von väre.
Sitt jedem an e Näs' gliek an,
ob he em Gloowe schenke kann.

Een Knecht ook vär Geröcht moal steiht,
de dönt biem Herr von Fahrenheid;
väl Spiretus önn de Kaldune,
hadd he ömm Gade von Beinuhne,

ohn' ömm Erlaubniß örscht to froage,
de Näs' der Venus affgeschloage.
De Röchter spräckt: »Ich frage Sie,
ob Sie bekennen, der Statü,
als Sie getrunken viel zu viel,
zerstört zu haben das Profil?«
»Nä«, sächt de Knecht, »dat hebb eck nich!«
»Durch leugnen schädigen Sie sich!
Sie sind so gut wie überführt;
Sie haben dieses Monument
mit einem harten Instrument
in böser Absicht stark lädiert.
Die Sache ist ja sonnenklar!
Nun reden Sie! Ist dieses wahr?«
De Kördel hefft sien Mötz gedrellt,
onn ut Verlegenheit gepuscht,
he weet nich, wat de em vertellt.
»Eck«, sächt he, »eck, eck weet von nuscht!«
»Sie wissen wirklich gar nichts? Nein?
Sie scheinen sehr verstockt zu sein!
Sie sollten lieber sich was schämen!
Wir werden Zeugen jetzt vernehmen,
und wenn die Zeugen sind vernommen,
dann wird ans Licht die Wahrheit kommen!«
Da meldt sock eener von de Schäppe,
wo stöll dabie gesäte hebbe,
lacht önnerlich äw de Geschicht.
»Gestatten Sie«, sächt he, »Herr Rat,
daß an den Täter dieser Tat
ich eine kleine Frage richte?«
Dat wurd erlaubt, he kunn nu froage:
»Du Fried«, froagt he, »häst Du der Popp
de Näs' ömm Gade affgeschloage?«
De Fried de nöppt met sienem Kopp:
»Joa«, sacht he, »dat hebb eck gedoane,
wat wahr öss, wöll eck ook gestoane!«

WILHELM REICHERMANN

He kennt em nich

De Gottlipp Schulz ut Ahr'sche kröcht
Termin vär sienem Amtsgeröcht.
De Röchter hadd biem Zeigeeid
met Gottlipp Schulz all Schwierigkeit,
onn froagt em nu ömm barsche Ton:
»Was hab'n Sie für e Konfession?«
»Herr Röchter, eck sin Utgedinger!
Eck hebb gedehlt met miene Kinger;
mien Fru de öss nich mehr am Läwe,
mien Arw hebb eck em Sähn gegäwe!«

»Ich merke, Sie versteh'n mich miß,
Sie hören etwas schwer gewiß.
Ich frage nach der *Konfession*
und Sie verstanden *Profession;*
ich sprech jetzt Deutsch, wenn Sie erlauben,
Herr Schulz, ich frage, was Sie glauben!«

»Eck gloaw de Karr de wat schon goane!
Mien Ferdnand kann ganz good bestoane;
he hefft nu önn e Plumetied
met dusend Doaler Een gefriet.
Onn uterdem kröch se e Koh
onn noch e Soadelkoppel to!«

»Herr! – Wollen Sie mich etwa narren?
Wenn vor Gericht Sie länger noch
beim Unsinnschwatzen hier beharren,
dann kommen Sie sofort ins Loch!
Ich werde Sie schon Mores lehren!
Sind Sie nicht recht bei Trost? Was? Wie?
Zum letzten Male frag ich Sie,
zu welcher Kirche Sie gehören!«
»To welker Körch?« Schulz wunder seck
äw diss domm Froag gewaltig sehr.
»Na dat versteiht seck doch, dat eck
noa Landsbörch önn de Körch gehör!«
Nu wör et ut! Dat öss toväl!
De Röchter rött sien Klutz foorts aff
onn schmött se läng de Stoawedähl
onn rennt verzweifelt opp onn aff. –

»Was tu ich mit dem Kerl! Was tu ich?
Der Kerl, der ist ja dümmer wie
im Ochsengarten ein Stück Vieh!« –
Doch met e Tied, da wurd he ruhig. –
»Na schließlich muß man drüber lachen!
Da ist nichts mit Gewalt zu machen,
auf diese Art, da geht es nicht.
Ich werde mich daher bemüh'n
und zollweis diesem Schafsgesicht
die Würmer aus der Nase zieh'n.« –
He fangt denn nu ganz fründlich an:
»Na hören Sie mein lieber Mann,
ich frage: Glauben Sie an Gott?«
»Na, warr eck nich? Se froage mi,
dat wer dat hört, gliek denke mott,
dat eck e Heid am End woa sie!«
»Schon gut, schon gut, genügt mir schon!
Nur eine kleine Frage noch:
Sie glauben doch an Gottes Sohn?«
»Na, ganz gewöss! Dat mott eck doch!«
»Nun gut, so sind wir einig drüber,
daß Sie ein Christ sind. Doch, mein Lieber,
noch eins werd ich Sie fragen müssen.
Da Sie ein Christ sich also nennen,
so möcht ich nämlich gerne wissen,
ob Sie auch Doktor Luther kennen?«
»Ne, denne Dokter kenn eck nich!
Önn Landsbörch woahnt se eener nich!
Wenn eck noam Dokter mal misst koame,
hebb eck en Dokter Schmödt genoame!«

WILHELM REICHERMANN

Von großen Ostpreußen

und anderen Originalen

Der Hahn

Anderthalb Meter Mann, die rechte Schulter ein wenig schief, schmal und dürftig im Fleisch, vom Leben schon über die Vierzig hinausgetrieben, hing über dem Schreibtischchen, das vor dem Mansardenfenster des Löbenichtschen Rathauses in Königsberg stand. Ein halblauer Aprilmorgen, friedlich nach sieben Jahren europäischen Krieges, aus dem ein junger König als gichtiger Greis heimgekehrt war, wechselte mit Licht und Wolken über dem Garten, der noch im späten Winterschlaf des ostdeutschen Landes lag. Nur ein Hahn im Hof des Nachbarhauses schien den kommenden Frühling zu ahnen. Er krähte.

Der kleine Magister warf zornig den Federkiel auf das Bütten, dem er mit seiner zierlichen Schrift eine seiner kunstvollen Perioden aufzwingen wollte. »Lampe!« schrie er, und eine Wut, wie man sie diesem Zwerglein von Mensch nicht zugetraut hätte, wischte die Falten des Grübelns aus seiner Stirn, die das fast kinnlose Gesicht weiß beherrschte. »Lampe!« schrie er und rannte, als der Diener nicht erschien, mit fliegendem Haarbeutel zur Tür. »Lampe!«

Mit der stoischen Ruhe des alten Infanteristen, der sieben Jahre auf österreichische weiße Hosen und Kosakenpferde geschossen hatte, stieg Lampe, der Diener, die steile Treppe empor. »Was wünschen der Herr Magister?«

»Der Hahn!« schrie dieser mit unmelodiöser Stimme. »Hör' Er den Hahn! ... Dies Federvieh bringt mich noch zur Raserei! ... Ich kann keinen Gedanken fassen! ... Ich kriege niemals diesen Brief an den Herrn Lambert fertig, wenn dieses Krähen nicht beseitigt wird!«

Kikeriki! Kikeriki! klang es aus der Tiefe des Nebenhofes.

»Es scheint Frühling werden zu wollen«, bemerkte Lampe und schob dem aufgeregten Magister den Haarbeutel in die Mitte des Rückens, wo er selten zu hängen kam.

»Laß' Er seine Bemerkungen!« schnob der kleine schiefe Mann. »Ich fragte Ihn nicht nach dem zureichenden Grunde besagter Kräherei!«

Lampe war unbeirrbar. »Der Hahn ist ein wichtiges Tier«, replizierte er. »Euer Gnaden werden sich aus der Naturgeschichte erinnern, daß ein Hühnerhof ohne Hahn ...«

»Der Monsieur soll seine unvermeidliche Pflicht tun«, schnitt ihm sein Herr die Belehrung ab, »soll aber das Geschrei darob unterlassen!«

Kikeriki! Kikeriki! tönte es schmetternd.

Kant fuhr mit beiden Händen zu den Ohren. Lampe sah besorgt durch das Fenster nach dem Himmel. »Es wird regnen. Euer Gnaden nachmittäglicher Spaziergang ...«

Kant lauschte. »Geh' Er hinüber und ersuche Er den Herrn Nachbar, sein Viehzeug zur Vernunft zu bringen«, hob er alle Weiterungen auf.

Lampe zögerte. Er hatte diesen Gang schon des öfteren umsonst getan und kannte die Aussichtslosigkeit solcher Intervenierung. Er kratzte sich respektlos hinter dem Ohr.

»Was ist Ihm? ... Warum gehorcht Er nicht?« ereiferte sich der Magister, der immer noch nicht Professor geworden war. Und als ein neues Geschrei des aufgeregten Tieres an die Fensterscheibe schmetterte, schnob er in hilfloser Wut: »Ich ermorde ihn! Ich werde mir ein Feuerrohr kaufen! Hat Er seines noch auf dem Boden? Putze Er es sauber! Wenn Er nicht so viel Pflichtgefühl hat, mich vor den Perturbationen der Umwelt zu schützen ...«

»Und der Hahn krähte zum dritten Male«, murmelte Lampe in sich hinein und ging, die Türe vorsichtig hinter sich zuziehend.

Kant beruhigte sein Gemüt mit ein paar Gängen durch den schmalen Raum der Mansarde und stellte ärgerlich fest, daß die Aufregung seine empfindliche Nase wieder in eine überflüssige Unordnung gebracht hatte.

Während er mit einem der eleganten Tücher, die er sich leistete, das Unglück seiner reizsamen Drüsen dröhnend reparierte, saß Lampe bekümmert auf der obersten Stufe der Treppe vor der Mansardentür und überlegte, wie dieses durchaus unphilosophische Problem zu lösen sei. Der Nachbar hatte sich bereits mehrere Male jede Einmischung in die Naturfunktionen seines Hühnerhofes verbeten. Ein neuer Versuch, bei ihm vorstellig zu werden, endete diesmal bestimmt mit einem groben Hinauswurf. Der Krieg war vorüber; Lampe fühlte kein Bedürfnis nach Schlacht und Kampf. Er dachte angestrengt nach, seinem Herrn auf friedlichere Weise gerecht zu werden.

Der Hahn hatte mittlerweile eine andere Beschäftigung gefunden und schwieg, so daß Lampe Muße und Ruhe zu geistiger Betätigung blieb. Sie war nicht umsonst. Nach einer kleinen halben Stunde ging ein sanftes Lächeln über sein sonst feierlich gefaltetes Dienerantlitz. Er erhob sich verschmitzt, glitt lautlos am Treppengeländer abwärts und polterte dann absichtsvoll laut die Stufen wieder aufwärts.

Kant fuhr an seinem Tische auf, als Lampe scharrend eintrat. »Nun? Was hat Er erreicht?« erinnerte er sich sehr rasch, entgegen seiner sonstigen Gewohnheit, des Auftrags, den er gegeben hatte.

»Euer Gnaden möchten den Hahn käuflich erstehen, läßt der Nachbar sagen.«

Der Magister warf sich in den Sessel zurück. »Käuflich erstehen? ... Ja, soll ich das Viehzeug hier im Zimmer halten und zähmen?«

Lampe blieb ernst. »Wir können ihn braten.«

Ein Schein von Glück fuhr über des Magisters unproportioniertes Gesicht. Lampe hatte ihn an der empfindsamsten Stelle seiner Vitalität getroffen; er aß gern und gern gut.

»Die Idee ist passabel«, schmeckte der kleine Mann mit feuchten Lippen. Nicht nur die Nasendrüsen kamen bei ihm rasch in Fluß und Überfluß. »Was fordert der Mann?« Und er ging zum Schrank und holte aus der wohlverschlossenen Lade die drei Groschen, die Lampe als Preis nannte. »Erledige Er die Kommission sofort! Und lade Er zu heute abend den Herrn von Hippel und den Herrn Scheffner! Und laß Er die Köchin meinen Todfeind fein säuberlich mit einer guten Rahmsauce bereiten. Dazu trinken wir von dem Rüdesheimer anni 1747.« Und mit gewohnter Gewandtheit setzte er das Menü zusammen, das Lampe, der ebenso wie die Köchin nicht lesen konnte, mehrere Male aufsagen mußte, bis jegliche Gefahr der Verwirrung in Art und Folge ausgeschlossen war.

Während sich Lampe schweigend drückte, knatterten ein paar neue Schreie des vorfrühlingshaft trunkenen Federgesellen gegen die Scheiben. »Krähe du nur!« dachte der kleine Magister. »Krähe du nur! In zehn Minuten wirst du nicht mehr stören!« Und erleichterten Herzens, wie er war, griff er erneut zum Kiel, die schöne Periode ohne Schwierigkeit zu Ende bringend, in deren Kurve Lampe hineingetrampelt war.

Als er sich nach vier Stunden erhob, sich zu seiner Vorlesung zu rüsten, fiel ihm der Hahn wieder ein. Oh! welch diffizile Stille! Welche Ruhe seit Stunden! Kein einziges Krähen hatte sein Nachdenken gestört. Mit einigem bestialischen Behagen dachte er daran, daß sein Feind bereits in gerupfter Nacktheit auf dem Wege in die Pfanne war. Vergnügt wanderte er in das Kolleg und las mit besonders gelungener Skepsis und Bonhomie einige Seiten Merkwürdigkeiten aus jenem Heft, das sich Anthropologie nannte und in dem er zusammengestellt hatte, was jungen Menschen über Natur, Seele und Technik des menschlichen Zusammenlebens zu wissen von Vorteil sein mußte.

Lampe indessen hatte seine Mühe gehabt, auf dem Markte einen Hahn aufzutreiben, dessen Stattlichkeit und Fettigkeit es wahrscheinlich machen konnten, der Urheber des großen nachbarlichen Geschreis gewesen zu sein. Er fand das gewünschte Exemplar, indem er aus eigener Tasche einen halben Groschen zulegte, und trottete mit nicht ganz leichtem Gewissen über den fraglichen Ausweg, den er gefunden hatte, sorgenvoll im einsetzenden Frühlingsregen heim, nachdem er noch die beiden Freunde des Herrn Magisters zu dem opulenten Hahnenschmaus geladen hatte.

Diese, stets gern bereit, die heitere Gastlichkeit des eßfreudigen Magisters in Anspruch zu nehmen, fanden sich pünktlich um acht Uhr im Löbenicht ein. Ein leckerer Bratenduft durchzog das enge Stockwerk, und die Verstaubtheit der Bouteillen auf dem Tisch hätte ihnen schon gezeigt, daß dieser Abend besonderen Anlaß haben mußte, wenn nicht Kant, nachdem sich die drei bequem um den ovalen Tisch gruppiert hatten, zu einer Rede aufgestanden wäre.

»Lieben Freunde«, so perorierte er die einigermaßen Verdutzten, »lieben Freunde, ein Tag der Freude bewegte mich, Sie zu mir zu laden. Ein Feind, der mich seit Wochen heftig bekriegt hat, unzugänglich jeglicher Humanität und naturrechtlicher Vereinbarung, ist blutig geschlagen worden.« Er machte eine kunstvolle Pause. Scheffner und Hippel begannen zu lächeln.

»Der Hahn«, holte der vielbelesene Magister pathetisch aus, »ist ein Tier, das in der Geschichte der Menschheit eine nicht unwichtige, ja symbolhafte Rolle gespielt hat. Lehnen wir auch den Offenbarungsglauben als wider die Vernunftzwänge gehend ab, so wollen wir uns der empirischen Tatsache nicht verschließen, daß es ein Hahn war, der jenem Jünger Petrus zum Anstoß ward, das in sich zu produzieren, was wir als das böse Gewissen zu bezeichnen uns seit langem gewöhnt haben. Ergreifender allerdings noch dünkt mich das Gedächtnis des weisen Sokrates, der sterbend seine Freunde bat, ihm nach seinem freiwillig-unfreiwilligen Ableben einen Hahn zu opfern.

Erschrecken Sie nicht, lieben Freunde! Dieses Stüblein ist kein athenisches Gefängnis, und ich will keineswegs den Giftbecher trinken, vielmehr mit Ihnen zu guter Gesundheit diesen edlen Wein von Rüdesheim in mich füllen, in der Hoffnung, noch recht lange zu Nutz und Frommen der Gelehrtenwelt meine bescheidenen Ideen vortragen zu dürfen. Ich bitte Sie aber, auch mir, dem zwar nicht Toten oder auch nur Moribunden, vielmehr seit heute mittag froher denn je Lebenden, ein Hahnenopfer zu bringen.

Dort unten« – und er wies mit großer Geste durch das Fenster zum Nachbargrundstück hin – »dort unten wohnte, hauste und krähte er. Störte meine Ruhe und Arbeitskraft, tagtäglich mehr, so daß meine gesamte Ideenwelt ihre zwar nicht prästabilierte, aber doch immer wieder zu stabilisierende Harmonie zu verlieren drohte. Dem diplomatischen Geschick des alten Kriegers Lampe« – der zuckte, eben die Schüssel mit dem Pseudohahn hereintragend, zusammen und segnete die Einrichtung des Himmels, daß Hähne mit Untergang der Sonne ihre Stange aufzusuchen pflegen – »ist es gelungen, den Störenfried meines denkerischen Ruhebedürfnisses käuflich zu erwerben. Ich bin ehrlich genug, es einzugestehen: ich fühle eine fast kannibalische Genugtuung, dich« – und damit tippte er mit siegerischem Zeigefinger dem bräunlich schim-

mernden und knusprig duftenden Vertreter des wirklichen Störenfriedes auf die Stelle, an welcher der schmetternde Klang seiner Stimme zu entstehen pflegte – »dich in diesem für dich traurigen Zustand vor mir zu sehen. Aber tröste dich, du nun nicht mehr mein Feind! Du wirst besser in mein Blut eingehen als bisher. Aufgelöst in feinste Atome, wirst du mein Hirn speisen und nähren, dem du so oft unnütz und frevelhaft Kräfte zerstört hast. Nie mehr wirst du krähenderweise ...«
Und da geschah das von Lampe nicht Vorausgesehene. Der Nachbar hatte des Abends ein Gerät im Garten liegen lassen. Mit einer Laterne versehen, suchte er es. Der Hahn fuhr aus dem Schlaf, hielt die Laterne für die aufgehende Sonne, eine Sinnestäuschung, die man der Trunkenheit seines ersten und bekanntlich tiefsten Schlummers zugute rechnen muß, und krähte. Krähte kräftig und morgenfreudig, krähte schmetternd und setzte sein Bemühen, die Welt von einem neuen Tage zu überzeugen, um so heftiger fort, als sein Hühnervolk, mit besserem apriorischen Zeitgefühl ausgerüstet als er, keineswegs daran dachte, eine Stallaterne für die aufgehende Sonne zu halten.
Dem kleinen Magister blieb das Wort im Halse stecken. Hippel und Scheffner sahen erstaunt von dem Redner auf den Hahn, von dem Hahn auf Lampe, von Lampe auf das Fenster.
»Lampe«, hauchte Kant, der sich gefaßt hatte, »Lampe, was bedeutet das?«
Lampe stellte zögernd die Schüssel mit dem Stellvertreter auf den Tisch. Er zitterte leicht und dachte an die Schlacht von Kunersdorf, bei der er wie nie vorher in seinem Leben das Fliehen gelernt hatte.
»Der Nachbar hat sich, scheint's, bereits einen neuen Hahn gekauft«, versuchte Scheffner die verlorene Lage des Dieners zu retten.
Aber Kant war nicht gesonnen, diesen Streich ungerochen über sich ergehen zu lassen. »Sehen Sie sich Ihn an, den Monsieur«, inkriminierte er. »So sieht das leibhaftige böse Gewissen aus. So sah jener Petrus aus, damals, als der Hahn in Jerusalem krähte. Lampe, Er hat mich betrügen wollen! Lampe, ich bin völlig konsterniert! Lampe, was ist das für ein Tier hier?«
Lampe raffte sich zusammen; er hatte gefährlichere Stunden des Lebens hinter sich gebracht. »Halten zu Gnaden: es ist ein Hahn.« Er wagte leise zu lächeln. »Ich kaufte Ihn auf dem Markte.«
»So hat Er einen trivolen Scherz mit mir treiben wollen?« drohte der Magister, den nur die Rücksicht auf seine Gäste in Schranken hielt.
»Halten zu Gnaden – nein! ... Ich wollte Euer Gnaden nur helfen.« Er stand stramm wie bei einem Appell vorm alten König selbst.
Kant zuckte die schiefen Schultern. Hippel mischte sich ein. »Red' Er offen, Lampe!«

Lampe sah ihn dankbar an. »Der Nachbar ist unbelehrbar, Ihr Herren. Er hält seinen Hühnerhof für wichtiger als die Buchschreibereien des Herrn Magisters. Ich kenne den Herrn Magister – halten zu Gnaden! ... Ich dachte mir, der Herr Magister wird das Krähen nicht mehr hören, wenn er glaubt, den Kräherich verspeist zu haben – halten zu Gnaden ...«
Scheffner lachte. Hippel sagte milde: »Schau an, Er ist ein Psychologus! Muß sich aber nicht gerade seinen Herrn zu seinen Experimenten aussuchen!«
Lampe fühlte Wohlwollen. »Ich wollte dem Herrn Magister doch nur helfen«, suchte er seine Position zu verbessern, »weil es doch nicht anders ging.« Er löste seine militärische Haltung versuchsweise und schielte nach Kant hin.
Der war in ein Nachdenken versunken. Hippel und Scheffner sahen sich an und schwiegen. Lampe wischte sich den Schweiß mit dem Ärmel von der Stirn. Als der Magister immer noch nichts sagte, winkte Hippel Lampe zu, er möge verschwinden.
Lampe zog sich auf Zehenspitzen zur Tür zurück. Als die Türklinke unter seiner Hand ein Geräusch gab, fuhr Kant auf. »Halt!« sagte er, aber es war kein Zorn mehr in seiner Stimme. »Sag' Er, Lampe, wo war jener« – und er deutete in den Garten hinab – »wo war jener den Tag über?«
»Im Hof – wie immer, Euer Gnaden!«
»Sag' Er: hat er denn nicht gekräht?«
»Immerfort!« Und er setzte mit dem Wissen des in diesen Dingen Erfahreneren aufklärend hinzu: »Bei diesem Wetter ...«
Kant wandte sich seinen Freunden zu. »Seltsam! ... Höchst seltsam! ... Ich habe es in der Tat nicht gehört. Das heißt: ich hätte es hören müssen. Aber ich habe es nicht apperzipiert ...« Und er versank erneut in sich selbst.
Lampe erkannte, daß dies ein günstiger Moment war, aus dem Zimmer zu entkommen. Hippel griff zum Tranchiermesser und begann, den unglücklichen Stellvertreter zu zerlegen, während Scheffner nach alter Studentenweise die erste Bouteille köpfte.
Aber erst als der Duft des Rüdesheimer aus den Römern stieg, kam der kleine Magister zu sich und seinen Gästen zurück. Lächelnd ergriff er sein Glas. »Lieben Freunde«, sprach er, ein wenig feierlicher, als er es sonst zu tun pflegte, »lieben Freunde, neben Petrus und Sokrates mache ich wohl nun eine etwas unglückselige Figur. Seien wir weise, wie wir werden sollen, und ziehen wir den Schluß, der sich auch aus diesem Ereignis ziehen läßt. Mein federbehafteter Feind da unten, mein federbehafteter Freund da unten, hält eine Stallaterne für die Sonne. Ich

hielt etwas, was war, für etwas, was nicht war. Lieben Freunde, welch trauriger und hilfloser Apparat ist doch die so viel gepriesene Welt unserer Sinneswerkzeuge. Ich glaube, man muß darüber einmal gründlich nachdenken.«

Als er wieder in sich zurückzufallen drohte und, das Glas in seiner Hand, nachsinnend stehen blieb, drängte Hippel das seinige mit zartem Klirren an das des Hausherrn. »Aber doch nicht jetzt«, lächelte er ihn an.

»Nein, nicht jetzt!« Kant strich sich über die Stirn, als scheuchte er eine drohende Wolke davon, und hob den Wein gegen die Freunde. »Das wird wohl ein wenig länger dauern als einen Abend.«

OTTO ERNST HESSE

Die Frau, das Echo, die Stadtuhr und die Schnecke

Der Philosoph Kant zu Königsberg liebte scherzhafte Tischreden und jovialische Tischgesellschaften. Als unverheirateter Mann und angenehmer Gesellschafter war er häufig in vornehme Kaufmannshäuser eingeladen, wo er kleine erlesene Gesellschaften aufs angenehmste durch seinen Witz und seine heitere Laune zu unterhalten wußte.

Kant befand sich einst in einer solchen Gesellschaft bei Tische. Unter den Gästen war eine sogenannte gelehrte Frau, die ihr Wissen gleich einer Ware überlaut ausbot und niemanden zu Worte kommen ließ. Der Philosoph, der dem Gastgeber zunächst saß, blieb in sich verschlossen und war stiller Zuhörer. Selbst des Bacchus redselige Gaben wollten dieses Mal sein Herz nicht öffnen und seine Zunge nicht lösen. Endlich fragte der Wirt befremdet, warum ihn denn heute eine so seltsame Totenstille beherrsche.

»Ich schweige«, erwiderte er leise, »um desto mehr zu hören und zu denken.«

Einige der ihm nahe sitzenden Gäste drangen in ihn, die Gesellschaft zu unterhalten, indessen jene Dame ungestört und noch stärker ihre Melodie intonierte, da sie diese Herren mit dem Wirte von sich abgezogen, zerstreut und unachtsam fand. Die Stimmung, den bescheidenen Philosophen zu hören, wurde immer allgemeiner, und da die Dame schließlich nur sich selbst erzählte und zuhörte, nahm der Hausherr das Wort und bat um Stille. So geschah es.

Leise, seiner Gewohnheit und seinem Wesen gemäß, hob der Philosoph also an: »Eine Frau soll sein und soll nicht sein wie ein Echo. Eine Frau soll sein und nicht sein wie eine Stadtuhr. Eine Frau soll sein und nicht sein wie eine Schnecke.«

Nach diesen Worten war Kant wieder ganz still. Aber sein sogenanntes Paradoxon erregte einen allgemeinen Aufstand, und mit ungeduldiger Miene baten die meisten Stimmen den Gelehrten, sich hierüber zu erklären.

Kant sagte darauf: »Eine Frau soll sein wie ein Echo, das heißt, sie soll ohne Übertreibung, mit weiblicher Bescheidenheit, treu und wahr nur das Gehörte wiedergeben. Sie soll nicht sein wie ein Echo, das heißt, sie soll sich nicht stets und überall selbst hören.« Die Stille unter den Anwesenden nahm zu, und Kant fuhr fort: »Eine Frau soll sein wie eine Stadtuhr, das heißt, sie soll regelmäßig und musterhaft in ihrer eigentümlichen weiblichen Bestimmung sein wie eine – Stadtuhr! Nicht aber soll sie sein wie eine Stadtuhr, das heißt, sie soll nicht überall gehört werden!«

Die Tischgäste wurden womöglich noch stiller, und die Gesellschaft war ganz Ohr, als Kant in seiner Erklärung folgerte: »Eine Frau soll sein wie eine Schnecke, das heißt, sie soll ebenso sittsam und so häuslich eingezogen leben wie eine Schnecke unter ihrem Dache; aber eine Frau soll nicht sein wie eine Schnecke, das heißt, sie soll nicht überall umherkriechen!«

Die Stille der Tischrunde verwandelte sich nach diesen Sätzen in ein allgemeines Lachen und Bravorufen. Der Philosoph aber nahm sein Gläschen Rheinwein in die Hand und leerte es auf das Lob der Frauen.

Kant verteidigte seinen zarten Körper tapfer und mutig. Als eines Tages ein wahnsinnig gewordener Metzger in einem Laubengang mit einem Messer auf ihn zustürzte, floh der Philosoph nicht, sondern fragte ihn ganz ruhig, ob denn heute Schlachttag sei, soviel er wisse, sei der erst morgen. Der Wahnsinnige war darob so verdutzt, daß er sich vor den Kopf schlug und davonrannte.

Ein junger Gelehrter fragte Kant in höherem Alter, warum er unverheiratet geblieben sei.
»Damit«, sagte Kant, »ist es mir ergangen, wie es sich so recht für einen Philosophen schickt: In jungen Jahren, da ich eine Frau hätte brauchen können, konnte ich keine ernähren, und jetzt, da ich eine ernähren könnte, kann ich keine brauchen.«

In einer Gesellschaft, an der auch Kant teilnahm, erzählte man von einem berühmten Manne zahlreiche Anekdoten. In einer Pause bemerkte Kant: »Ich erinnere mich, ähnliche Anekdoten schon von anderen berühmten Männern gehört zu haben, aber das wundert mich gar nicht, große Männer sind wie hohe Kirchtürme, um beide ist gewöhnlich viel Wind.«

E. T. A. Hoffmann bezog 1791 die Universität Königsberg, besuchte aber niemals eine Vorlesung Immanuel Kants, obwohl er die hohen Gedankenflüge des Philosophen bewunderte. Seinem Freund Ludwig Devrient gab der Dichter auf eine Frage zur Antwort: »Weiß Gott, ich beherrsche ja immerhin vier Fremdsprachen, Lateinisch, Französisch, Englisch und Polnisch. Eine fünfte wollte ich nicht mehr lernen ...« Das Philosophen-Gelehrtendeutsch war nicht sein Fall, und wenn es noch so tiefsinnig klang.

Der Königsberger Johann Georg Hamann, auch ›der Magus im Norden‹ genannt, da seine Schreibweise dunkel und hintergründig war, gehört zu den unmittelbaren Vorläufern und Anregern Herders und Goethes. Von ihm wird folgende kleine Geschichte erzählt:
Ein Verehrer hatte ihm einen Rehrücken geschenkt, den Hamann mit einem seiner Freunde verzehren wollte. Der Braten schmorte und ver-

breitete im ganzen Hause einen köstlichen Duft. Da erschien ein Bekannter, dessen Klatsch- und Tratschsucht berüchtigt war, und machte Miene, den dritten Mann zu spielen und den Genuß zu teilen. Hamann, der sich auf den Abend herzlich gefreut hatte, wollte den ungebetenen Gast loswerden. Einer seiner bekannten Einfälle rettete ihn zu guter Letzt vor dem üblen Tischgenossen. Er nahm ihn beiseite und flüsterte ihm ins Ohr: »Die Tungusen essen bekanntlich Hunde. Bei uns Deutschen besteht aber eine Abneigung gegen diese Gerichte; wie mein Freund behauptet, mit Recht, wie ich behaupte, ohne jeden Grund. Heute will ich ihm beweisen, wie gut Hundebraten schmeckt. Er weiß nichts, darf nichts wissen. Er glaubt, es handle sich um einen Rehbraten. Erst nach der Mahlzeit soll er die Wahrheit erfahren. Tun Sie mir den Gefallen und halten Sie mit!«

Als der Mann das hörte, lief das Wasser, das ihm bereits im Munde zusammengelaufen war, wieder zurück, und er sagte: »Das ist zweifellos sehr interessant – sehr interessant, aber sehen Sie, heute abend bin ich leider verhindert. Ich – ich wollte nur auf einen Augenblick bei Ihnen vorsprechen.« Kaum hatte er geendet, war er verschwunden.

Hamann erzählte seinem Freunde von seiner List, die den beiden Verschworenen den Abend und den Rehbraten köstlich würzte.

Schopenhauer bestellte zu seinem Testamentsvollstrecker seinen Freund Dr. Wilhelm Gwinner. Dieser fragte ihn, ob er die Sektion seiner Leiche verbieten wolle, worauf Schopenhauer antwortete: »Ja – haben sie vorher nichts gewußt, sollen sie auch nachher nichts wissen!«

Der Schauspieler Unzelmann gab seit einiger Zeit in Königsberg Gastrollen, die dem Publikum sehr gefielen. Weniger Glück hatte er bei den Kritikern der Königsberger Zeitung und bei der Direktion. Nach einigen Vorkommnissen verbot ihm die Direktion, zu improvisieren. Herr Unzelmann fügte sich dieser Anordnung und hielt sich von nun an streng an seinen Text. Bei einem Theaterstück wurde ein Pferd auf die Bühne gebracht. Sobald es das Licht der Bühne erblickte, ließ es seinen Mist auf die Bretter fallen, zum stillen Ergötzen des wohlanständigen Publikums. Unzelmann bemerkte dies, wandte sich plötzlich um und rief dem Pferde zu: »Hat dir die Direktion nicht verboten, zu improvisieren?« Das Publikum hatte seinen doppelten Spaß, aber auch die Direktion konnte nicht umhin, gute Miene zum bösen Spiel zu machen und mitzulachen.

RICHARD MAI

Examenssaal. In der Mitte Drygalski im Talar mit Perücke, neben ihm Naujoks, Pfarrer Radtke, Graf Dohna, Domprediger Eberhardt und zwei weitere Männer im Talar.

Drygalski: Meine Herren! Es liegt das Gesuch des Rektors Michael Pogorzelski aus Kutten vor. Er bittet um Prüfung seiner Person und seiner Fähigkeiten auf Eignung zur Bekleidung des Amts eines Geistlichen. Was die Person des Antragstellers angeht, so übernehme ich die Gewähr für ihn. Ich kenne ihn seit vielen Jahren, habe ihn selbst in die Laufbahn als Lehrer gebracht; da ist alles in Ordnung. Über sein Wissen werden Sie sich selbst ein Urteil bilden, bleibt als einziges, was gegen ihn sprechen könnte, sein Verhältnis zur deutschen Sprache. Pogorzelski ist Masure, seine Muttersprache ist Masurisch. Mit dem Deutschen schlägt er sich täglich und stündlich herum, die Leute auf dem Lande verstehen ihn ganz genau, aber mit der Grammatik hapert's. Das gebe ich zu; ich meine jedoch, was der Mann sonst mitbringt, ist so viel, daß man über diese Schwäche hinwegsehen könnte. Zumal er immer vor seinen Landsleuten predigen wird, die ebenso sprechen. Aber Sie werden ja selber sehen und hören. Also beginnen wir, wenn es recht ist. *(Er schellt – zu dem hereintretenden Diener:)* Der Delinquent, bitte.

Der Diener bringt Pogorzelski herein; er trägt einen langen, feierlichen Gehrock, aber dazu seine hohen Reitstiefel, sieht wie ein Gutsbesitzer, nicht wie ein Lehrer aus.

Pogorzelski: Wünsche guten Morgen allerseits! Gut geschlafen? – Herr Pfarrer, liebes, ist gutt bekommen? *(Geht zu Drygalski und schüttelt ihm die Hand. Zu Naujoks:)* Guten Morgen, Herr Konsistorialrat. *(Naujoks neigt stumm sein Haupt.)* Guten Tag, Herr Graf.

Drygalski: Danke, danke, lieber Pogorzelski, Sie werden gleich merken, wie gut es uns bekommen ist.

Pogorzelski: Moj bosche, kann gutt werden. Werden ich Mühe geben, Ehre machen Herrn Rat.

Drygalski: Wollen Sie drüben Platz nehmen, Herr Kandidat, mir gegenüber?

Pogorzelski: Wieso Kandidat?

Drygalski: Weil jetzt der Ernst des Lebens beginnt. Bitte, Herr Konsistorialrat.

Naujoks: Herr Kandidat, darf ich um Ihre Personalien bitten? Name und Daten.

Pogorzelski (lacht): Herr Pfarrer haben vergessen Namen meiniges?

Naujoks: Ordnung muß sein.

Pogorzelski: Kann ich doch nicht Ihnen sagen: Erlauben, heiße ich Pogorzelski – lachen doch Kinder.
Naujoks: Hier gibt es keine Kinder, Herr Kandidat.
Pogorzelski: Lacht der Herr Rat Drygalski – lachen ich.
Naujoks: Die Formalitäten werden Sie mir überlassen müssen.
Drygalski (lächelt): Lieber Pogorzelski, der Herr Konsistorialrat hat recht. Geben Sie die Daten! Wir kennen Sie, aber wenn später einmal einer das Protokoll liest ...
Pogorzelski: Protokoll gutt, sehr gutt, wenn Sie sagen, gleich. Heißen ich Michael Jageilo Pogorzelski, binnen ich geboren Micheeli 1740, als unser König König wurde. Haben ich gehütet Schweine, Gänse getrieben, bis Herr Pfarrer Drygalski sagte: Micha, kannst besser singen als Vieh treiben. Kommen mit. War in zweites Jahr von großen Krieg; kamen Frieden, waren ich Rektor in Kutten. Puttchen, mein Weib, kamen mit. Ist genug?
Naujoks: Danke. Ihre Religion?
Pogorzelski (lacht): Katholischen Kantor in luthersche Kirch, das gibt nich mal in Polen.
Drygalski: Sie sind lutherisch getauft?
Pogorzelski: Vater meiniges sagt ja.
Drygalski (lacht): Ihr seid doch alle noch halbe Heiden hier.
Pogorzelski: Sind auch, Herr Rat. Unser Herr Christus kehrte hier ein zuletzt. Ist nicht lange her; was sind dreihundert Jahre für lieben Gott und für Rogalski? Vor dreihundert Jahren hier Kurko und Perkuhn und Pikoll und Romowe und Fischchen braten und Opfern mit Blut und Feuer. Dann auf einmal Gelobt sei Jesus Christus und pax vobiscum und der Heilige Vater. Sehr schwer für Rogalski, und dann nach hundert Jahren Luther, der sagt nein zu Heiligem Vater und nein zu Jungfrau Maria und ja bloß zu liebem Gott. War sehr schwer für euch – was sollen Jagel und Ignatz und Petruschka machen? Sind wieder zu Pikoll und Perkuhn, haben gedacht, Heiliger Vater gutt für deutsche Herrn, nicht für uns! Gar nicht dumm, halber Heid, gutt für hier!
Drygalski: Ceterum censeo lingua latina uti. Wir wollen lateinisch reden. Sonst kommen wir über die Unterhaltung nicht raus.
Pogorzelski: Ist mich recht, dauert sonst viel zu lange.
Drygalski: Fangen wir nach gutem altem Brauch mit der Dogmatik an.
Naujoks: Quot sunt peccata irrevisibilia? Wie viele unverzeihliche Sünden gibt es?
Pogorzelski: Brauchen nicht übersetzen, Herr Pfarrer. Lateinischer Sprach viel leichter wie deutscher. Antwort tres – drei.
Naujoks: Gut, aber welche sind es denn? Quaenam?

Pogorzelski: Chrisma, schisma et adulterium.

Naujoks: Bene – gut. Beginnen wir die Distribution. Quid est adulterium? Was ist Ehebruch?

Pogorzelski (lacht): Quasi nesciatis – als ob Ihr das nicht selber wißt.

Alle lachen, am fröhlichsten Drygalski. Naujoks ist wütend.

Naujoks: Item, Herr Kandidat, die Definition der Erbsünde.

Pogorzelski: Erbsünde ist, wenn dem Menschen nichts mehr einfällt und will er sich entschuldigen.

Naujoks: Est definitio more populi – das ist eine sehr populäre Definition. Können Sie das peccatum essendi aus dem factum essendi ableiten?

Pogorzelski: Setzen Dasein gleich Sünde, ist sich Erbsünde mit Dasein zugleich auf Welt. Für Mensch esse gleich vivere, Sein gleich Leben, Leben also gleich Sünde. Wer erbt Leben, erbt ihr – darum Erbsünde.

Drygalski: Nicht so rasch, nicht so rasch, es ist ein kleiner Unterschied. Vivere, leben – das kann auch die Kuh, hat auch die Kuh. Esse – Sein, Wesen sein, das kann selbst der Mensch sehr selten. Ganz so einfach liegt die Sache nicht.

Pogorzelski: Meinen ich auch, Herr Rat, meinen ich auch. Liegt an Unschuld, was hat Kuh, und was hat Mensch nicht.

Naujoks: Auch der Mensch hat die Möglichkeit der innocentia.

Pogorzelski: Nicht lange, Herr Rat, nicht lange. Hört sehr schnell auf, auch ohne Äpfelessen. Vielleicht weil Sünde erblich bei Mensch und nicht bei Tier. Wer weiß?

Naujoks: Aus der Erblichkeit der Sünde aber ergibt sich die Notwendigkeit der Erlösung durch Jesum Christum.

Pogorzelski nickt, schweigt.

Naujoks: Können Sie dazu etwas sagen, Herr Kandidat?

Pogorzelski: Credo – glauben ich.

Naujoks: Das ist die Voraussetzung –

Pogorzelski: Das ist Ausweg.

Naujoks: Wieso Ausweg?

Pogorzelski: Kennen Tertullian?

Naujoks: Ich habe zu fragen.

Pogorzelski: Wissen, was sagt? Credo quia absurdum – Glauben Ausweg einziges. Können nichts machen, Herr Pfarrer.

Naujoks: Sie glauben an den Erlöser, weil Ihnen die Erlösung absurd erscheint?

Drygalski: Entschuldigen Sie, Herr Konsistorialrat, das hat der Kandidat nicht gesagt. Wenn ich ihn recht verstehe, will er das Grundproblem der christlichen Welt, das des Glaubens, möglichst scharf herausarbeiten und von ihm aus weiterkommen.

Pogorzelski: Möchten ich gern, möchten ich gern. Bloß pschakrew, was wollen machen? Unterschied großes zwischen glauben wollen und glauben können. Wollen ich soo gern glauben, aber können? Können ich glauben an Gott – Vater unser ist guter Herr für Welt, wie der Herr Generalchen für Regiment. Können ich glauben an Herrn Christus, an ganze Heilige Familie, wenn Heilige Jungfrau auch nur auf katholisch erlaubt. Aber sagen Herr Pfarrer, glauben Sie an Speisung von fünftausend Mann?
Naujoks: Natürlich glaub ich.
Pogorzelski: Können ich nicht – schlechter Christ! Drei Maränen, große Maränen, größte von Markt in Lyck – für fünftausend Mann? Herr Pfarrer, können ich nicht glauben.
Naujoks: Das ist symbolisch zu verstehen.
Pogorzelski: Weiß ich, Herr Pfarrer, aber Wahrheit ist sich bloß Wahrheit. Sagen mir Unterschied zwischen symbolisches Wahrheit und richtigen Schwindel.
Drygalski: Pogorzelski, Sie sind nicht Examinator, sondern Kandidat. Wenn Sie Pfarrer werden wollen, gewöhnen Sie sich die Wirklichkeit ab.
Pogorzelski: Was sein Mensch ohne Wirklichkeit? Schlabberlappen, Herr Rat.
Drygalski: Es gibt eine höhere Wirklichkeit, eine geistige.
Pogorzelski: Wenn Sie sagen, glauben ich.
Drygalski: Nee, mein Lieber, das müssen Sie aus sich selber wissen.
Pogorzelski: Wissen ich nicht, Herr Rat, müßten ich lügen.
Drygalski: Ich denke, Sie lesen Kant und Augustin.
Pogorzelski: Lesen ich Kant, lesen ich heiligen Augustin – lesen ich Wirklichkeit wie ich. Wo finden höhere Wirklichkeit?
Drygalski: Sie sind sehr anspruchsvoll.
Naujoks: Sie kennen das Wort: Gott ist ein Geist, und die ihn anbeten ...
Pogorzelski: Kennen ich.
Naujoks: Und Sie glauben an Gott?
Pogorzelski: Glauben ich.
Naujoks: Dann glauben Sie also auch an den Geist.
Pogorzelski nickt stumm.
Naujoks: Damit wissen Sie von der Wirklichkeit des Geistes – nämlich Gottes.
Pogorzelski: Wissen ich nicht, glauben ich bloß. Wo finden ich den Geist?
Drygalski (lacht): Schwieriger Fall.
Naujoks (nach kurzer Pause): Kennen Sie die Beweise für das Dasein Gottes?

Pogorzelski (nickt): Kennen ich, finden ich sehr dumm.

Naujoks: Wieso dumm?

Pogorzelski: Fundament von Kirche ist Glauben an Gott. Gott haben geschaffen Welt und Mond und Mensch – kommen jetzt Mensch zu beweisen Dasein Gottes. Hätten ich Sohn, der kommen beweisen Dasein meiniges, nehmen ich Karbatsch.

Dohna: Ausgezeichnet.

Naujoks: Die Beweise für das Dasein Gottes machen die geistige Welt seiner göttlichen Wirklichkeit dienstbar.

Pogorzelski: Können ich nicht beweisen Wirklichkeit des Höchsten mit Wirklichkeit, was ist weniger hoch. Glauben besser als Denken. Wenn glauben, leben ich, wenn denken, arbeiten ich. Arbeiten nicht göttlich – bloß wirklich.

Drygalski: An Ihnen ist ein Universitätstheologe verlorengegangen.

Pogorzelski: Je!

Naujoks: Theologie ist Gottesgelahrtheit.

Pogorzelski: Wissen wir nichts von Gott – wie können haben Gelahrtheit von ihn?

Naujoks: Ich denke, Sie haben Gottesgelahrtheit studiert, Herr Kandidat?

Pogorzelski: Haben gelernt, wie Menschen sich plagen mit Glauben und Unglauben, mit Dreieinigkeit und Sakrament – haben ich nichts von Gott gelernt. Können wohl nicht lernen von ihn aus Bücher.

Drygalski: Aber über den Weg zu ihm erfahren wir vielleicht einiges.

Pogorzelski: Glauben ich nicht, Herr Rat, glauben ich nicht. Wenn kommt, kommt ohne. Auf einmal Bumm, mit Blitz und Donner wie Perkuhn, in großes Sturm auf See wie Pikollos, mit große Wut und große Liebe und Freude an Welt.

Naujoks: Das klingt mehr als heidnisch.

Pogorzelski: Haben Heiden auch Götter.

Naujoks: Aber sie haben nicht Gott.

Pogorzelski: Wenn bloß einen übrigbleibt.

Drygalski: Ein seltsames Examen.

Naujoks: Item, Herr Kandidat. Das heilige Abendmahl ...

Pogorzelski (kratzt sich): Schwierig, sehr schwierig, schwieriger wie Heilige Dreieinigkeit. Einen sagt so, einen sagt anders – Kalvin und Luther und den Papst. Sollen Janusch und Rogalski wissen? Ist sich aber sehr gutt für sie, haben Bestes von, glauben großen Zauber, großen Geheimnis, können nicht begreifen. Sehr gutt – viel zuwenig Zauber in Lutherkirche.

Drygalski: Sagen Sie das mal dem Oberkirchenrat.

Pogorzelski: Wollen gerne sagen, Herr Rat, denken ich: Alles Zauber, alles nicht zu begreifen für Rogalski und Pawlicek und manchmal auch vor mir. Können nicht fassen Gott und Welt und Leben – alles großen Zauber. Kirche am besten, wenn Pfarrer zaubern.

Naujoks: Das sind Ansichten, Herr Kandidat, von denen ich nicht weiß, wie Sie sie mit dem Beruf eines Geistlichen in Einklang bringen wollen.

Pogorzelski: Warum? Ist doch wahr. Menschlicher Lebben lebt von Zauber; wo keinen ist, ist keinen Lebben. Wenn Jagel liebt Maruschka, Maruschka ihn verzaubern; denkt er, ist sich gar nicht mehr Maruschka, ist sich schönste Mädchen von Welt, wo doch Maruschka hat schiefes Maul. Kriegt die Hanka Kind von Janusch, grault sich vor dem Wurm, schreit und heult. Liegen da kleines Mensch und brüllen: auf einmal Eia popeia und Engel liebes, schönstes Kind von Kutten – alles Zauber, alles Zauber! Lieber Gott schenken Leben in Zauber: einen verzaubert andern, gutt und böse, dumm und klug. Lehrer verzaubert Kinder: gute Zauber mit Singen und Klatschen, böse Zauber mit Fluchen und Karbatsch. Pfarrer auf Kanzel müssen zaubern, müssen Rogalski und Placzek und Janusch und Maruschka verzaubern – sonst schlafen. Müssen sogar König zaubern – wie liebe Gott. König verzaubern Land – liebe Gott verzaubern Welt. Geht nicht ohne Zauber. Pfarrer haben Zaubermantel an auf Kanzel, König haben Zauberstab in Hand – geht nicht ohne, geht nicht ohne!

Drygalski: Preuße, alter Heide, Götzenanbeter!

Pogorzelski: Binnen ich nicht, Herr Rat, binnen ich nicht. Preußen können hexen, klix, klax, brack. Können nicht zaubern. Zaubern sehr schwer, können nicht lernen, gibt lieber Gott und gibt nicht. Helfen keine voluntas, keine Willen, nur gratia, nur Gnade.

Drygalski: Was Sie zaubern nennen, ist etwas ganz Natürliches.

Pogorzelski: Allen Zauber natürlich, allen Natur Zauber. Frühling Zauber, Sommer Zauber, alles Zauber. Müssen nur wissen. Heiliger Augustin wußte.

Naujoks: Doktor Martin Luther hat all dieses Unwesen mit Feuer und Schwert verfolgt und vertilgt.

Pogorzelski: Luther auch alter Hexenmeister.

Drygalski: Kein Zauberer?

Pogorzelski (nach einer Pause): Zu dick.

Drygalski: Wie soll ich aus Ihnen einen Pfarrer machen?

Pogorzelski: Fragen, was wissen wollen – haben ich alles gelernt.

Drygalski: Ja, ja, ja; aber Sie predigen nachher doch nicht, was Sie gelernt haben.

Pogorzelski: Ist sich auch viel zu langweilig für Rogalski, Herr Rat.

Naujoks: Die Kirche ist kein Theater.

Pogorzelski: Ist sich auch kein Schlafsaal, Herr Pfarrer.
Drygalski: Herr Kandidat, wollen Sie einmal ein paar Minuten im Vorsaal warten – ich möchte etwas mit den Herren besprechen. Die letzten Fragen kommen nachher.
Pogorzelski: Alles, was Sie wollen, Herr Rat. *(Ab.)*
Drygalski: Meine Herren, ich glaube, so kommen wir nicht weiter. Sie haben wohl ebenso wie ich gemerkt, daß der Rektor Pogorzelski in aller Examensweisheit beschlagen, daß er aber zugleich ein Mann auf eigene Faust ist. Nicht bequem, aber ein Mann. Ich wäre dafür, wir brechen die Prüfung ab und geben die Qualifikation, die er als Mensch mitbringt, auch dem Geistlichen.
Naujoks: Er ist kein Geistlicher, ich muß die schwersten Bedenken ...
Drygalski: Herr Konsistorialrat, ich verstehe viele Ihrer Bedenken; Pogorzelski selbst würde sie, glaube ich, auch verstehen. Er weiß selber, wie viele Jahrhunderte Christentum ihm fehlen. Aber seiner Gemeinde fehlen sie auch, und je kleiner der Wesensabstand, desto besser kann er sich mit seinen Leuten verständigen.
Naujoks: Als Zauberer, nicht als Pfarrer.
Drygalski: Mein lieber Freund, das mit dem Zaubern hat mich mitbestimmt, für ihn einzutreten. Er hat recht, glauben Sie mir.
Naujoks: Er hat nicht recht. Er ist ein Heidenpriester.
Drygalski: Aber ein Priester.
Naujoks: Ich verstehe Sie nicht, Herr Rat.
Drygalski: Sie sind noch jung, gemessen an mir. Sie glauben an den Geist. Ich auch. Aber ich habe einsehen gelernt, Geist ist eine städtische Angelegenheit.
Naujoks: Ist das nicht Hochmut, Herr Rat?
Drygalski: Nein, Herr Amtsbruder, Bescheidenheit.
Dohna: Bin ganz Ihrer Ansicht.
Drygalski: Inwiefern, Graf Dohna?
Dohna: Geist nichts fürs Land.
Drygalski: So habe ich's ja nicht ganz gemeint. Aber ich danke Ihnen insofern, als ich annehme, daß Sie auch dafür sind, den Kandidaten das Examen bestehen zu lassen.
Dohna: Hat schon bestanden.
Drygalski: Wieso?
Dohna: Klüger als wir alle. Nehme ihn gleich.
Drygalski: Und Sie, Kollege Radtke?
Radtke (ein sehr alter Mann): Lieber Herr Rat, Sie haben so oft recht behalten, daß ich mich gewöhnt habe, in allem Ihnen zu folgen. Außerdem: der Mann ist ein netter Mann und kann reden – was wollen Sie von einem Pfarrer mehr?

Drygalski: Etwas mehr braucht es schon.
Radtke: Das kann ihm keiner geben, wenn er es nicht hat. Er hat es aber, bloß Sie können es durch kein Examen feststellen, wenn Sie es nicht ohne das merken.
Drygalski: Was meinen Sie?
Radtke: Lieber Herr Kollege, wenn man so alt ist wie ich, hat man Angst vor den großen Worten. Sonst würde ich sagen: in ihm ist Gott.
Naujoks: Er ist ein halber Heide.
Radtke: Lassen Sie ihn ruhig einen ganzen sein. Das schadt gar nichts. Deswegen ist Gott in ihm, und so wirkt er doch. Die Leute werden bei ihm richtig.
Drygalski: Wie bei Ihnen.
Radtke: Ach Gott, wissen Sie, ich bin bloß noch alt. Zu alten Leuten sind alle wie zu Kindern, das ist das ganze Geheimnis.
Drygalski: Lieber Herr Radtke ...
Radtke: Die Menschen sind gar nicht so schlecht, man muß ihnen das Gutsein bloß ein bißchen leichter und angenehmer machen, und Ihr Pogorzelski gehört zu denen, die das tun.
Naujoks: Ich habe die gegenteilige Erfahrung gemacht.
Radtke: Das liegt an Ihnen, Herr Amtsbruder. Sie kommen mit dem strengen Gesetz; Pogorzelski hat das andere, die Liebe.
Naujoks: Aber nicht die christliche.
Radtke: Das ist dem lieben Gott egal, wenn er sie nur überhaupt hat. Die christliche kommt ganz von selbst aus der andern, und darum bin ich dafür, daß er bestanden hat.
Drygalski: Und da Graf Dohna ihn nehmen will –
Graf Dohna: Nehme ihn. Hat bestanden.
Naujoks: Er hat nicht bestanden.
Drygalski: Er hat zum zweitenmal bestanden, gestern und heute, als er dies würdige Gremium überzeugte.
Dohna: Sogar mich.
Naujoks: Mich hat er nicht überzeugt.
Drygalski: Also gut: Sie sollen ihn noch einmal vornehmen, überzeugen Sie uns. *(Klingelt, der Amtsdiener kommt.)* Der Kandidat soll hereinkommen.
Pogorzelski erscheint.
Drygalski: Rektor Pogorzelski, das Prüfungskollegium hat beschlossen, Ihnen noch letzte Fragen vorzulegen. Bitte, Herr Konsistorialrat.
Naujoks: In welchem Gleichnis stellt Christus die Forderung, dem leidenden Nächsten zu helfen?
Pogorzelski: Gleichnuß mit Forderung von Nächsten helfen?
Naujoks: Ja, Herr Kandidat.

Pogorzelski: Ich nicht wissen, Herr Pfarrer.
Drygalski: Aber Pogorzelski!
Pogorzelski: Pschakrew – wissen nicht, Herr Rat. Barmherzigen Samariter?
Drygalski: Na also.
Pogorzelski: Geht nicht. Ist anders gemeint.
Naujoks: Hier gibt es keine Meinungen. Wenn der Nächste zerschlagen daliegt . . .
Pogorzelski: Ist nicht Nächster, wo daliegt.
Naujoks: Wer denn?
Pogorzelski: Ist sich Samariter.
Naujoks: Sie verdrehen das Evangelium.
Pogorzelski: Wie heißt Frage von Herrn Christus?
Drygalski: Na – wie heißt sie?
Pogorzelski: Wer ist der Nächste dem, der unter die Mörder fiel? Antwort: Der Samariter. Nicht der, wo hat Prügel gekriegt, ist Nächster, der, wo hilft.
Drygalski: Ich fürchte, der Mann hat recht.
Dohna (lacht): Bestanden, bestanden.
Naujoks: Ich habe den Text nicht zur Hand.
Pogorzelski: Sollen ich aufsagen Gleichnuß? Können ich auswendig.
Naujoks: Danke, nein. Aber da wir bei der Nächstenliebe sind: Wie würden Sie sie, abgesehen vom Gleichnis, definieren?
Pogorzelski: Definieren? Aber Herr Rat, lassen sich Liebe definieren? Ist sich nicht Bestes an Liebe, daß bloß zu leben, nicht zu sagen? Ist sich Mensch glücklichster, wenn können lieben; hat er nicht immer, was gut dazu – wo sollen hin mit seinen Lieben, seinen Leben? Ist Herr Christus gekommen, hat gesagt, liebe deinen Nächsten, wissen du gleich, wohin mit allem. Sehen Herr Rat, ist sich schönstes Gebot, viel schöner als alle Zehn Gebote, machen viel mehr Spaß, viel mehr Glück. Finden kleinen frierenden Katz – Herr Rat, helfen kleines Tier, geben Futter, geben Wärme, bis schnurrt wie kleinen dicken Brummtopf. Finden Kind krankes, weint – Herr Pfarrer gehen hin und helfen, bis wieder lacht, nicht weil befollen, weil Freude macht. Gut sein zu wem nicht geht gut, beinah so schön wie Lieben, Herr Rat. Nicht ganz so, aber beinah. Ist sich so schön, weil sich ist bloß tun, nicht reden. Samariter in Gleichnuß sagen auch nichts, halten Maul und verbinden Loch in Kopf. Nächstenliebe nicht immer leicht. Ist nicht bloß geben und helfen, ist auch richtiges Tachtel an richtiges Fleck. Wenn Rogalski besoffen, nicht streicheln, armes Rogalski, kann nicht mehr stehen – haut ihm eine, daß nicht mehr mag saufen. Wenn einer richtig hier, er richtig in allen – gibt Gott und wenn nicht gibt, armes Hund. Wer

nicht hat der Liebe oder wenigstens der Nächstenliebe, bleiben sehr armes Hund, Herr Rat. Ist sich keine Definition von Nächstenliebe, ist sich aber vielleicht kleines Wirklichkeit von ihr.

Drygalski: Herr Rat, ich glaube, die Predigt war der beste Befähigungsnachweis des Kandidaten.

Dohna: Bestanden, bestanden.

Naujoks: Richtiges falsch gesagt.

Drygalski: Ihnen ist nicht zu helfen. Meine Herren, Ihre Stimme?

Alle: Bestanden, bestanden!

Drygalski: Herr Pfarrer Pogorzelski, ich gratuliere!

Dohna: Gleich mitkommen. Sonntag predigen. Komme selber in die Kirche.

PAUL FECHTER

Originale vom Pregel und der Mottlau

In jeder Landschaft findet man Sonderlinge, Originale, ob es nun in Bayern, Schwaben, Niedersachsen oder im östlichen Land hinter der Weichsel ist. Ja, auch in Ostpreußen und in der damaligen Freien und Hansestadt Danzig begegnete man manchem Original.

Zuallererst muß ich an den Masuren Michael Pogorzelski, einen Zeitgenossen Kants, denken, der wegen seiner Musikalität vom Hütejungen zum Lehrer avancierte, und der auf Anraten und Drängen seiner Gönner sogar eines Tages Pfarrer in Kalinoven wurde. Pogorzelski war nicht nur ein echter Masure, er *sprach* auch masurisch. Mit der deutschen Grammatik haperte es bei ihm erheblich, Griechisch und Lateinisch dagegen lernte er spielend. Er konnte Horaz, Seneca, Homer in der Ursprache mühelos wiedergeben und über philosophische Schriften von Kant und Hamann diskutieren.

Höchste Persönlichkeiten seiner Zeit fanden ihren Spaß, mit Pogorzelski – trotz seinem ›vertrackten Deutsch‹ – Konversationen zu führen. Über seine mangelhafte deutsche Sprache sah man großzügig hinweg, er redete eben, wie ihm sein masurischer Schnabel gewachsen war.

»Viel schlimmer wäre es, wenn er falsch dächte und lebte, ein Kerl ist wichtiger als seine Reden«, entschuldigten ihn seine Freunde.
Und ein Kerl war schon Michael Pogorzelski, wenn er sich auch selber aus Bescheidenheit nie dafür gehalten hätte. »Ein richtiger Mann ist selten wie ein schwarzer Storch«, war seine Meinung.
So wechselte Pogorzelski also von seinem Rektoramt in den Beruf eines Geistlichen, zu dem er im Anfang wenig Neigung verspürt hatte. Er fand sich nicht würdig genug, auf der Kanzel zu stehen und Predigten zu halten. Im übrigen genügte es ihm, seine kleinen masurischen Rotznasen, die weder Rechnen noch Deutsch – genau wie er – kapieren konnten, auf liebevolle Art in die richtige Lebensbahn zu lenken, ihnen vorzuleben und helfend einzuspringen, wenn Not am Mann war. Noch lange hatte Michael Pogorzelski gezögert und sich immer wieder geprüft, ob er das Amt eines Pfarrers ausfüllen können würde, er, der naturverbundene Masure, Sohn eines Freibauern, der noch um Hilfe nach den alten Preußengöttern rief, wenn Gefahr im Anzug war.
Dieses ›heidnische‹ Gebaren brachte ihm natürlich manchen Widersacher ein. Aber gottlob hielten ihm die höher gestellten geistlichen Herren die Kante, seine Angreifer mußten sich belehren lassen, daß man es bei Pogorzelski mit einem Manne zu tun habe, »der es mit der Liebe halte und nicht mit dem strengen Gesetz, ein Mann – ohne Zweifel –, in dem Gott sei«.
Das gab den Ausschlag. Michael Pogorzelski wurde ein von seiner ganzen Gemeinde verstandener und geliebter Seelsorger. Mag auch seine Ausdrucksweise für einen Kanzelredner etwas aus dem Rahmen fallend gewesen sein, sie kam aus einem schlichten, aufrichtigen Herzen – und ging zu Herzen, zumindest seinen Leuten in Masuren. Er redete wie sie, vielleicht etwas derb und drastisch, aber niemals frömmelnd. Es war ein Schauspiel, nein, eher eine Komödie, wenn er zu seiner Gemeinde sprach, die oft ein geheimes Kichern nicht unterdrücken konnte.
Die Predigten Pogorzelskis sind in die Geschichte Masurens eingegangen. Besonders die Trauerpredigt, die er für einen heimgegangenen Amtsbruder, der ihm im tiefsten Herzen zugetan gewesen war, in Ortelsburg halten mußte. Diese Grabrede ging von Mund zu Mund und ist bis auf den heutigen Tag erhalten geblieben.

O weh dir, Ortelsburg Gemein,
hast verloren Pfarrer dein,
geschlossen ist das Auge, tott,
Maul zu, was hat geredt von Gott.
So blüht in Garten Rosenstock,
springt zu, frißt ab der Ziegenbock,

so fraß auch mitt' im Lebenslauf
der Tott den sel'gen Pfarrer auf.
Nun liegt er da auf Gottesacker,
pfui Tott, du Racker!

Und zum Schluß seiner Rede fragte er:

Was ist sich menschlicher Lebben?
Menschlicher Lebben ist Teerpuddel am
kaschubschen Wagen, geht sich schlicker di
schlacker, bis sich reißt Schnuhrke!
Bums, liegt auf Erde.
Was ist sich menschlicher Lebben?
Menschlicher Lebben ist baufälliger Strohdach,
kommt sich Wind, perdautz – fällt um . . .

Das war Michael Pogorzelski, ein ostpreußisches Original von reinstem Wasser.

Natürlich gab es auch noch andere Sonderlinge bei uns im Osten, so zum Beispiel in Danzig – allerdings zwei Jahrhunderte später – Paulchen von der Krantorfähre. Jedes Kind in Danzig kannte ihn. Bis zum Ersten Weltkrieg setzte er auf einer Fähre, die vom Krantor über die Mottlau zum Bleihof führte, viele Menschen über, Männer und Frauen aus allen Ständen. Bei seiner Arbeit beobachtete er die Fahrgäste, sinnierte für sich und spann allerlei Geschichten, die er dann seinen Freunden am Abend zum Besten gab, Geschichten mit Humor und Lebensweisheiten gewürzt; immer fanden sie ein aufgeschlossenes Publikum.

Einmal war ein größerer Dampfer an seiner kleinen Fähre vorbeigefahren und hatte ganz gehörige Spritzer über die Passagiere geschüttet. Eine völlig durchnäßte Dame hatte höchst entrüstet ausgerufen: »Unverschämtheit so was«, worauf Paulchen gelassen entgegnete: »Na, soll ich Ihnen nu für Ihre zwei Pfennige womöglich noch mit Machandel besprengen?«

Ja, mit Machandel, dem beliebten Danziger Nationalgetränk.

Genauso bekannt wie ›Paulchen von der Krantorfähre‹ waren in der Mottlauer Gegend auch ›Bollermann und Welutzke‹. Das waren zwei Danziger Boowkes, richtige Mottlauspucker, die eigentlich nie existiert haben, der Volksmund hatte sie geschaffen. Man legte den beiden humoristische Geschichten in den Mund, genau wie dem Grafen Bobby in Österreich, Tünnes und Schäl in Köln oder Hein und Fietje in Hamburg. Immer wieder erfand man neue Anekdoten, und eigentlich charakterisierte man sich in ihnen selber. Hier ein paar kleine Gespräche zwischen Bollermann und Welutzke:

An einem sehr heißen Sommertag trifft Welutzke seinen Freund Bollermann an der Thornschen Brücke. Welutzke hat das Hemd offen und wischt sich den Schweiß von der Stirn. Bollermann hat den Schäkert bis oben zugeknöpft, ein Schnupftuch um den Hals gewürgt und duftet bedenklich nach Alkohol.
»Wo kommst du her«, fragt Welutzke.
»Vom Hienerberg, hab e paar Grogchens gelubbert.«
»Bei der Bullenhitz?«
»Mir fror auf einmal so doll.«
»Nanu, bist krank?«
»Nei, möchst auch mal e bißche frieren?«
»Wär im Augenblick gar nich zu verachten.«
»Na, denn komm! – Siehst da de Mottlau?«
»Klar.«
»Im Winter liegt doch hier alles voller Oderkähne, oder nich?«
»Aber ja doch, mitunter sind sie sogar eingefroren.«
»Siehst! Und nu denk mal, du bist in so 'nem Kahn, bist bis zum Bauch im Eis, und denn noch Sturm und womöglich Schnee und Hagel, und du mit deinem Bauch da mittenmang ...«
»Hör auf, mir bibbert all!«
»Siehst, so is das!«
»Aufhören! Nuscht wie 'n Grog! Eh ich mir bis auffe nackte Seel erkälten tu.«
»So war mir ebend auch vorhin. Ich mußd, ob ich wollt oder nich, das muß so was wie Suggestion sein!«
»Dussel, Durscht is das!«
Und nun noch ein anderes Gespräch zwischen Bollermann und Welutzke, das sich auch um den lieben Alkohol dreht, dem die beiden Danziger gern und reichlich zusprachen. Vor vielen Jahren, am Tag nach Kaisers Geburtstag, dem 28. Januar, sagte Bollermann zu Welutzke: »Na, du'che, hast dir gestern zum Geburtstag von Seiner Majestät auch de Schlorren vollgeschöpft?«
»Nei.«
»Nanu, warst krank?«
»Nei.«
»Was, jesund und denn nich duhn?«
»Nei.«
»Wie kam das denn, Menschche?«
»Was soll ich da viel erzählen. Meine Olle hat all dem Tag vorher immer gebrisselt, sie möcht mal einen einzigen Kaisers Geburtstag erleben, wo ich mich nicht beschlucken tät. Aber das kriegte ich ja wohl nie im Leben fertig.«

»Und nu?«
»Da blieb ich eben nüchtern.«
»Is nie nich wahr! Hast ja so 'ne Fahne!«
»Ja, die! *Die* is von heute früh!«

Noch weiter ins Land als die Geschichten von diesen Danziger Originalen war der Ruf der Königsberger Fischfrauen gedrungen. Die kannte man auch ›oberwärts‹, wie wir zu sagen pflegten. Wenn Freunde zu uns kamen und bei einem Bummel durch die Stadt bauliche Schönheiten besichtigten, dann unterließen wir es nie, sie am Ende eines Rundganges auf den Fischmarkt zu führen. Meist wurden wir schon von unseren Besuchern darum gebeten.

Nun mußte man wissen, wie sich ihre Geschäfte abwickelten, welcher Ausrufe sie sich bedienten und auch, welche Schimpfkanonaden sie loslassen konnten, wenn sie in Rage gerieten. Zum Beispiel, wenn ihnen jemand ihren festen Platz auf dem Fischmarkt streitig machen wollte – und sei es nur um einen halben Meter. Dann gab's ein Donnerwetter, daß die ganze Fischbrücke zitterte. Das Vergnügen an diesem Krach hatten die Passanten, besonders die kleinen Gnossen, die für ihr Leben gern auf dem Markt herumbummelten. Es konnte passieren, daß eine dieser resoluten ›Walküren‹ im Laufe solch eines Streites einfach den Fischkasten der Angreiferin umkippte. Dann wurde wie immer nach dem Polizeigewaltigen gerufen, der die Schuldfrage klären sollte; der kam auch – etwas zögernd –, und er mußte höchst diplomatisch amtieren, sonst entlud sich ein zweites Gewitter über *seinem* Haupt. Die Fischfrauen standen einander bei, auch wenn sie sich eben noch ›ausgeputzt‹ und vielleicht einen Fischkopf oder einen Schlorr an den Kopf geworfen hatten.

Am klügsten tat man als Außenstehender, wenn man die streitenden Hitzköpfe sich selber überließ und sich gar nicht einmischte. Der Streit war nämlich viel oberflächlicher gemeint, als er aussah. Diese Art, sich in Szene zu setzen und sich vor den Käufern auszutoben, gehörte zu ihrem Beruf, zu ihrem Naturell, also zu der deftigen Gemütsart, auf die sie besonders stolz waren. An marktfreien Tagen zogen die Fischfrauen, die der Volksmund auch ›Kuppelweiber‹ oder ›Königsberger Handelsfrauen‹ nannte, durch die Straßen und riefen laut ihre Ware aus. Im Sommer waren es neben den Fischen Blaubeeren und Gelböhrchen. Im tiefsten Brustton schallten ihre verwitterten Stimmen durch die Straßen:

Blubeere, wat goots Blubeere!
Ei, Broatzand, ei Broatzand, ei Botterzand!
Fresche Dörsch!

Das war das Signal für die Hausfrauen, ihren Bedarf zu decken. Sehr freundlich und höflich war zuerst der Empfang der Kundin: »Na, Madamche, wie is mittem Maaßche Stint? Nehmen Se mit e Maaßche! – Nei? Ei, e paar frische Zanderchens für den Herrn Jemahl? Zerjehn auffe Zung wie Butter! – Auch nich? Nanu, was is heute? Is der Olle womöglich kankautsch? Ei, Blaubeerchens, ei Jelböhrchens? Gar nuscht heute? Na, denn beschnüffeln Se jefälligst nich meine Ware, vom Kikken wird einer nich satt!«

Das war noch ein sehr gemäßigter Ton. Unterstand sich jemand, an den Auslagen etwas zu bemängeln, dann war's aus mit der Gemütlichkeit der Handelsfrauen. So etwas erlebte ich einmal an einem strengen Wintertage auf der Königsberger Fischbrücke:

Eine junge Frau hatte unentschlossen an einem Fischstand verweilt und schließlich zögernd gesagt: »Die Fische sind alle so krumm und schief ...«

Worauf die Handelsfrau loslegte: »Fräuleinche, legen Sie sich man nackicht bei dem Frost auffen Tisch, denn krümmen Sie sich auch vor Kälte!«

Und als die junge Frau schüchtern einwarf: »Sind die Fische denn wenigstens frisch?«

Da hagelte es in saftigstem ostpreußischen Platt: »Watt? Womeeglich segge Se noch, se stinke? Se ohle dreidammlige Zäg, Se blubacksche Schlorr, moake Se bloß foats, daß Se wechkomme, sonst war ök noch groff! –«

Das richtige Grobwerden habe ich nicht mehr erleben können, sowohl die Beschimpfte als auch ich hatten schleunigst das Weite gesucht.

Die Danziger Fischfrauen waren den Königsbergern durchaus wesensverwandt. Urgemütlich, humorvoll und derb waren sie auch, und auf den Wind nicht verknusen konnten sie es ebenfalls, wenn ihre Ware getadelt wurde. Über folgendes Gespräch hat man an der Mottlau viel gelacht:

»Scheene Räucherflunderchens, Madamke, einsfuffzig das Pfundche!«

»Sind sie auch frisch?«

»So frisch wie Sie, Madamke!«

»Aber so dünn sind sie ...«

»Na, so dick wie die Madam können sie je auch nich sein.«

»Hoffentlich sind sie wenigstens fest?«

»Was? Auch noch begrabschen? Begrabbelt Ihnen Ihr Oller auch immer so?«

»Was erlauben Sie sich denn?«

»Na, nu verziehen Se sich bloß, Sie olle Lachodder! So was hat e goldene Stengelbrill inne Hand und e toten Fuchs ummen Hals gewürgt,

pörscht sich hier auf und denkt, sie kann e ehrliche Marchtfrau kujenieren! Kroppzeuch, infamichtes! Nu aber pascholl!«
Hatte sich die Beschimpfte entfernt, dann brachen die Fischfrauen rundherum in schallendes Gelächter aus.
Ja, temperamentvoll ging es bei unseren Originalen beim Pregel und an der Mottlau zu. Wer sie einmal erlebte, wird noch heute beim Gedanken an sie schmunzeln.

MARION LINDT

Auf dem Fischmarkt

Dicke Köpp on dicke Liewer
hebbe onse Kuppelwiewer
on 'ne grote Schabberschnut,
dat dem Düwel doavor grut!

Wenn se biönander hucke
wie de ohle Eierklucke,
moake se, dat Gott erbarm,
eenem förchterliche Larm.

Bloase ihsigkohle Winde,
fröre se bekanntlich hinde,
on dann sette se söck rop
oppen heete Kohletopp.

Wenn se moake kruse Näse,
sönd se meistens glupsch on böse
on verstoahne keinem Spoaß!
Wie se schömpe, hör man bloß!

So 'n Pomuchel, so 'n Lachodder!
Dammelskopp, wöllst möt dem Kodder
om de Ohre? Lus'ger Krät!
Schmiet em doch wat ön de Frät!

On se schmiete fohrts möt Fösche;
ganz egoal wat se erwösche,
fule Kruschke, on möt Dreck!
Mönsch, tarbarm di, goah bloß weg!

DANIEL STASCHUS

Der Richtige

Der alte Schustereit war ein Uroriginal, ebenso reich wie geizig, ursprünglich Zimmermann, dann großer Bauherr und mehrfacher Schneidemühlenbesitzer. Ständig führte dieser urwüchsige Ostpreuße besondere Redensarten, die ihn weit über die Grenzen seines Wohnortes bekannt gemacht hatten, im Munde. Schustereits geflügelte Worte: ›man hat Exempel von Beispielen‹, ›na so is recht und so is richtig‹, ›laß du dem Katz in Ruh, sonst klaut er dir‹, ›das kann kein Jude aushalten, und wenn er noch so steinalt is‹, ›meine Faust, dein Kirchhof‹, ›kost, was kost, wenn's nuscht kost, bezahl ich‹, ›ich bin geduldig wie ein katholischer Kantor‹, ›ich werd ihm die notas und pausas demonstrieren‹, ›wenn's einen drängt, dann platzt es‹ und ähnliche Redensarten paßten immer auf irgendeine Frage und wurden von Schustereit am Tage mindestens neunundneunzigmal zur Anwendung gebracht.

Nun hatte Schustereit einmal eine große Lieferung von Telegraphenstangen, wozu er von da und dort Holz aufkaufen ließ; so auch von einem recht angesehenen, großmächtigen Grafen. Der Adelsritter kam persönlich nach Schustereits Wohnsitz, um die beträchtliche Summe Geldes abzuholen, traf aber den alten Herrn gerade nicht zu Hause. »Wenn Se dem ohl Herr spräke wölle, denn goahne Se man bät anne groot Schniedmähl, doa ward he schon sönd, wenn nich, denn finde Se äm oppe Feld, wo groads Weize gehaue ward!« sagte ein altes Hoffaktotum.

Spaßig war nun, daß der Graf den alten Schustereit gar nicht persönlich kannte, sondern nur von seinen schnurrigen Redensarten gehört hatte. Schustereit kannte auch wieder den Grafen nicht. Und als sich nun beide zufällig unterwegs trafen, musterte der Graf den Holzgewaltigen recht eingehend und interessiert. Und als der Graf stehenblieb und den alten Schustereit anzusprechen versuchte, war der kleine Holzkönig schon eingeschnappt und beharkte den Neugierigen: »Na so is recht und so is richtig! Ich werd Ihm die notas und pausas demonstrieren. Was hat Er mir so anzukicken? Ich bin geduldig wie ein katholischer Kantor. Aber das laß ich mir doch nicht gefallen! Das kann kein Jude aushalten, und wenn er noch so steinalt is! Wenn's einen drängt, dann platzt es! Das sieht ja so aus, als wenn ich Ihnen was schuldig wär! Hören Sie: meine Faust, dein Kirchhof! Laß du dem Katz in Ruh, sonst klaut er dir! – Ich werd Ihm anzeigen müssen wegen Belästjung! Man hat Exempel von Beispielen. Kost, was kost, wenn's nuscht kost, bezahl ich!«

»Sie sind der Richtige!« sagte der Graf, »Sie suche ich gerade!«

HERMANN BINK

Nehrungsfischer im Wirtshaus

Sie hocken im Dorfkrug bei Tabak und Spiel:
krumm wie verkrüppeltes Holz; und reden nicht viel.
Dafür aber saust
auf die Tischplatte oft eine schwere, eiserne Faust,
die so unbändig kracht,
wie wenn man im Himmel ein rechtes Gewitter mal macht.
Nur selten lacht einer; und keiner singt.
Und keiner sagt Prost, wenn er einen trinkt. –

Doch platzt mal – o Schreck – so ein Stadtgeck herein,
piekfein wie die Bügelfalte an seinem Bein,
spuckt einer (vielleicht sind es aber auch zwei,
und die Kerle verziehn keine Miene dabei)
ganz zufällig, doch gar gewaltig aus . . .
Verdammt, dann schwimmt das halbe Haus;
kaum ein Haifisch kann so gewaltig spein.

Und während der Stadtfratz entgeistert noch schaut,
der Schalk aus den Augen der Nehrunger blaut.
Vorm Fenster jedoch der verrückte Wind
läuft blitzgeschwind,
wie wenn er von Sinnen, hin-her, hin-her;
rennt, taumelnd, wie wenn er betrunken wär',
kreuz-quer und singt,
brüllt auf, knallt gegen die Fensterläden und springt,
hell lachend, über die Düne ins kreischende Meer.

FRITZ KUDNIG

Ostpreußen

wie es lebt und lacht

Auf der Königsberger Messe gesellte sich am Abend im Messe-Hauptrestaurant eine Dame zu einem behäbigen Herrn, der eifrig eine riesige Portion Schweinebraten verdrückte. Als er sein Mahl beendet hatte, begann er mit seinem Gegenüber ein Gespräch: »Ach, Sie sind wohl aus Königsberg?«
»Ja.«
»Ich bin aus Pillkallen. – Kennen Sie Pillkallen?«
»Nein.«
»Ich bin zur Messe hergekommen, aber ich habe noch nuscht gesehen.«
»Dann müssen Sie sich aber beeilen, morgen ist der letzte Tag.«
»Ja, richtig, denn wird Zeit. Denn werd ich morgen hingehen. Schön is hier. In Pillkallen is auch schön, aber nich sooo schön. – Ich bin sehr für die Gemütlichkeit. – Wissen Se, was ich möcht?«
»Nein.«
»Heiraten möcht ich. Aber Sie sind mir zu jung. – Das heißt, zu jung sind Sie mir auch wieder nich. Sie sind so um die Achtundzwanzig rum, was? Aber ich bin Ihnen sicher zu alt. Ich bin Achtundachtziger. Ich mein, achtundachtzig geboren. – Ach, wissen Sie, schön is es bei uns in Pillkallen.«
»Sie haben wohl ein Gut?«
»Nein, 'nen Krug. Aber ich hab auch noch fünfundzwanzig Morgen. Ich möcht Ihnen wohl nich gefallen, was?«
»Ich denk gar nicht ans Heiraten!«
»Nanu? Zu was nich? Heiraten is doch besser! – Was, Se wollen schon gehen?«
»Ja.«
»Hm. Groß sind Sie auch! Das lieb ich. Wo hatten Sie das bloß alles, als Sie saßen? – Schade, daß Sie nich noch e bißche bleiben! Ei, wie is mit morgen, könnt einer sich da nich per Zufall wiedersehen?«
»Das geht leider nicht.«
»Schade, schade. Na, denn gute Nacht, Fräuleinche!«
»Gute Nacht.«
»Herr Oberche, noch ein Helles! – Rennen Sie nich gleich weg! Und einen Pillkaller – aber zweistöckig!«

Bei einer Wahlversammlung hält auch ein Bäckermeister eine Rede. Er fuchtelt dabei so viel mit den Armen und Händen herum, daß die Anwesenden nervös werden und gar nicht mehr zuhören. Nur sein Freund schaut ihn unentwegt an.

Als der Redner endlich geendet hat, sagt er zu seinem Freund: »Na, August, hab ich nich recht?«
»Weißt«, meint dieser, »ich hab gar nich zujehört. Ich hab bloß immer auf deine großen Hände jesehen und bei mir jedacht: Wie kann der Mensch bloß mit so große Hände so kleine Brötchen backen!«

Vater und Sohn haben sich zu einem Abendtrunk zusammengesetzt. Der Sohn ist nicht mehr der jüngste – seine fünfzig Jahre wird er wohl auf dem Buckel haben. Ein Bär ist er von Statur, und ein voller dunkler Bart umrahmt sein breitknochiges Gesicht. Der Vater betrachtet wohlwollend seinen Sproß und sagt dann nach einem geleerten Glas: »Herrmann, wenn ich dich so anseh, denn denk ich mir, daß du gar nich mehr ›Vater‹ zu mir sagen kannst.«
»Hm. Meinst?«
»Ja.«
Sie trinken noch eine Weile, dann steht der Alte mit einem Ruck auf, hebt sein Glas und sagt: »Ich heiße August.«
Ohne mit der Wimper zu zucken, erwidert der Sohn: »Mein Name ist Herrmann.«
»Ich weiß«, brummt der Vater. Wieder nimmt er einen Schluck, dann spricht er verschmitzt hinter der Hand: »Aber wenn de Muttche dabei is, kannst ruhig ›Vater‹ zu mir sagen, darin versteht sie amend keinen Spaß.«

Ostpreußen war auf dem Lande besonders übersät mit Kindern. Bei einem Instmann war nun schon das neunte Kind angekommen, die Lehrersfrau kam gratulieren, fügte dann aber doch vorsichtig hinzu: »Neun Kinder – ist das nicht ein bißchen reichlich, Frau Nomikat?« Gottergeben antwortet der noch junge Vater: »Ach, Frau Lehrerche, womit soll sich sonst e armer Mann de Stub möblerieren?«

Der kleine Fritz, Jüngster von fünf Kindern, liegt krank zu Bett. Die alte Minna, die schon lange im Haus ist, geht auf den Markt einkaufen und erzählt jedem, den sie kennt, von ihrem kranken Liebling. Als sie endlich heimkommt, berichtet sie hochbeglückt: »Alle haben se nach unserm Fritzche jefragt! Ich sag ja, an das Goldjungche is de ganze Stadt beteiligt!«

Der Petereit ist schwer mit dem Magen erkrankt, er muß zum Arzt in die nächste Stadt, um sich gründlich untersuchen zu lassen. Der Nachbar begleitet ihn. Als er aus dem Sprechzimmer kommt, fragt der Nachbar ihn besorgt: »Na, was hat er gesagt?«
»Fünfzehn Mark.«
»Nei, ich mein, was du nu hast?«
»Zehn Mark.«
»Menschche, ich will wissen, was dir fehlt?«
»Na, fünf Mark.«
Da gibt es der Nachbar auf und murmelt nur: »Bunte Schweine und dammliche Menschen sind knapp, aber sie sterben nich aus.«
Petereit hört das aber doch und meint beiläufig: »Nei, nei, das sieht man an dir.«

Ein Bauer hatte neben seinem Hof einen Teich angelegt, auf den er sehr stolz war. Von den Dorfbewohnern mußte er sich jedoch manche Hänselei gefallen lassen, weil der Teich etwas zu flach geraten war. Trotzdem passierte eines Tages ein Malheur: ein Betrunkener stolperte in der Dunkelheit, fiel in den Teich, blieb dort beduselt liegen und ertrank. Aufgeregt lief der Bauer – nachdem er am nächsten Morgen die traurige Bescherung entdeckt hatte – zu seinem Nachbarn, um ihm von dem Unglück zu berichten. Dieser hörte sich die Erzählung ruhig an und meinte dann schmunzelnd: »Du'che, der hat dir bloß e bißche schmeicheln wollen!«

Eine Bekannte, die ich seit den Königsberger Tagen nicht mehr wiedergetroffen hatte, fand ich plötzlich bei einem Heimatabend. Sie kam auf mich zu und sagte: »Verzeihung, Sie sind doch die Marion Lindt?« – »Ja.« – »Sie haben sich aber gar nicht verändert.« – »Naja«, lachte ich, »Sie wissen doch, der ostpreußische Speck hält sich!« Nun lachten wir beide. Dann meinte sie nach einer Weile vertraulich: »Eine Frage – sind Sie verheiratet?« – »Nein.« – »Na drum!«

Kurz vor Weihnachten ging ich über den Steindamm in Königsberg, und aus der EPA kam eine alte Frau mit einer Riesenpapiertüte. Plötzlich stieß sie jemand an, die Tüte riß, und heraus kullerten sechs rosa Rollen Toilettenpapier. Ein Arbeiter bückte sich und half beim Einsammeln. Dabei bemerkte er verschmitzt: »Na, Sie haben sich ja für die Feiertage viel vorjenommen!«

Im Rahmen des Familienunterhaltes hatte eine Frau einen Antrag auf Kindergeldbeihilfe gestellt. Sie mußte dazu ein langes Formular mit ihren Personalien ausfüllen. Nach einiger Zeit wurde sie zum Amt vorgeladen, und hier erfuhr sie zu ihrer Freude, daß ihr Antrag genehmigt sei und ihr sowohl für die beiden Kinder aus erster Ehe, Fritzchen und Emilchen, als für die beiden anderen aus der zweiten Ehe mit dem noch lebenden Ehemann – für Karlchen und Hermannchen – rechtmäßig Kindergeld zustehe. Der gewissenhafte Beamte prüfte noch einmal sorgfältig das Antragsformular und stellte schließlich fest: »Dazwischen haben Sie doch aber noch, wie ich lese, eine Tochter?«
Etwas verdutzt blickte die Frau zur Seite, dann aber sagte sie gefaßt: »Joa, stömmt, oawer de hebb ök – so to rekne – privat.«

Ein Nichtostpreuße, der im Krieg in Pillau stationiert war, erzählte mir, daß er sich immer köstlich über die Ausdrucksweise der Ostpreußen amüsiert hätte. So hatte er zum Beispiel eines Tages an der Tür eines Fischgeschäftes ein Plakat entdeckt, auf dem mit großen deutschen Buchstaben geschrieben stand: »Keine Fische sind nicht mehr.«

Der fast siebzigjährige Koslowski hatte noch einmal geheiratet. Das hätte er nicht tun sollen, denn bei der viel jüngeren Frau stand er gehörig unter dem Pantoffel. Jeden Groschen teilte sie ihm zu, den er für sich privat ausgeben wollte. So geriet er einmal in große Verlegenheit, als er sich ein Tulpchen Bier gestattete und die Dittchen anscheinend nicht ganz reichten.
»Was is, Koslowski«, sprang ein Freund ein, »langt es amend nich?«
»Ich denk«, entgegnete verlegen Koslowski, »ich denk, langen langt es schon, aber meine Olga hat mir fünf Dittchens mitgegeben, vier sollt ich bloß ausgeben – und einen sollt ich noch zu Haus bringen.«

In einem Anwaltsbüro gibt eine biedere Frau in mittleren Jahren entschlossen bekannt, daß sie sich von ihrem Mann scheiden lassen will.
Der Rechtsanwalt sucht zu vermitteln: »Warum wollen Sie denn auseinandergehen? Gibt Ihr Mann Ihnen nicht genug Wirtschaftsgeld?« – »Doch, das tut er.« – »Na, und wie steht's mit der Liebe?« – »Hm, da kann ich nicht klagen.« – »Aha, ja, dann hapert's wohl mit der Treue?« – »Ja, Herr Anwaltche«, sagt nun die Frau resolut, »*da* können Sie ihm packen. Dis dritte Kind is nich von ihm!«

Ein Bauer fuhr mit seinen drei Töchtern zum ›Bullenball‹ nach Insterburg. Sie hatten kaum die Garderobe abgelegt, als die Jüngste leise ihren Vater um ein Dittchen für die Toilette bat. Keine Viertelstunde später kommt die zweite mit der gleichen Bitte. Nach einer weiteren Viertelstunde bittet die dritte um 'nen Dittchen. Da griff der Bauer in die Tasche, warf großzügig einen blanken Taler auf den Tisch und meinte energisch: »So, wenn ihr den verpischt habt, denn wird nach Haus gegangen!«

Ein Fremder kommt nach Gumbinnen und erkundigt sich nach dem ›Kreiskrankenhaus‹.
»Kreiskrankenhaus haben wir hier nich«, sagt der Angesprochene, »unsere Krankenhäuser hier sind alle eckig. Hm, vielleicht meinen Sie die Städtische Gasanstalt?«

Ein ostpreußischer Arzt, der die Hausmusik liebte, pflegte in seinen Mußestunden gern Cello zu spielen. Er hatte ein junges Marjellchen vom Land als Dienstmädchen, das ihm oft zusah, wenn er das Cello sägte. Eines Tages faßte sie Mut und fragte ihn: »Zu was machen Sie das?«
»Zu meiner Freude«, sagte lachend der Arzt.
»Ach«, wunderte sich die ländliche Unschuld, »und das macht Ihnen Vergnügen?«

Kaiser Wilhelm II. kam oft nach Rominten, um in seinem Forst Böcke zu schießen. Er versäumte auch nie, jeden Morgen einen Spaziergang durch den Schloßpark zu machen. Da begegnete er einmal einem Mann mit einer Schubkarre, auf der ein Eimer und ein prall gefüllter Sack standen. Kaiser Wilhelm sprach den Mann an und erkundigte sich jovial nach dem Inhalt des Sackes. »Doa sind lebende Aale drin, Herrche«, bekam er zur Antwort.
»Was Sie nicht sagen – und gleich so 'ne Menge! Für wen sind die denn?«
»Dä sönn färs Schloß«, erwiderte der Angler vertraulich, »wissen Se, Herrche, doa os namlich de Kaiser to Besook, on doa warrt jetzt so völ jefräte!«

Am Stammtisch erzählt der Geduhn seinen Freunden: »Da ist mir doch letzten Sonnabend, als ich gegen Morgen nach Hause kam, e nettes Malörchen passiert. Um meine Friederike nicht zu wecken, hatte ich schon im Treppenhaus meine Schuhe ausgezogen. Hose und Jacke nahm ich übern Arm und schlich leise die Stufen rauf.«
»Na und?« wollten seine Freunde wissen.
»Na«, sagt Geduhn mit behäbigem Lachen, »als ich endlich oben ankam – da stand ich auf einem Bahnsteig vom Hauptbahnhof!«

Ein Mann betritt in einem holsteinischen Dorfkrug das Gastzimmer, vergißt jedoch die Tür hinter sich zu schließen. »Tür zu!« brüllt ihn ein Gast an, »wir sind doch hier nicht im Stall!«
Gehorsam geht der Gerügte zurück und macht die Tür zu; dann setzt er sich an den Tisch und beginnt plötzlich zu weinen. Der Holsteiner ist darüber erschrocken, so hatte er es ja nicht gemeint, und entschuldigend wendet er sich an ihn: »Ich wollte Sie doch nicht kränken.«
»Nei, nei, das haben Se auch nicht, aber sehen Sie, ich stamm vom Land – aus Ostpreußen. Und immer, wenn ich einen Ochsen brüllen hör, denn krieg ich Heimweh.«

Als der Fremdenverkehr in Masuren noch in den Anfangsschuhen steckte, war ein Verein, ein Gesangverein, in einem kleinen Ort abgestiegen und wollte in dem einzigen ›Hotel‹ am Platze Quartier machen. Einer der Sangesbrüder konnte nur noch ein kleines Gastzimmer ergattern. Komfortabel sah es ja nicht gerade aus.
»Hoffentlich ist wenigstens die Bettwäsche sauber«, erkundigte er sich mißtrauisch beim Wirt.
»Was denken Sie«, entrüstete sich der Wirt, »Ihr Vorgänger hat jeden Tag hier im See gebadet!«

Im Ersten Weltkrieg fand man auf den Bauernhöfen wiederholt ausländische Arbeiter. »Haben Sie dir auch einen Russen zujeteilt?« erkundigte sich der Schneidereit bei seinem Nachbarn.
»Nei, mir haben se anjeschmiert. Mein Russ is e Franzos!« – »Und wie macht er sich?« – »Ach Gottche, ich kann je nich klagen, bloß de Verständigung is e bißche schwierig.« Darauf winkte er den Franzosen leutselig mit den Worten zu sich: »Kumm mal her, Napoljumche!« Und ›Napoleon‹ kam.

»Schließen Sie bitte das Fenster«, sagte eine Frau zu ihrem Gegenüber im Zugabteil, »draußen ist es so kalt.« Da erwiderte der Mann trokken: »Denken Se, Madamchen, daß es denn draußen wärmer wird, wenn ich es zumach?«

An einem hellen Frühlingstage hatte sich die Familie Empacher in einem Gartenlokal niedergelassen, an dessen Zaun ein Plakat mit der Aufschrift prangte: »Der alte Brauch wird nicht gebrochen, Familien können Kaffee kochen.«

Nachdem Mutter Empacher ein Achtelchen Kaffee dem Ober zum Überbrühen gegeben hatte, stellte sie einen großen Napfkuchen auf den Tisch und begann, ihn in Stücke zu schneiden. Die Hühner, die hier herumliefen, waren es gewöhnt, daß man sie ›mitfütterte‹, sie waren sogar so zutraulich, daß sie den Kindern aus der Hand fraßen. Eines der Hühner war ganz verwegen und sprang ungeniert auf den Kaffeetisch, um sich zu bedienen. Das langte Vater Empacher, er schucherte das Huhn fort und beschwerte sich über diese Aufdringlichkeit bei dem Gastwirt, der gerade mit der Kaffeekanne ankam. Gelassen hörte sich der Mann die Beschwerde an und meinte dann achselzuckend: »Wegen so 'ner paar Kriemelchens so 'n Gebrasch!« – Und im Weggehen murmelte er hörbar für alle: »Was sind de Menschen bloß kleinlich! Aber Eier essen wollen se alle!«

Die ›Bimmelbahn‹ einer kleinen Station hat schon dreimal ihr Signal zur Abfahrt gegeben, als im letzten Moment noch ein Mann außer Atem angehetzt kommt und laut ruft: »August! August!«

Ein Fahrgast öffnet das Abteilfenster und steckt neugierig den Kopf raus. Der Mann auf dem Bahnsteig stutzt, bleibt stehen und gibt ihm eine kräftige Ohrfeige. Alle, die das Schauspiel gesehen haben, fangen an zu lachen, aber am meisten lacht der eben ›Getroffene‹.

»Na hören Sie mal«, meldet sich da sein Visavis, »wir lachen alle über Sie, nun möcht ich bloß wissen, warum *Sie* lachen, wenn Sie eben einen Mutzkopp bekommen haben?«

»Warum? Na, weil ich gar nicht der August bin!«

Zwei Freunde treffen sich am Abend. Fragt der eine: »Kannst mir nich fünf Mark pumpen?« – »Ich hab grad nuscht bei mir.« – »Ei, und zu Hause?« – »Dankschön, alles jesund!«

Der reichste Bauer im Dorf ist gestorben.
»Na, du gehst doch auch zum Begräbnis?« fragt der Benduhn seinen Nachbarn, der bekannt für seinen Mutterwitz ist.
»Zu was soll ich zu seinem Begräbnis jehen«, bekommt er zur Antwort, »er wird ja auch nich zu meinem kommen.«

Am späten Abend – man kann beinahe schon sagen in der späten Nacht – klopft der Franz ans Fenster seines Freundes und flüstert: »Richard, schläfst all?« – »Nei.« – »Menschche, ich brauch so nötig zwanzig Mark.« Darauf Richard: »Ich schlaf doch all.«

Beim Winterschlußverkauf war ein furchtbares Gedränge, man konnte nicht von der Stelle kommen. Ich hatte es sehr eilig und war schon ganz nervös geworden. Plötzlich hörte ich eine weibliche Stimme: »Emma, pees nich so, ich zagel ja immer drei Meter hinter dir her!« – Mein Stimmungsbarometer stieg momentan.

Der alte Kallweit, der gerne ›einen zur Brust nahm‹, beklagte sich eines Tages bei seinem Freund: »Weißt, was mir der Doktor gestern jesagt hat?« – »Na?« – »Ich soll nich soviel saufen!« – »Na, da hat er ganz recht.« – »Nu komm *du* mir auch noch so. Einer trinkt ja bloß, um die Sorgen zu ersäufen.« – »Bei deinem Konsum müßten doch alle Sorgen längst ertrunken sein«, meinte der Freund. Pfiffig entgegnete der Kallweit: »Nei, das is es je eben: je mehr ich trink, desto besser lernen se schwimmen.«

Ein Instmann war beim Augenarzt gewesen. Als er heimfährt, trifft er seinen Freund, der ihn fragt: »Na, was hat er jesagt, der Dokter?« – »Ich hab was anne Iris.« – »Was is das?« – »Weiß ich? Ich weiß je nich mal, was mir is – und denn soll ich wissen, was ›ihr is‹!«

In Königsberg war im Sommer rund um den Pregel die Luft auch nicht die beste. Eine Frau, die in dieser Gegend wohnte – noch dazu im Souterrain –, machte ihrem Herzen eines Tages Luft mit den Worten: »Nachts schlafen wir immer bei offenen Fenstern, aber stinken stinkt es drinnen, als wenn sie immer zu jewesen wären.«

Einmal erzählte ein Bauer seinen Freunden bei einer Bierrunde: »Als ich einmal in Schirwindt an der Grenze entlangfuhr, da haben mich neunundneunzig Wölfe verfolgt.« – »Warum denn grad neunundneunzig?« wollten die andern wissen. »Na, hätt ich gesagt hundert, denn hättet ihr bestimmt gesagt, ich übertreib.«

In einem masurischen Dorfkrug sitzen ein paar Freunde zusammen. Da kommt ein Fremder mit einem Schlitten vorgefahren und erzählt: »Als ich durch den Wald fuhr, da sind mir mindestens zwanzig Wölfe nachgejagt.«

»Was, zwanzig Stück?«

»Es können auch bloß zehn gewesen sein, auf alle Fälle hat es mir gelangt.«

»Waren es denn zehn?«, wollte es der Wirt nun genau wissen.

»Zu was fragen Sie so dammlich? Auf die Zahl kommt es doch nicht an. Ist nicht schon ein einziger Wolf zum Fürchten?«

»Ja, ja, das stimmt«, sagte der Wirt, »aber war es denn überhaupt ein Wolf?«

»Na«, ereiferte sich nun der Aufschneider, »was soll denn sonst so im Gebüsch gebrummt haben?«

Bericht eines Polizisten:

Die Jungens Neumann, Piefke und Kurjuleit haben in der letzten Nacht der Hebamme Jurgeleit so lange am Klingel gerissen, bis sie gerissen ist.

Der Beschuldigte quälte das Pferd so lange in boshafter Weise, daß ich vorschriftsmäßig Ärger dadran nahm.

In einer Oberförsterei war ein neuer Zaun gebaut worden. Eine Abrechnung über Löhne und Material wurde nach vollendeter Arbeit der Regierung zugeleitet, und die Oberrechnungskammer hatte zu prüfen, ob auch alles mit der Aufstellung seine Richtigkeit hatte. Nun fand ein Sachbearbeiter heraus, daß noch zwei Pakete Nägel übriggeblieben seien. Es wurde bei der Oberförsterei rückgefragt. Der verärgerte Oberförster machte seinem Herzen kurz und bündig Luft, indem er unter den Brief schrieb: »Die sind vernagelt«.

Der Tod war für die Masuren etwas Notwendiges, Naturgemäßes. So beschaffte man sich bereits zu Lebzeiten seinen Sarg, beschriftete ihn mit Kreide und stellte ihn auf den Boden der Kirche. Für ein würdiges, ja, reiches Begräbnis mußte vorgesorgt werden, und dieses pflegte immer mit einer Feier zu enden, bei der man den ernsten Anlaß fast vergessen konnte. Wesensecht scheint uns diese kleine Anekdote, die man sich in Masuren von einer Begräbnisfeier erzählte:
Am Wachabend, dem Tage vor dem Begräbnis, saß die große Trauergemeinde beisammen. Man vertrieb sich die Zeit mit Geschichten aus dem Leben des Heimgegangenen und aus Masuren, zum Teil recht fröhliche Geschichten, so daß man allmählich in eine recht vergnügte Stimmung geriet, zumal dem Alkohol auch reichlich zugesprochen wurde. Schließlich wagte man sogar ein Tänzchen.
Die Musik begann leise einen Walzer zu spielen, und es dauerte gar nicht lange, da drehte sich die ganze Trauergemeinde im Dreivierteltakt. Selbst die Witwe riskierte ein paar Runden – und niemand nahm es krumm. Doch bevor sie den ersten Schritt setzte, flüsterte sie verschämt: »Aber man nur ganz langsamche . . .«

Frau Plenzat und Frau Puschke treffen sich im Treppenflur. »Sagen Se mal, Frau Plenzatche«, erkundigt sich die Puschkin, »wo mögen bloß die Meyers stecken, die hab ich doch all e paar Wochen nich zu Jesicht bekommen. Sind die amend ausjezogen?«
»I, kein Gedanke«, sagt die Plenzatin, die über alles, was im Hause vorgeht, genauestens orientiert ist, »die Meyers sind auf Badereise – nach Schwarzort sind die.«
»Was? Diese Pischer anne See? Vor drei, vier Jahrchens pumpten sie sich noch bei mir den Wassereimer!«

In Ostpreußen war es Sitte, daß die Töchter der Reihe nach verheiratet wurden, das heißt, zuerst kam die älteste ran, dann die zweitälteste und so weiter. Nun hielt einmal ein junger Mann gerade um die Jüngste der drei Bauerntöchter an.
»Bei mir wird immer nach der Reihe geheirat«, bekam er zur Antwort, und als der Freier schüchtern einwarf: »Aber ich möcht doch die Jüngste, die Marie«, schlug der Bauer resolut mit der Faust auf den Tisch und donnerte los: »Ja, und die andern hintern Ofen schieben! Nei, nei, Freundchen, eh ich die Älteste nich weghab, brech ich die Jüngste nich an!«

Im Zweiten Weltkrieg kamen viele erholungsbedürftige Kinder aus den luftgefährdeten Gebieten aufs Land nach Ostpreußen. Ein Gemeindevorsteher, der zwar geübt in der Landarbeit, dafür aber weniger in Schriftsachen war, ließ an die schwarze Tafel des Gemeindeamtes die Bekanntmachung hängen:
»Diejenigen Einwohner, wo dieses Jahr wieder Kinder haben möchten, sollen sich sofort beim Bürgermeister melden und angeben, ob Jung oder Mädchen und wie viele.«

Als vor Jahren in dem ostpreußischen Fischerdorf Groß-Kuhren die ersten Sommergäste erschienen, händigte der Vermieter, ein Fischer, die erforderlichen Schlüssel für Stube, Schrank und Kommode aus. Etwas verlegen fragte eine Dame: »Bekommen wir denn keinen Schlüssel fürs – Örtchen?«
»Wat fern Schlätel meene Se, Madamke?«
Die städtische Dame wand sich verlegen und wiederholte: »Wie soll ich das sagen – vom ›Örtchen‹!«
Als der biedere Fischer immer noch begriffsstutzig blieb, zeigte die Dame nach draußen auf das Bretterhäuschen mit dem Herzen. Nun dämmerte es dem Guten. »Ach, Se meene unserm ›Partemang‹? Nei, dato hebbe wi keinem Schlätel, doa heft ons noch keiner wat weggestoahle.«

MARION LINDT

Aus einem verzagten Dups kann kein fröhliches Pupschen kommen.

Utreed ös to alle Sache goot, bloos tom Schietegaane nich.

Was zum Schweinstroch ausjehauen is, wird im Leben keine Vijellin.

Es kommt vor, daß einer fällt und findt nuscht.

Wer am Dag schleept, mot doch önner Nacht sien Ro hebbe.

Arbeit ös kein Hoaske, se rennt nich weg.

Läwer got läwe on dafür e Joahr länger!

Pilze

Der Fritz hädd Pilzchens im Wald gefunden
und brachd se, im Schnupptuch eingebunden,
e paar hädd er außerdem noch inne Taschen,
zu Haus bei e Muttche. Die hädd se gewaschen,
bebrieht und bepult und geputzt mitte Hand,
mit Speck se gebraten und saurem Schmand.
Nu aßen se, jeder aus seinem Schalche,
der Vatche, de Muttche, der Fritz und de Malche,
de Pilzchens, dem Speck, dem Schmand und de Zwiebel.
Mit eins wurd de Malche e bißche iebel.
»Herrjehs«, sagt der Vatche, »de Malche wird krank,
da sind bestimmt e paar giftige mang.
Laßt schnell mal de Katz e bißche probieren,
bei mir tut sich auch all im Bauch was riehren.
Das Kakeln und Reden das könnt ihr eich sparen,
wir missen gleich aller beim Dokter fahren,
so wie wir sind, in Schlorren und Klumpen,
der muß uns das Gift außem Magen pumpen.
Da, seht ihr de Katz? Se tut sich all strecken
und krimmen und winden, die is am Verrecken.
So huckt auch uns all der Tod im Genick,
vleicht haben wir aber auch noch mal Glick!« –
Der Dokter der hat mittem Schlauch se gepeinigt
und ihnen aller dem Magen bereinigt,
mit Rizinus ihnen noch abgefiehrt
und zwanzig Gulden vom Vatche kassiert.
Denn fuhren se wieder beruhigt zu Haus,
von vorn und von hinten – das Gift war raus!
De Katz? Ja, sehn Se, wer hädd das gedacht,
die hädd drei Junge zur Welt gebracht!

ALFRED LAU

Es ist noch keine drei Menschenalter her, da las der Fremde, der in Berlin einfuhr – und nicht nur in der Reichshauptstadt, auch in vielen anderen Städten –, mit Riesenbuchstaben an die grauen Häuserwände geschrieben: »Jedem Deutschen wöchentlich sein Bad!« Was der Ausländer dabei dachte, hat er (neben verschiedenen anderen Dingen) uns jedenfalls nicht erzählt! Uns selbst erschien es damals ein bißchen seltsam, so breit und groß geschrieben – aber wir fanden diesen Pflichtbefehl der Sauberkeit doch sehr lobenswert und wert, von Berufenen ernsthaft erörtert zu werden. So wurde er denn wohl die erste Ursache zum Bau vieler Volksbrausebäder und zur Einrichtung zahlloser Badestuben in allen Städten und allen Häusern, die alle, die dort baden, so hinnehmen, als müßte das so sein, wenn sie den Staub ihres Erdendaseins allmorgendlich oder allabendlich darin abspülen. Sie wissen es nicht, wie es war, als jene Schrift auf die Häuserwände gemalt wurde, um sich dem Bewußtsein ihrer Großeltern einzuhämmern. Und sie wissen ganz bestimmt nicht, wie es damit noch bei ihren Urgroßeltern bestellt war.

Mit Nasenrümpfen oder Lachen zieht diese Jugend in Tiefurt und Sanssouci an den Möbeln vorbei, die man Waschtische nannte, an den Kännchen und Schüsselchen – Wunderwerken der Manufakturen von Berlin und Meißen, in die Voltaire und die Göchhausen ihre Fingerspitzen tauchten (wenn sie es nicht vorzogen, sie nur mit etwas Kölnischem Wasser oder Lavendelspiritus abzureiben)! »Sie werden doch hoffentlich mal gründlich gebadet haben!« sagte ein entrüsteter bildhübscher Lockenkopf neben mir sehr nachdrücklich. Ja, aber wo? Ahnst du, kleine Anmut, die von früh bis spät den Nickelkran mit ›heiß‹ aufdrehen kann, um die Hände zu bürsten, ehe die Polierplatte über die sanft gewärmten rosigen Nägel gleitet – ahnst du, was es heißt, wenn jeder Becher zum Trinken, jede Schüssel zum Waschen oder Aufwaschen, jeder Kessel voll zum Kochen an der klirrenden Pede vom Brunnen her eimerweis treppauf geschleppt wurde? Das Trinkwasser womöglich stundenweit in schwerem irdenen oder kupfernen Krug aus einem Brunnen oder ›Spring‹, der auf Meilen der einzige ganz unverseuchte war an heißen Sommertagen?

Aber du ahnst auch nicht, wie köstlich so ein Trunk dann schmeckte, weißt nicht, wie das Wasser schwappte und glänzte unterm hellen Holzkreuz, das darauf im Eimer schaukelte! Und wenn du in deiner weißen Kachelwanne plätscherst mit jenem feierlichen Ernst, mit dem der Stadtmensch die Obliegenheiten der Körperpflege betreibt – dann weißt du nicht, was unsere Badefeste bedeuteten!

Natürlich war es Sonnabend! Und die ganze Wohnung, das ganze Haus strahlte vor Sauberkeit und Aufgeräumtheit, roch nach grüner Seife, nach Erdöl, nach frischer Luft – ruhte schon aus von dem Lärm und der Mühe der arbeitssauren Woche. Auf dem Stuhl am Bett hing schon die reine Wäsche zum Sonntagmorgen, die Sonntagskleider lagen bereit, bei den Eltern schon Kirchgangsanzug und Gesangbuch. In der Küche wurde der Sonntagsbraten gespickt, man durfte bei der süßen Speise helfen, Gelatine brocken und Schnee schlagen – man durfte die Schüssel auskratzen und hatte schon vorher den Kuchenrührer abschrapen dürfen. Man war in Vorfreude und Feierstimmung – aber man fühlte sich noch nicht ganz würdig des Sonntags, man war nicht so rein wie Diele und Tisch und Handtuch, man spürte den alten Adam noch überall. Da war es herrlich zu sehen, wie die Abendsuppe beiseitegeschoben wurde und der große eiserne Kessel aufs Feuer kam – dem mit Kienholz, das unterm Herd schön getrocknet war und die Küche mit Tannenduft erfüllte, und mit braunem Torf gut zugeredet wurde! Dann stieg der Dampf in den schwarzen Herdmantel, der Deckel klapperte, die Wanne wurde hergeholt – und endlich plätscherte das Wasser drin. Der Seifennapf, die große Striegelbürste, alles stand schon auf dem Schemel, das große Badelaken hing am Ofen – und im Ofen brutzelten die Äpfel, die man nachher zur Bewärmung für Hände und Magen bekam, wenn man spritzend, glührot und kreischend vor Vergnügen aus der Wanne kletterte. Das war nicht so einfach. Denn meist stand sie auf einer Eichenbank und sah dem hölzernen Zuber, der ›Tine‹ aus der Waschküche, schwesterlich ähnlich. Später war sie dann schon aus Zink, aber ungefüg und grau, kalt und froschartig beim Anfassen, nicht behaglich-wärmlich wie das Holz. Wir waren aber stolz auf unsere Wannen, denn Tanten und Großmütter erzählten uns noch, wie sie auf dem Land in Guts- und Pfarrhäusern in der Tonne gebadet wurden: die Kleinsten zuerst, für sie wurde eine Fußbank hineingestellt, wenn sie gut eingeseift hineingehoben wurden. Da standen sie dann, warm und mollig bis an den Hals geborgen in der glucksenden Feuchte, starrten in den Wasserqualm, der um die schaukelnde Öllampe zog, und genossen dumpf und glücklich Urweltgefühle.

Eigentlich beneideten wir sie ein bißchen um die Tonne – aber es war doch auch sehr schön hier in unserer Wanne. Wenn man sehr bat, wurde mit dem Stüppel aus dem Kessel heißes Wasser nachgegossen, man rutschte ans andere Ende der Wanne, zog die Knie hoch und kreischte, was man konnte, ehe man vorsichtig mit dem großen Zeh in den Golfstrom vorstieß. Es galt als ein Zeichen großen Muts, zuerst ganz in die neue Wärme zu tauchen, und wer's tat, war der Bewunderung der anderen Partei sicher. Denn man badete fast nie allein, so verschwenderisch wurde mit dem heißen Wasser nicht umgegangen, eine Wanne für sich allein war das Vorrecht der Alten oder Säuglinge – Geschwister wurden zusammen abgestaukt, zuzeiten auch jugendliche Gäste. Immer wieder habe ich von alten Leuten gehört, wenn über berühmte Menschen geredet wurde, daß sie mit diesen zusammen von gemeinsamen Tanten in ihrer Kinderzeit abgebadet worden seien! Das war ein frohes Sonderfest, das keinem schadete, sondern nur körperlich nützte – es war eine Sache der Sauberkeit und der Freude! Vergnügen erfüllte Küche und Schlafstube, eine frohe Geschäftigkeit, arbeitsvoll noch wie die eben ausebbende Woche, aber schon von Sonntagsbehagen erfüllt – nur ohne seine Feierlichkeit. Mutter und Mädchen liefen hin und her, reichten sich die Seife zu, die Bürsten, die Laken, schrubbten und rieben, spülten und gossen, Tanten rannten hin und her mit Wärmkruken, mit wollenen und seidenen Tüchern, Großmamas hielten kleine Zudecke an die milde Wärme blanker Ofenkacheln oder ließen einen Apfel, einen Pfefferkuchen unter kleine buntverschnürte Kopfkissen gleiten, Vater, Großvater und Onkel tauchten zuzeiten, tabakumwölkt, an der äußersten Gesichtslinie auf und wurden unter lachendem Widerspruch fortgeschickt.

Ein Duft von Mandelöl und Kamillen schwebte mit Rauch und Wasserdunst durch die Wärme, es war herrlich, einmal ein Stückchen marmorierter Speckseife oder gar von der Rosenseife zu erwischen, die Lina und Minna Sonnabendmittag vom Gewürzkrämer als Zugabe erhielten, die so himmlisch roch, wenn man einen kleinen eigenen Schaum damit fertigbrachte und sich die Backen damit einrieb! Es brannte heftig, und nachher glänzte man wie mit Schwarte eingerieben, man sah es an der funkelnden roten Nasenspitze, wenn man die Augen einkniff. Das tat man schon unfreiwillig, denn die Seife brannte einem fast die Lider entzwei, wenn man zuletzt noch mit dem Kopf untergeduckt wurde, um prustend aufzuschnellen, gerade zupaß, um einen stärkend kühlen Wasserguß, kaltes Salzwasser oder lauen Kamillentee, abzukriegen. Beides galt als gut für den Haarwuchs und wurde energisch verrieben, bis man laut schrie. Der Kamillentee sollte ewige Blondheit erhalten, das Salzwasser galt (verstärkt durch vorheriges Einreiben mit Palmöl) als bekömmlicher für Dunkelhaarige. Wo man Wert auf Locken legte, wurde nachher eine Vier-Zipfelkappe aus seidenen Halstüchern aufgesetzt – die Glatthaarigen bekamen ebensolche Nachthauben aus gewöhnlichen leinenen Schnupftüchern. Man saß dann in den Betten wie eine Galerie gehörnter Schrättchen. Wenn es draußen sehr kalt war und der Ostwind trotz letzten Nachlegens im Ofen doch schon durch die Wände zog – dann wurde noch ein dickes Tuch umgeknotet. Es war wie zu einer Schlittenfahrt. Dann gab's heiße Milch und Bratäpfel und vielleicht noch eine Pfeffernuß, die der Weihnachtsmann aus dem Sack verloren hatte, als er vorbeifuhr – und dann kam das Abendgebet. Es war sehr mühsam und hatte gerade am Sonnabend besondere Fußangeln. Denn die Augen scheuerten heut sehr und fielen schon vorm Amen zu.

Da lag man denn und hörte draußen noch die Mädchen plätschern und rumoren beim Reinigen der Wanne und Aufwischen der Küche. Sie platschten auch noch selber beim Füßewaschen und sangen leise dazu von der schönen Dorothee, die der Wassermann freite, oder vom Christinchen, die den Schwan fliegen sah, ›dorthin wo Freude ist‹. Es klang so leis und geheimnisvoll, das Herz zog sich ein bißchen zusammen wie zu Weihnachten. Draußen schlug der Schnee an die Scheiben, der Wind wimmerte im Ofen. Hier lag man so durchglüht und nach Rosen, Mandeln und Kamillen duftend, so ganz und gar sauber und weich und schneeweiß bekleidet und bezogen, so wie nur ein ganz, ganz artiges Kind liegt. War man ungezogen gewesen in dieser Woche, faul, widerspenstig? Ach, man konnte sich auf nichts besinnen in dieser äußeren Makellosigkeit – alles hatte das Wasser fortgespült. Nichts war geblieben als eine kleine Selbstzufriedenheit, eine sanfte Bescheidenheit, sehr viel halbbewußte gute Vorsätze – und eine selige Gewißheit von einem strahlenden Baum mit vielen bunten Lichtern, sehr vielen bunten Ketten, blanken Körbchen, lutschbonbongefüllt, Schokoladenherzchen, silbernen Tannenzapfen, goldenen Nüssen, purpurroten Äpfeln – und einem goldbeflügelten Wachsengelchen an der Spitze, rosenrot und nackt, das wohlwollend segnende Ärmchen über frischgebadete Kinder breitet!

AGNES MIEGEL

De Fasteldanz

Margelles, Junges, schlett sek an!
De Fastnachtsbegel titt väran,
beflochte frisch met Danne,
bunt utgeputzt met Bloom un Band,
Jungmännersenn, Jungmäkehand,
Marike, Lies' un Hanne!
Allemann
schlett sek an,
wer springe un danze kann!

De Begelmeister met de Schärp,
de drächt dem Begel länge Därp,
versteit em hoch to schwinge
un danzt met em im Polkaschrett;
all de, wo folge, danze met
un juche luut un singe.
Allemann
schlett sek an,
wer springe un danze kann!

Deicht hindrem Begel – didldumda! –
speelt ener Handharmonika,
un de is wiet to here.
Ut jedrem Finster kickt wer rut,
un jedrer sitt vergneglich ut,
se winke väre Däre!
Allemann
schlett sek an,
wer springe un danze kann!

To Fasteldanz! To Fastelbeer!
De Kinner renne hinderher,
de Hundkes knurr' un belle!
Nu evre Brigg, nu inne Kroog!
Wer danze well, der kann genoog
im Schwefelschrett sek drelle.
Allemann
schlett sek an,
wer springe un danze kann!

Se walze, dat de Stebel kracht,
von Avends an bis Meddernacht,
denn kimmt dat Begelschwinge.
Nu, junget Mäke, recht gemoakt,
dat nich dien Scho im Begel hoakt,
dat kunn di Oneer bringe!
Allemann
schlett sek an,
wer springe un danze kann!

So drellt sek aller inne Rund.
Hei! Wippt de Begel kunterbunt.
Juchhe! Dat nenn wi Leve!
Se danze rasch, se lache luut,
un jedrer spoot sek, sine Bruut
rasch utem Kranz to heve.
Allemann
schlett sek an,
wer springe un danze kann!

So geit es dorch de ganze Nacht,
bet dat de junge Morge lacht,
bet dat de Hoankes kräge.
Nu geit värbi de Winterstiet,
nu is dat Värjoar nich meer wiet,
denn warr wi pleeg' un säge!
Allemann
flitig ran,
wer plege un säge kann!

Wenn ju nu ener froage wull,
wat disser Spoaß bedide sull,
denn mott ju em vertelle:
dat goot gerade sull de Flaß,
dat he goot bleeg, dat he goot waß,
mott wi sek Fastnachts drelle.
Allemann
flitig ran,
wer hasple un spenne kann!

ERMINIA VON OLFERS-BATOCKI

Joseph Waldemar Gritzan, ein großer, schweigsamer Holzfäller, wurde heimgesucht von der Liebe. Und zwar hatte er nicht bloß so ein mageres Pfeilchen im Rücken sitzen, sondern gleichsam seiner Branche angemessen, eine ausgewachsene Rundaxt. Empfangen hatte er diese Axt in dem Augenblick, als er Katharina Knack, ein ausnehmend gesundes, rosiges Mädchen, beim Spülen der Wäsche zu Gesicht bekam. Sie hatte auf ihren ansehnlichen Knien am Flüßchen gelegen, den Körper gebeugt, ein paar Härchen im roten Gesicht, während ihre beträchtlichen Arme herrlich mit der Wäsche hantierten. In diesem Augenblick, wie gesagt, ging Joseph Gritzan vorbei, und ehe er sich's versah, hatte er auch schon die Wunde im Rücken.

Demgemäß ging er nicht in den Wald, sondern fand sich, etwa um fünf Uhr morgens, beim Pfarrer von Suleyken ein, trommelte den Mann Gottes aus seinem Bett und sagte: »Mir ist es«, sagte er, »Herr Pastor, in den Sinn gekommen, zu heiraten. Deshalb möchte ich bitten um einen Taufschein.«

Der Pastor, aus mildem Traum geschreckt, besah sich den Joseph Gritzan ziemlich ungnädig und sagte: »Mein Sohn, wenn dich die Liebe schon nicht schlafen läßt, dann nimm zumindest Rücksicht auf andere Menschen. Komm später wieder, nach dem Frühstück. Aber wenn du Zeit hast, kannst du mir ein bißchen den Garten umgraben. Der Spaten steht im Stall.«

Der Holzfäller sah einmal rasch zum Stall hinüber und sprach: »Wenn der Garten umgegraben ist, darf ich dann bitten um den Taufschein?«

»Es wird alles genehmigt wie eh und je«, sagte der Pfarrer und empfahl sich.

Joseph Gritzan, beglückt über solche Auskunft, begann dergestalt den Spaten zu gebrauchen, daß der Garten schon nach kurzer Zeit umgegraben war. Dann zog er, nach Rücksprache mit dem Pfarrer, den Schweinen Drahtringe durch die Nasen, melkte eine Kuh, erntete zwei Johannisbeerbüsche ab, schlachtete eine Gans und hackte einen Berg Brennholz. Als er sich gerade daran machte, den Schuppen auszubessern, rief der Pfarrer ihn zu sich, füllte den Taufschein aus und übergab ihn mit sanften Ermahnungen Joseph Waldemar Gritzan. Na, der faltete das Dokument mit umständlicher Sorgfalt zusammen, wickelte es in eine Seite des Masuren-Kalenders und verwahrte es irgendwo in der weitläufigen Gegend seiner Brust. Bedankte sich natürlich, wie man erwartet hat, und machte sich auf zu der Stelle am Flüßchen, wo die liebliche Axt Amors ihn getroffen hatte.

Katharina Knack, sie wußte noch nichts von seinem Zustand, und

ebensowenig wußte sie, was alles er bereits in die heimlichen Wege geleitet hatte. Sie kniete singend am Flüßchen, walkte und knetete die Wäsche und erlaubte sich in kurzen Pausen, ihr gesundes Gesicht zu betrachten, was im Flüßchen möglich war.
Joseph umfing die rosige Gestalt – mit den Blicken, versteht sich –, rang ziemlich nach Luft, schluckte und würgte ein Weilchen, und nachdem er sich ausgeschluckt hatte, ging er an die Klattkä, das ist: ein Steg, heran. Er hatte sich heftig und lange überlegt, welche Worte er sprechen sollte, und als er jetzt neben ihr stand, sprach er so: »Rutsch zur Seite.«
Das war, ohne Zweifel, ein unmißverständlicher Satz. Katharina machte ihm denn auch schnell Platz auf der Klattkä, und er setzte sich, ohne ein weiteres Wort, neben sie. Sie saßen so – wie lange mag es gewesen sein? – ein halbes Stündchen vielleicht und schwiegen sich gehörig aneinander heran. Sie betrachteten das Flüßchen, das jenseitige Waldufer, sahen zu, wie kleine Gringel in den Grund stießen und kleine Schlammwolken emporrissen, und zuweilen verfolgten sie auch das Treiben der Enten. Plötzlich aber sprach Joseph Gritzan: »Bald sind die Erdbeeren soweit. Und schon gar nicht zu reden von den Blaubeeren im Wald.«
Das Mädchen, unvorbereitet auf seine Rede, schrak zusammen und antwortete: »Ja.«
So, und jetzt saßen sie stumm wie Hühner nebeneinander, äugten über die Wiese, äugten zum Wald hinüber, guckten manchmal auch in die Sonne oder kratzten sich am Fuß oder am Hals.
Dann, nach angemessener Weile, erfolgte wieder etwas Ungewöhnliches: Joseph Gritzan langte in die Tasche, zog etwas Eingewickeltes heraus und sprach zu dem Mädchen Katharina Knack: »Willst«, sprach er, »Lakritz?«
Sie nickte, und der Holzfäller wickelte zwei Lakritzstangen aus, gab ihr eine und sah zu, wie sie aß und lutschte. Es schien ihr gut zu schmekken. Sie wurde übermütig – wenn auch nicht so, daß sie zu reden begonnen hätte –, ließ ihre Beine ins Wasser baumeln, machte kleine Wellen und sah hin und wieder in sein Gesicht. Er zog sich nicht die Schuhe aus.
Soweit nahm alles einen ordnungsgemäßen Verlauf. Aber auf einmal – wie es zu gehen pflegt in solchen Lagen – rief die alte Guschke, trat vors Häuschen und rief: »Katinka, wo bleibt die Wäsch'!«
Worauf das Mädchen verdattert aufsprang, den Eimer anfaßte und mir nichts dir nichts, als ob die Lakritzstange gar nichts gewesen wäre, verschwinden wollte. Doch, Gott sei Dank, hatte Joseph Gritzan das weitläufige Gelände seiner Brust bereits durchforscht, hatte auch schon

den Taufschein zur Hand, packte ihn sorgsam aus und winkte das Mädchen noch einmal zu sich heran.

»Kannst«, sprach er, »lesen?«

Sie nickte hastig.

Er reichte ihr den Taufschein und erhob sich. Er beobachtete, während sie las, ihr Gesicht und zitterte am ganzen Körper.

»Katinka!« schrie die alte Guschke, »Katinka, haben die Enten die Wäsch' gefressen?«

»Lies zu Ende«, sagte der Holzfäller drohend. Er versperrte ihr, weiß Gott, schon den Weg, dieser Mensch.

Katharina Knack vertiefte sich immer mehr in den Taufschein, vergaß Welt und Wäsche und stand da, sagen wir mal: wie ein träumendes Kälbchen, so stand sie da.

»Die Wäsch', die Wäsch'«, keifte die alte Guschke von neuem.

»Lies zu Ende«, drohte Joseph Gritzan, und er war so erregt, daß er sich nicht einmal wunderte über seine Geschwätzigkeit.

Plötzlich schoß die alte Guschke zwischen den Stachelbeeren hervor, ein geschwindes, üppiges Weib, schoß hervor und heran, trat ganz dicht neben Katharina Knack und rief: »Die Wäsch', Katinka!« Und mit einem tatarischen Blick auf den Holzfäller: »Hier geht vor die Wäsch', Cholera!«

O Wunder der Liebe, insbesondere der masurischen; das Mädchen, das träumende, rosige, hob seinen Kopf, zeigte der alten Guschke den Taufschein und sprach: »Es ist«, sprach es, »besiegelt und beschlossen. Was für ein schöner Taufschein! Ich werde heiraten.«

Die alte Guschke, sie war zuerst wie vor den Kopf getreten, aber dann lachte sie und sprach: »Nein, nein«, sprach sie, »was die Wäsch' alles mit sich bringt! Beim Einweichen haben wir noch nichts gewußt. Und beim Plätten ist es schon soweit.«

Währenddessen hatte Joseph Gritzan wiederum etwas aus seiner Tasche gezogen, hielt es dem Mädchen hin und sagte: »Willst noch Lakritz?«

SIEGFRIED LENZ

Volksweise

Und die Zwiebel braucht Sonne,
und der Kürbis braucht Licht,
und der Himmel braucht Sterne,
sonst sieht man ihn nicht.

Und die Wiese braucht Gräser,
und der Stein braucht den Stein,
und der Mensch braucht den Menschen,
um glücklich zu sein.

Und der Kürbis und die Zwiebel
und die Sonne und der Stern,
geh'n alle miteinander
und haben sich gern.

Nur der Mensch läßt sein Liebchen
wohl im Kummer allein,
und die Zwiebel schafft Tränen –
und das soll wohl so sein.

JOHANNA WOLFF

Was ze nuscht ös

E Toapp, wo nich steht,
e Seega, wo nich geht,
e Huingt, wo nich bälkt,
e Moocht, wo nich mälkt,
e Hoohn, wo nich kräht,
e Henn, wo nich läht,
e Kluck, wo nich britt,
jung Volk on keen Litt,
e Maaiche, wo römmatraift,
e Paua, wo alla vasaift,
e Haingtwärja, wo fuschat on bruscht,
die saine ze nuscht.

Man kann nich aus Dreck Zwerge backen.

Wo nuscht rinn kimmt, kimmt nuscht rut.

Spare helpt nuscht, de Ormoth ös to groot.

Der Studiosus Karl-Friedrich Müller war an diesem ausgesprochen linden Apriltag nicht gerade in der frohen Stimmung, die der jähe Frühlingsausbruch auf die Gemüter der übrigen Königsberger legte. Im Gegenteil: stud. jur. Müller war in geradezu miserabler Laune. Es ging ihm heute einfach alles auf die Nerven: der Wetterumschlag, die knospende Kastanie vor dem kleinen Hoffenster, auf der die Spatzen randalierten, die breite, gemütvolle Stimme seiner Wirtin, der durchdringende Geruch von gebratenen Heringen, der durch das Treppenhaus heraufzog – schlichtweg alles, was an Eindrücken auf seine fünf Sinne einströmte. Der Grund zu dieser depressiven Stimmung war in der Summierung einiger mißliebiger Umstände zu suchen. Erstens war stud. jur. Müller so gut wie pleite, zweitens traf ihn der kühle Abschiedsbrief seiner Erlanger Studentenliebe mehr, als er gedacht hatte, und drittens hatte er eine ganz hundsgemeine Sehnsucht nach der frühlingsjungen Aue an der Fulda, in der die Forsythien schon blühten, wie Mutter geschrieben hatte, nach einem Blick vom Herkules und nach einer weiten Wanderung durch den Reinhardswald. Sicherlich blühten an der Burgmauer in Hofgeismar schon die Kirschbäume. Und Tante Wine buk in dem alten Fachwerkhaus am Spital schon die ersten Rhabarberkuchen!

Er konnte sich schlichtweg ohrfeigen, der Studiosus Müller, daß er während der Semesterferien in der Praxis von Vaters Königsberger Freund arbeiten wollte, anstatt ein paar fröhliche Wochen daheim in Kassel zu genießen. Dieses eine Semester hier in der rauhen Pregelstadt hätte ihm doch genügen sollen, zudem es auch für ostpreußische Begriffe ein harter, kalter Winter gewesen war. Müller hatte sich sogar, um einer etwaigen Erkältung vorzubeugen, das Grogtrinken angewöhnt. Und den brauchte man selbst an diesen Aprilabenden, wenn es noch recht empfindlich kühl vom Schloßteich heraufzog.

Es klopfte an der Türe, und ehe sich Karl-Friedrich zu einem gequälten »Herein!« aufrappeln konnte, wurde sie schon geöffnet, eine rundliche Frauenhand jonglierte einen randvollen Suppenteller durch den Spalt, und die gemütliche Stimme der Witwe Korbjuweit schwappte voller Mitgefühl wie die dickliche, grüne Flüssigkeit in dem Teller. »Na, Herr Müllerchen, nu vergraben Se sich man nich an so einem herrlichen Tag wie ein Maulwurf. Schmecken Se man mein Sauerampfersuppchen, das wärmt den Magen und das Jemüt, und Se werden man sehen, Se werden foorts en andrer Mensch ...«

Der lange Hesse starrte entgeistert auf das milchiggrüne Gebräu in dem Teller, aus dem ein säuerlicher Geruch ihm in die empfindliche Nase stieg. So was hatte er noch nie gegessen. Das war wieder eines dieser komischen Gerichte, wie Rote-Rüben-Suppe – Beetenbartsch nannten sie das! – oder wie Graue Erbsen und Fleck. Ein hartgekochtes Ei, grün von der Suppe, starrte wie ein bemooster Eisberg aus der dicklichen Flüssigkeit. »Schönen Schmand hab ich dran«, strahlte die gute Korbjuweitsche und begab sich auf Belagerungszustand, denn sie wollte mit eigenen Augen sehen, wie aus dem blaßwangigen Studentchen da ›foorts e andrer Mensch wurde‹!

Vorläufig wurde diese Verwandlung allerdings durch das von Müller aufatmend begrüßte Erscheinen seines Freundes Martin verhindert, der mit einem höflichen »Brennt bei Ihnen auch nuscht an, Frau Korbjuweit?« die Brave hochschreckte.

»Ei ja, mein Glumskuchen, na so was!« Mit diesem Aufschrei war die Wirtin auch schon verschwunden.

»Du bist mein Lebensretter!« stöhnte Karl-Friedrich und ließ sich in den alten Plüschsessel fallen, daß der aus allen Fugen krachte. »So was fressen bei uns zu Haus nicht einmal die Schafe!«

Martin schnupperte, dann zog es ihn magnetisch zu dem vollen Teller. »Sauerampfersupp! Du Dussel, das ist doch was Herrliches.«

»Iß du bloß! Dann wird aus dir wenigstens ein andrer Mensch!«

»Ich bin mit dem alten ganz zufrieden!« schmunzelte der kleine, dicke Martin und griff nach dem Löffel.

»Grasfresser!« knurrte der lange Hesse, als er sah, mit welcher Inbrunst der Freund die Suppe verschlang. »Für mich ist Sauerampfer höchstens ein literarischer Begriff. Kennst du nicht ›Arm Kräutchen‹ von Ringelnatz?« und er zitierte das Gedicht von dem Kräutchen, das am Bahndamm stand: »... sah niemals einen Dampfer, der arme Sauerampfer!«

Martin war inzwischen mit der Suppe fertig geworden. Müller sah mit Neid das zufriedene, glücklich-glänzende Gesicht seines Kommilitonen und spürte in sich ein Gefühl aufsteigen, das er für Hunger hielt. »Die ganze Bude riecht direkt penetrant nach dem Zeug!« stänkerte er und steckte sich hastig eine Zigarette an.

»Laß sie stinken und hau ab!« erwiderte Martin gemütlich und angelte sich ebenfalls eine Zigarette aus Müllers Schachtel. »Ich wollte dich sowieso überreden, mit mir nach Neukuhren zu fahren. An so einem Tag wie heute kann man einfach nicht zu Hause bleiben. Papachen hat außerdem diesmal tiefer in die Tasche gegriffen. Ich war direkt gerührt, als der Geldbriefträger kam. Ich lad dich ein!«

Die Steilküste – das war natürlich schon ein annehmbarer Vorschlag. Dort roch es bestimmt nicht nach Sauerampfer, sondern nach See und Teer.

»Einverstanden!« sagte er.
Eine Viertelstunde später schlenderten sie langsam über den Tragheim zum Nordbahnhof, genossen die laue Luft und den Anblick der jungen Mädchen, die ihre Wintermäntel wie ausgeschlüpfte Puppenhüllen über den Armen trugen und wieder Hals und Beine bekommen hatten. Schöne Beine, wie die beiden Studenten feststellen mußten. In recht heiterer Stimmung kamen sie am Nordbahnhof an und stiegen in den schon stehenden Zug der Samlandbahn. –
Die Überraschung, die Martins Stimme zeigte, als er die junge Dame in der Fensterecke des Abteils bemerkte, schien echt zu sein. »Das ist aber ein Zufall! Fräulein Hanna!« Er machte eine saloppe Handbewegung zu seinem Freund hin. »Das ist mein zweites Ich, stammt allerdings aus Hessen, ist auch so und heißt Müller! Und dies hier ...«, jetzt fiel die Handbewegung merklich galanter aus, »ist das reizendste Gegenüber, das sich ein möblierter Zimmerherr in Königsberg nur vorstellen kann!«
Der Studiosus Müller verbeugte sich, hob den Kopf und sah in ein paar unwahrscheinlich blaue Augen, blau wie ostpreußische Leberblümchen – und da war die Erlanger Studentenliebe vergessen, sie und alle, die vorher gewesen waren.
Als der Zug Tannenwalde passierte, war die trübe Stimmung des langen Hessen schon merklich aufgeklart; als sie in Drugehnen hielten, hätte Karl-Friedrich jeden, der behauptet hätte, er studiere nicht gerne in Königsberg, glattweg als Lügner bezeichnet. Und als sie in Neukuhren aus dem Zug stiegen, schlängelte sich Müller ganz selbstverständlich an die linke Seite von Fräulein Hannas bezaubernder Figur, während auf der rechten mit zunehmendem Argwohn der Freund seine älteren Rechte zu verteidigen versuchte.
Dieses Fräulein Hanna war schon wirklich würdig, ein Streitobjekt zwischen besten Freunden zu werden. Ein schmales Figürchen, braunes Haar, in das die Sonne jetzt kupferrote Pünktchen hineintupfte, eine kleine, etwas kecke Nase und dann eben diese Augen, gegen die das Meer wie Füllfedertinte aussah. So meinte es jedenfalls der jäh verliebte Studiosus, obgleich es ihm beim Anblick der frühlingsblauen See, die sich übermütig mit vielen weißen Schaumkrönchen geschmückt hatte, zuerst fast den Atem verschlagen hätte.
Sie wanderten am Strand entlang. Auf dem Streifen nassen, festen Sandes zwischen den anrollenden Wellen und dem weißen Strand. Ab und zu flohen sie vor einer besonders lang ausrollenden Welle, und sie lachten, als der kleine, dicke Martin nicht flink genug war und sich die Schuhe vollschöpfte. Hanna bückte sich hin und wieder und hob ein funkelndes Stückchen Glas auf, das zwischen Muscheln, Tang und Stei-

nen blitzte. Aber es war Bernstein, tatsächlich Bernstein, wie Müller feststellte.

»Als Kinder haben wir uns Ketten davon gemacht, wenn wir in den Ferien an der See waren!« sagte das Fräulein Hanna. Jetzt war sie Lehrerin in Königsberg. »Familienübel!« lächelte sie. Nun konnte Martin einhaken. Schließlich war auch er ein Lehrerssohn, aus dem Mohrungschen. Die nächste Runde des heimlichen Zweikampfes, die von Hanna und Martin mit ihren heiter-trüben Erfahrungen als Lehrerskinder durchplaudert wurde, ging einwandfrei an ihn.

Das Mädchen mit dem Leberblümchenblick schien von dem stillen Dualismus der Freunde herzlich wenig zu spüren. Sie wiederum war nur in eines verliebt: in diesen zauberhaften ostpreußischen Frühlingstag, der so stark nach Salz und See und junger Erde roch, daß man glaubte, diesen Duft kaum ertragen zu können.

In einer Schlucht kletterten sie zum Steilufer hinauf und wanderten oben weiter. Junge Saaten drängten sich heran, eine Lerche stieg in die Luft und sang und sang. Durch das ganz junge Grün der Sträucher und Birken am Steilhang glänzte das Seidentuch der See. Hanna glaubte, ewig so wandern zu können.

Die Gefühle ihrer beiden Begleiter waren weitaus irdischer, man möchte sagen banaler. Bei Müller machte es sich bemerkbar, daß seine Socken nicht gestopft waren. Der linke große Zeh schmerzte verteufelt, und an der Hacke hatte er wohl schon eine Blase. Martin hingegen verspürte trotz Frau Korbjuweits guter Sauerampfersuppe einen immer stärker werdenden Hunger. Eigentlich hatte er ja vorgehabt, den Freund zum Essen einzuladen. Aber jetzt? I wo werd ich doch – dachte Martin grimmig.

Da war Fräulein Hanna plötzlich stehengeblieben. Sie bückte sich so hastig und erregt, wie Kinder nach dem ersten Veilchen greifen. Aber das war es nicht, was Hanna da in der Hand hielt. Es war ein grünes, lanzenartiges Blatt mit spitzen Zipfelchen. »Sauerampfer, nein Sauerampfer!« strahlte sie.

In Martin frohlockte es. »Essen Sie auch so gerne Sauerampfer, Fräulein Hanna?« fragte er hoffnungsfroh.

Das Mädchen nickte. »Mit Schmand und Eiern, dafür laß ich alles stehen!« Sie bückte sich und pflückte hurtig die Blättchen ab, um sie in eine Tüte zu tun.

»Nicht wahr?« grinste Martin und blickte Karl-Friedrich mit unverhohlener Schadenfreude in das immer länger werdende Gesicht, »ein Banause, wer keine Sauerampfersuppe mag! Und der noch behauptet, wir Ostpreußen wären Grasfresser, und man müßte uns auf die Weide schicken! Darf ich übrigens helfen?« Und der jeder körperlichen Anstrengung abholde Martin kroch emsig auf den Knien umher und pflückte schön sorglich Blättchen für Blättchen, eifrig wie ein Goldschürfer am Klondike.

Der lange Hesse stand einen Augenblick ratlos da. Aber dann klappte er wie ein Taschenmesser zusammen und ging ebenfalls in die Knie. Ein paar Spaziergänger, die sie überholten, wunderten sich sehr, was die jungen Leute da suchten. Aber das waren wohl auch keine Ostpreußen. –

Der kleine Gasthof war mollig warm und verräuchert, es roch nach Grog, nach Fisch und Zwiebeln. Martin spielte seinen nächsten Trumpf aus und sagte großzügig: »Ich lade ein!« Hanna wehrte ab, aber Martin war schon mit einem leicht triumphierenden Lächeln zu der rundlichen Wirtin hingegangen, die ihr rotes, glänzendes Gesicht aus der Küchentüre herausstreckte. Sie tuschelten zusammen, die Frau lachte und nickte. Martin kam zurück. »Es wird einen herrlichen Lachs geben, sage ich euch. Dauert nur noch ein Weilchen. Bis dahin nehmen wir ein Grogchen zum Aufwärmen.«

Der Grog wärmte nicht nur, sondern versetzte den ausgehungerten Karl-Friedrich in den Zustand sorgenloser Leichtigkeit, die ihm sonst gänzlich fremd war. Die blauen Leberblümchen waren manchmal ganz nah und manchmal ganz weit, aber sie waren immer da, und das war gut. Der lange Hesse schwieg und schaute. Martin redete und lachte und blickte ungeduldig zur Küchentüre, daß Fräulein Hanna schließlich kopfschüttelnd meinte: »Sagen Sie, sind Sie denn so ausgehungert? Man könnte meinen, Sie haben tagelang nicht gegessen!«

Schließlich kam die Wirtin mit der Suppe. Gedankenverloren griff Karl-Friedrich nach dem Löffel. Und erst, als er ihn schon am Munde hatte, gewahrte er das schadenfrohe Lächeln im Gesicht des Freundes und – die grüne Brühe in seinem Teller.

Der Löffel fiel mit einem Klatsch in die Suppe zurück. Es gab lauter böse, grasgrüne Tupfer. Auf der Tischdecke, auf Karl-Friedrichs Jacke und auf seinem gelben Sonntagsschlips. Fräulein Hanna lächelte aber Martin gerade verklärt an: »Wie haben Sie denn das hergezaubert? Sauerampfersuppe! Und richtig mit Schmand und harten Eiern. Da laß ich jeden Lachs stehen.« Und zu Karl-Friedrich gewandt: »Was sagen Sie nun zu unserm ostpreußischen Leibgericht? Ist es nicht wunderbar?«

Da setzte der Lange in einer Anwandlung von vollkommener Selbstverachtung den Löffel an den Mund. Und obgleich er furchtbare Angst hatte, diesen ersten Schluck Sauerampfersuppe nicht heil in den Magen herunterbefördern zu können, nickte er: »Köstlich! Ganz wunderbar! Ein Gedicht!«

»Von Ringelnatz!« knurrte Martin, dem plötzlich der Appetit vergangen war. »Arm Kräutchen!«

Karl-Friedrich hatte den ersten Löffelinhalt heil im Magen gelandet. Eine wohlige Wärme durchströmte ihn, er verspürte plötzlich das würzige Aroma – diese Suppe schmeckte ja wirklich! Sie schmeckte sogar ausgezeichnet! Je mehr er davon aß, desto besser mundete sie ihm. Martin sah es mit wachsendem Unbehagen. Er spürte: das Spiel war verloren. Es war sogar gänzlich entschieden, als Fräulein Hanna ihre Hand auf den Arm des Langen legte und ihn anlächelte: »Wissen Sie, wenn man sie selber kocht, schmeckt sie doch anders. Wenn Sie Lust haben, kommen Sie doch morgen zum Mittagessen zu mir. Ich lade Sie, und übrigens auch Ihren Freund, herzlich ein.«

»Danke!« knurrte Martin, »vielen Dank!« Und dann ging er in die Küche und bestellte den Lachs ab. –

Zu seiner Ehre sei es gesagt: die Freundschaft ging nicht in die Brüche. Sie wurde sogar noch fester, als Martin auf der Hochzeit seines Freundes Karl-Friedrich sich unsterblich in die Schwester der Braut verliebte. Sie hatte übrigens noch blauere Augen als Hanna.

Er hatte aber seinen Spitznamen weg. Er hieß von nun an: der arme Sauerampfer.

RUTH GEEDE

Der Mann is der Kopp, aber de Frau is dis Mützche und huckt obenauf.

Goldne Mädchen, bleierne Frauen.

Mannes Mutter ist des Teufels Unterfutter.

Herr, wie du willst, bloß keine Alte.

Heirat is kein Pferdekauf, Blinder tu de Augen auf.

Friehling

Wenn de Leewrings inne Lifte,
wenn es riecht nach Erdendifte,
wenn de Kätzchens anne Weide,
wenn de Mächens gehn in Seide,
wenn es blieht in Wald und Flur,
denn is Friehling, glaub es nur!

Wenn de Katers gehn zus Katzche,
wenn der Storch kommt mit sein Schatzche,
wenn de Kieh gehn auffe Wiese,
wenn der Hans schleicht zue Liese,
wenn es blieht in Wald und Flur,
denn is Friehling, glaub es nur!

Wenn de Oma sonnt das Jungche,
wenn der Emil schnalzt mits Zungche,
wenn de Eismanns wieder bimmeln,
wenn de Jungens wieder himmeln,
wenn es blieht in Wald und Flur,
denn is Friehling, glaub es nur!

Wenn de Herzchens alle bubbern,
wenn man tut von Liebe blubbern,
wenn im holden Liebesspiele
nei erwachen die Gefiehle,
wenn es blieht in Wald und Flur,
denn is Friehling, glaub es nur!

ERNST GARDEY

Hochzeit heißt ›Hohe Zeit‹, aber manchmal ist es die höchste Zeit! Und bei der Amalie und dem Rudolf war es soweit, daß sie heiraten mußten, und die Male wagte es, am Hochzeitstage tatsächlich mit einem grünen Jungfernkranz im Brautstaat vor ihren Pfarrer zu treten, der sie getauft und auch konfirmiert hatte. Kopfschüttelnd flüsterte er ihr vor dem Altare zu: »Male, das aber stand dir wirklich nicht mehr zu!« Male war aber schlagfertig und flüsterte ebenfalls: »Lassen Sie man, Herr Pfarrer, das is kein Myrtenkranz, das is man bloß Blaubeerkraut!«

HERMANN BINK

Ein Förster war Junggeselle geblieben, aber als seine Schwester starb, die ihm die Wirtschaft geführt hatte, blieb ihm doch nichts anderes übrig, als zu heiraten, und es wurde ihm eine passende, resolute Frau besorgt. Die Dorfkirche war bei der Hochzeit bis auf den letzten Platz gefüllt, und als nun das Brautpaar die Kirche betrat, da konnte man eine laute Stimme hören: »Ach Gottche, jetzt bringen sie ihm.«

Bei einem Besuch des Bürgermeisters wird dem Landrat berichtet, daß der Gemeindediener seinen siebzigsten Geburtstag gefeiert habe. Er sei schon dreimal Witwer geworden, sei aber trotzdem im Begriff, eben wieder zu heiraten. Daraufhin spricht der Landrat recht herzliche Glückwünsche aus, und der unentwegte Bräutigam will sich dafür recht bedanken. Dabei fällt ihm ein, daß der Landrat selbst ebenfalls seit einiger Zeit verlobt ist. Er klopft ihm auf die Schulter: »Nöch wahr, Herr Landrat, wi Beamtersch goahne wech wie de warme Semmel!«

Ein Handwerkerehepaar war reichlich mit Kindern gesegnet, und immer kamen neue. Schließlich war das Dutzend voll. Ärgerlich sagte er da zu seiner Alten: »Jetzt bleib ich nich mehr unten! Jetzt zieh ich auf die Lucht (den Boden).« Und sie darauf: »Na, Vater, wenn du meinst, daß das helfen wird, dann mecht ich ja mitkommen!«

Die junge Frau erwartet in den nächsten Tagen ihr erstes Kindchen. Auf dem Wochenmarkt kam sie zu einer Gemüsehändlerin, die in der gleichen Lage war. Die beiden Frauen sahen sich verständnisvoll an. Die Händlerin: »Na, Freileinche, auch verlobt?«

In Insterburg lebte gegen Ende des vorigen Jahrhunderts der Getreidehändler Kaldereit, der weithin als origineller Spaßvogel bekannt war. Er steckte voller Schnurren und Possen, und wenn er zu seinem Stammtisch im ›Schwarzen Adler‹ kam, gab es stets ein freudiges Hallo; denn jeder wußte, daß die Späße und das Gelächter heute nicht mehr aufhören würden.

Eines Abends kam er trotz vorheriger Verabredung erst zur Tür herein, als seine Freunde schon zum Aufbruch rüsten wollten. »Oaber, Kaldereit, hett's do dien Seejer falsch jestellt oder sön die de Plume un Kielke nich bekoame?«

»Min lewet Jungke, eck kunnt biem beste Wille nich ehr koame; mien Fru is voar een Stundke jestorwe, un vorher hett se partu verlangt, dat eck to Huus bliewe sull.«

Wenn die übriggebliebene Altsitzerin starb, feierte man in Masuren eher freudig als feierlich. Während der Sarg noch im Hause war, versammelten sich bereits die freudig erregten Erben. In einem Fall soll dabei sogar getanzt worden sein. Auf die Vorhaltungen des Pfarrers, ob sie sich denn nicht geschämt hätten, in der gleichen guten Stube zu tanzen, in der auch der Sarg mit der Toten stand, und wie sie das überhaupt räumlich zustande gebracht hätten, denn es war eine zahlreiche Schar von Feiernden zusammengekommen, antwortete der Besitzer: »Ach, Herr Pfarr, wir haben dem Sarg hochgestellt.«

Bei einer Schlägerei war der Gutsarbeiter O. übel zugerichtet worden. Die Sache kam schließlich vor den Richter. Dieser, ein freundlicher Mann, will Frieden stiften und sagt: »Nun lieber O., seien Sie nicht gar so böse. Es tut dem B. gewiß leid, daß er Sie so mißhandelt hat, und er läßt fragen, ob Sie ihm verzeihen.« – »Wenn eck starw«, erklärt da der Verletzte, »denn woll eck em verzeihe, obber wenn eck jesund war, denn kann he sick gratulere!«

Im Königsberger Hafen waren Sackträger damit beschäftigt, Säcke vom Schiff in den Speicher zu befördern. Jeder von ihnen machte bei jedem Gang einen Kreidestrich an dem vor dem Toreingang befindlichen Prellstein, um die Zahl der Säcke nicht zu vergessen. Ein vorbeilaufender Hund hebt am Stein das Bein. Da ruft einer dem letzten Ankreider zu: »Paß opp, Ede, da radiert di eener in dinem Hauptbook!«

In einem ostpreußischen Dorf wurde Hindenburg feierlich empfangen. Die ganze Gemeinde war erschienen. Nach dem Empfang fragte die Nachbarin: »Haben Sie ihn auch gesehen?« – »Ja, und ganz so wie auf meinem Kaffeetoppche.«

Das ist nun mal so unter Skatbrüdern. Sie wollen gewinnen, alle. Der Kämmerer Uredat spielt mit zwei jüngeren Gespannknechten an einem Sonntagnachmittag so einen richtigen Dreimännerskat. Nach einer Weile kommt sein Freund, der Burblies, vorbei, bleibt jedoch stehn, da er beobachtet, wie die beiden jungen Knechte sich jeweils bücken und unter dem Tisch Karten austauschen. Er winkt den Uredat zu sich heran, um ihn leise über seine Skatbrüder aufzuklären. Doch der Uredat ist über das Gehörte keineswegs unwillig. Im Gegenteil! Lächelnd belehrt er seinen Freund: »Laß man sein! Wenn die beiden Bonskes unterm Tisch de Karten austauschen, klau ich ihnen auffem Tisch de Dittchens.«

In den am Frischen Haff gelegenen Fischerdörfern Peyse, Zimmerbude und Groß-Heydekrug kamen nur ein gutes halbes Dutzend Familiennamen vor. Die Namen Schöttke, Gerwien, Klement, Ulke und Mai waren dort weit verbreitet. Die Sache wurde noch dadurch schwieriger, daß die Träger dieser Namen oft auch die gleichen Vornamen hatten. Man half sich aus der Verlegenheit, indem man ihnen einen Beinamen gab. Eines Tages kam der Kreisarzt aus Fischhausen nach Groß-Heydekrug. Er wurde dort von einer Frau aufgesucht, die einen der im Ort sehr verbreiteten Familiennamen führte. Im Laufe der Unterhaltung sprach sie den Kreisarzt wiederholt mit ›Herr Doktor‹ an. Der Kreisarzt meinte: »Liebe Frau, es hat ja weiter nichts auf sich, daß Sie immer Herr Doktor sagen, ich bin aber der Medizinalrat.«
Daraufhin lächelte die Frau verständnisinnig: »Ach, dann hebbe Se wohl ok son Binoame. Opp minem Mann segge se ömmer Peerdskopp.«

Valentin Jokuschies, Sohn des Bauern Ansas Jokuschies aus Klein-Wixwen bei Skaisgirren, ist Kandidat der Theologie und hat es erreicht, daß er bei einem Verbindungsbruder, einem Pfarrer da irgendwo auf dem Lande, seine erste Predigt halten darf. So steht er auf der Kanzel und hat eben seinen Predigttext aus dem Römerbrief verlesen. Er will seine Predigt beginnen und fängt an: »Liebe Gemeinde, der Apostel Paulus läßt euch grüßen ...« Schon stockt er und hat den Faden verloren. Wie

er auch angestrengt nachsinnt – er kann ihn nicht finden. Darum beginnt er noch einmal mit stärkerem Tonfall: »Liebe Gemeinde, der Apostel Paulus läßt euch grüßen . . .«
Da steht Kallweit, der Dorfschulze, auf und sagt freundlich: »Dankscheen, Herr Kannedoat, bestelln's ehm: wi loate wedder größe!«

Der alte Superintendent Hundertmarck erzählte einmal, was ein junger Amtsbruder bei einer seiner ersten Predigten erleben mußte.
Hingerissen vom frommen Eifer, dehnt der junge Geistliche seine Sonntagspredigt besonders lange aus. Die Gemeinde hofft, er wird endlich aufhören, aber er redet immer weiter: »Und nun, liebe Gemeinde, kommen wir zu den Propheten . . . Zum ersten wollen wir von den großen Propheten sprechen.« Und er spricht, spricht und spricht. »Und nachdem wir mit den großen Propheten zu Ende sind, kommen wir zu den kleinen Propheten.« Und er spricht und spricht. »Und da wir mit den großen und kleinen Propheten fertig sind, kommen wir zu Jeremias. Welchen Platz, so frage ich, soll Jeremias haben?«
Da schallt aus einer der hintersten Bänke die unverkennbar kräftige Stimme des alten Adomeit in die Kunstpause des Pfarrers: »Jeremias kann ruhig mien Platz hebbe, eck goa nu to Huus!«

Man kann wirklich nicht sagen, daß die Ostpreußen in Devotion ersterben, viel eher sind sie geneigt, auch Persönlichkeiten in Rang und Würden sozusagen menschlich zu sehen.
Ist da der Herr Regierungspräsident aus der Hauptstadt des Bezirks in ein Städtchen gekommen, und wie er nun wieder abfahren will, hat sich vor seinem Auto eine kleine Menschenmenge angesammelt.
Der hohe Herr ist sehr beleibt, und so hat er zunächst einige Schwierigkeiten, durch die Tür in sein Auto hineinzugelangen.
Da ertönt aus dem Hintergrund eine gemütlich-wohlwollende Stimme: »Ei, vielleicht nackicht und mit jriene Seif einschmieren, vielleicht jeht denn!«

Gesinnungswandel

Ein Mann, der dieses Lebens müde,
dieweil er seines Weibes gram,
stürzt sich ins Wasser, in das trübe,
im allertiefsten Pregelarm!

Doch als das Wasser durchs Gefieder
bis in die hohlen Knochen floß,
ward das Ersaufen ihm zuwider:
»Ach Schiet«, sägt hei, »eck boad hüd bloß!«

SIEGFRIED SASSNICK

Die Fliegen-Medizin

Als der Witwer Kaldereit an einem heißen Sommertage von Kraupischken mit der Kleinbahn nach Insterburg fuhr, freute er sich, daß in Stobingen ein Bauer zu ihm ins Abteil stieg. Bald hatte der Schalk sein Gegenüber durch geschickte Fragen dazu gebracht, daß er alle Einzelheiten aus dem Leben des Mitreisenden wußte, daß er über den Grenzstreit mit dem Nachbarn genauso gut orientiert war, wie über ›de kreetsche Fleejeploage‹ in Stall und Küche.
Weil sich das Bäuerlein so eingehend über die Fliegenplage ausließ, kam Kaldereit eine Idee. Er stand plötzlich auf, fing eine Fliege, die an der Abteilwand saß, und steckte sie in eine Streichholzschachtel. Der Bauer guckte verwundert zu. Gleich sprang Kaldereit wieder auf, fing erneut zwei Fliegen von der Bank, turnte dann zum Gepäcknetz empor, machte auch dort einigen dieser Insekten den Garaus und steckte seine Beute fein säuberlich in die Schachtel.
»Oaber, Herrke, wat moakt ju denn möt de Fleeje?«
»Dat weet ju nich?«
»Nee, woher sull eck dat weete?«

»Oaber, Mannche, eck sie doch der Awtheka Schimkat ut Insterborj, de de goode Fleejemedezin moakt!«
»Fleejemedezin?« fragte erstaunt der Bauer.
»Joawull, Fleejemedezin! Dat ös wat ganz Goodet för de kroanke Niere. Eck möt bloß toveel för de Fleeje betohle, darom fang eck överall ook selbst de Beesters!«
»Wat betohle se denn för de Fleeje?«
»Sewe Dittke för een Schoock hebb eck all utjebe möte.« Damit fing er schon wieder einen dicken Brummer vom Knie des Bauern und praktizierte ihn zu den anderen Fliegen in die Schachtel.
Im Kopf des Bauern arbeitete es. Mit einem großen roten Schnupftuch fuhr er sich über die schweißnasse Stirn, dann fragte er: »Ess datt ganz jewiß woahr, datt ju Fleeje köpe?«
»Noatörlich, eck kann man nur nich jenuch kreeje un deshalb ess de Medezin ook so düer.«
»Noa, denn weer eck ju man een groten Pungel vull Fleeje bringe, oaber sewe Dittke för een Schock möt eck hebbe!«
»Afjemoakt, neechste Deenstag bruuk eck wedder twelf Schock«, sagte Kaldereit und schrieb ihm die Adresse seines Freundes, des Apothekers Schimkat, auf einen Zettel.
Als der Dienstag kam, war der Spaßvogel Kaldereit einer der ersten am Stammtisch und erzählte der Runde, die nur noch auf den Apotheker Schimkat wartete, die Geschichte mit der Fliegenmedizin. Alle zweifelten daran, daß der Bauer wirklich gekommen sein würde. Aber die Tür ging auf, der Apotheker kam herein und brummte noch am Stammtisch: »Soon kreetsche Lomp, soon Dämel!« Als die anderen ihn scheinheilig fragten, wer ihn denn so geärgert habe, sagte er nur: »Wenn eck den Kierl kreeje, de mie hiet oawend soon dammliche Buur ut Tarpopp bi Stobinge möt een Sack vull – nee, ju könne dat nich roate, wat mie de Buuer verkeepe wulle ...«
Da unterbrach ihn Kaldereit ganz ernsthaft: »Schimkat, vertell ons dat noachher wieder, eck mott wat anderet weete; eck heff soane Neereschmerze jekreeje, eck mott wat dajeje dohne. Hettst do all wat vun de nie Fleejemedezin jeheert?«
Der weitere Teil seiner Frage ging in einem brausenden Gelächter unter, in das wohl oder übel schließlich auch der Apotheker einstimmen mußte. Daß die gesamte Zeche dieses Abends auf Kaldereits Rechnung ging, braucht wohl nicht extra erwähnt zu werden.

Mein Hund

Ich hab zu Haus e großem Hund,
der schläft mang meine Hiehner,
am Koppche is er Dackelmops,
am Zagel Bernhardiner.

Er is all alt und heert nuscht mehr
und schielt auf beide Augen,
drum is er ja auch eigentlich
zu nuscht mehr zu gebrauchen.

Bloß eins erfillt mir immerzu
mit Freide und Entzicken,
weil er auf beide Augen schielt,
kann ieber Kreiz er kicken.

Das is de einzge Eigenschaft,
wo an ihm tut was taugen,
was mancher mitte Fieße macht,
das kann er mitte Augen.

Wie herrlich kann er ieber Kreiz
mit seine Augen gluddern!
Drum lieb ich auch mein Hundche sehr
und tu ihm gut betuddern.

Vor bald ein Jahr, da wolld ich mal
ihm inne Augen kicken,
ich renkd mir bald de Augen aus,
es wolld und wolld nich glicken.

Ich aber ließ nich nach und iebd,
und da, zu meiner Freide,
kriegd ich mit eins de Richtung raus,
nun – schieln wir alle beide!

ALFRED LAU

Der gnädige Herr ist mit seinem Kutscher, dem August, natürlich auch zum großen Wehlauer Pferdemarkt gefahren. Das gehört sich so. Man muß seinen Pferdeverstand doch schärfen.
Wie es so üblich ist: nach getaner Arbeit sitzt der gnädige Herr noch drinnen in der Gaststube beim Glase Grog, der August draußen vorgefahren auf dem Kutscherbock.
Der gnädige Herr ist nicht so und läßt seinem Kutscher auch ein Glas Grog geben. Schärft ihm aber ein, wach zu bleiben und auf die Pferde aufzupassen.
August entgegnet vorwurfsvoll: »Oawer, gnädiger Herr, öck on de Pörd . . .!«
Der Herr winkt begütigend ab und kehrt zu seinem Glase Grog zurück. Doch läßt es ihm innerlich keine Ruhe.
Er geht hinaus, nachsehn . . . und richtig: der August sitzt vornübergebeugt und ist offenbar eingeschlafen. »August, du schläfst ja«, muntert er ihn auf.
Der August hebt seinen Kopf, brummt: »Nei, gnädiger Herr, öck schloop nich, öck sömmelör bloß.«
»So, du simmelierst? Worüber denn?«
»Joa, wo woll dat Licht blöwt, wenn öck de Lamp utpust?«
Darauf sagt der gnädige Herr gar nichts, sondern macht nur kehrt.
Nach einer Weile geht er erneut hinaus und findet den August wieder mit eingezogenem Kopf. »August, du schläfst ja doch! Du sollst doch auf die Pferde aufpassen.«
»Nei, gnädiger Herr«, fährt der August hoch, »öck sömmelör bloß.«
»So? – Worüber denn jetzt?«
»Wo woll dat Hollt blöwt, wenn öck'en Noagel ön so 'n Brett schloag?«
Der gnädige Herr sagt wieder nichts und kehrt in die Gaststube zurück.
Nach geraumer Zeit geht er zum drittenmal hinaus und sieht mit Schrecken: der August ist eingeschlafen . . . die Pferde sind fort. »August«, ruft er, »nun bist du ja doch eingeschlafen.«
»Nei«, schreit der, »öck bön nich önggeschloape. Öck sömmelör bloß.«
»Zum Deiwel noch mal, worüber denn jetzt?«
»Wo woll de Pörd gebläwe sön!«

Nach ein paar Stunden geht ein junger Kutscher, der zum erstenmal dabei ist, an die Tür der Herrenstube und horcht . . . »Ich denk, es ist all Zeit anzuspannen, die Härres singe all dichtig!« Ein alter erfahrener Kutscher kontrolliert die Geräusche hinter der Tür und belehrt ihn: »Du Schoapskopp, wat weetst, dat lohnt noch lang nich, se sin man erst bi de ›Gaudeamus‹ un denn duert dat mindestens noch zwei Stunde!«

Es gab eine Zeit, da fuhren die Ärzte und Tierärzte noch mit ihren eigenen Pferden und dem eigenen Wagen über Land. Auch für Leute, die es eilig hatten, war das Auto als Beförderungsmittel noch nicht vorhanden. Damals mußte der Doktor einmal die Pferde tränken und zu diesem Zweck im Krug Station machen. Er selbst ging in die Gaststube. Als es soweit war, kam sein Kutscher herein und meldete: »De Peerd hebbe sich sattjesoape, wenn de Herr Doktor ok so wiet es, könne wie all foahre!«

Mariechen wird vom Hof ins Haus geholt zur Aushilfe, weil abends Gäste da sind. Sie hilft beim Aufbruch in die Mäntel und nimmt das Trinkgeld an. Als der letzte Gast draußen ist, legt sie der Hausfrau das Geld hin: »Gnädige Frau, der kleine Dicke hat aber fürs Essen nicht bezahlt.«

Eine kleine Gutsbesitzerfrau, die sehr wirtschaftlich ist, läßt es sich nie nehmen, in der Küche die Pfanne gründlich nachzukratzen. Als eines Tages Besuch ist, platzt Minna, die Küchenfee, in das Eßzimmer und fragt: »Madamke, lecke Se hiede de Pann ut – oder kann eck datt nu moake?«

Zum fünften Male hatte bei einem Damenkränzchen die dralle Minna die Runde gemacht; als sie hochrot und pustend noch ein sechstes Mal mit frisch gefüllter heißer Kanne erschien, rief sie vorsichtshalber bereits an der Tür: »Durschtert noch wem?«

Die junge Minna ist vom Lande in einen besseren Stadthaushalt gekommen, um von der Pike auf die Wirtschaft zu erlernen. Die Hausfrau erklärt ihr alles geduldig, auch, wie man beim Abräumen des Tisches das Geschirr auf ein Tablett stellt. Die Unschuld vom Lande sieht sich die ›Zeremonie‹ staunend an, dann sagt sie lachend: »Madamche, zu was soviel Umständ? Die paar Scherbels – die schmeiß ich doch einfach inne Schürz!«

Hanne, das Kind

Im Winter, inne dollste Kält,
kam abends spät ich auffe Welt.
Es hädd gestiemt und hädd gefrorn;
denn ich bin unterm Schitz geborn.
Mein Muttche war grad nich zehaus,
die floch mits Vatche meistens aus,
sie war auch nu nich mal im Nest,
war irgendwo auf Schitzenfest.
»Ich bin e Schoß zu frieh gekommen«,
sagt Muttche heit und seifzt beklommen.
Na kurz und gut, ich war nu da!
Mein Muttche auch. Bloß der Papa
war unabkömmlich von dem Schrumm.
Der mußt spendieren Bier und Rum,
weil Schitzenkeenich er geworden
und sich geschossen hädd e Orden.
Mein Vatche war e alter Treffer –
schrummbumm – schon lag der Has im Pfeffer!
Ich kimmerte um nuscht mir an:
dis Beste, was Mensch tuen kann.
Se lernten schabbern mich und stehn,
und denn sogar alleinche gehn.
Se merkten gleich, wo ich konnt lallen,
daß ich nich auffem Kopp gefallen. –
De Schul war nich gerad mein Fall,
ich huckt viel lieber innem Stall
beis Vieh und mank de Hammelherde,
mank Ochsen, Schweinchens, Kieh und Ferde.
Im Schweinstall war ich wie zehaus,
kannt mir mank Borchs und Ebers aus;
ließ Ferkels innem Morast wiehlen,
und ging de Hiehnerchens befiehlen.

Als ich e Gnos von acht, nein Jahr,
vleicht auch e bißche älter war,
kam mal der Herr Kreisschulinspekter
und priefte uns mit unserm Rekter.
Mir frugen se de kreitz und quer:
»Wo kommt wohl das Gewitter her?«
Allmächtger Gott, dacht ich, Gewitter?
Ich treimt grad vonne arme Ritter,
wo ich heit zu Kleinmittach hädd;
nu hilft nuscht, nu gibt Jackenfett!
Na, is wie is, ich sagte prommt:
»Gewitter . . . ja . . . Gewitter kommt
aus unsre Oma ihre Knochen!«
Uns Kanter hädd nuscht mehr gesprochen.
Der war ganz platt und so versteert,
als wenn e Katz wo donnern heert.
Ganz lila lief der Kopp ihm an.
Denn kam der Schulinspekter ran:
»Wie kamst du auf die Antwort, Kind?«
»Na«, sagt ich, »neilich war so 'n Wind;
da meint mein Vatche, daß amend
e Gewitter kommen könnt;
und käms mit Hagel, denn wär bitter!«
»Ja«, sagt da Omche, »e Gewitter
steckt mir drei Tag all inne Knochen!«
Ich hädd das Wort kaum ausgesprochen,
da lacht wie 'n Schaukelferd der Rekter
und auch der Herr Kreisschulinspekter.
Als ich denn eingesegnet war,
all aufgesteckt nu truch das Haar,
da sagt mein Vatche: »Muß man schicken,
bei andre dich im Topp reinkicken.
Lern man de Wirtschaft wo, Marjell,
denn kannst vleicht später als Mamsell
wo unterkriechen inne Stadt.
So e Mamsell wird immer satt!«
»Werd Schneidersche«, mein Muttche sagt,
»denn der Beruf is sehr gefragt.
E Schneidersche, das is nich schlecht.
Schneidst richtich zu, denn kommst zurecht.
Denn fällt dich ab e Stick vons Tuch
zur Tallje oder'm Unterzuch.

Könnst hier das ganze Dorf benähn
und selber fein in Galla gehn!«
Auch Omche meint, bald käm die Zeit,
denn wär ich nu ja wohl so weit.
Ich möcht man immer dichtich spinnen.
Wenn eine hat viel scheene Linnen,
kricht se e Mann fier sich allein,
das tät im Leben schon was sein!

Wurd drieber sechzehn, und de Kindheit,
wo mir bislang noch schluch mit Blindheit,
fiel vonne Augens mir wie Schuppen:
ich tat als Jumfer mir entpuppen!
Nu reizt mir nich mehr Schweinestall,
auch's Vieh war nu nich mehr mein Fall,
auch Hiehners wollt ich nich befiehlen,
tat lieberst nache Jungens schielen,
wo Fensterprimmenad mir machten
und um mir fochten blutge Schlachten.
Bald huckt und grient ich inne Kammer:
ich hädd dem ersten Liebesjammer.
De Brust war eng, de Welt so weit,
der Kopp voll lauter Dammlichkeit.
Ich treimt von lauter Liebe man
und was Mensch dabei werden kann.

De Kinder- und Jungmädchenschuh
sind längst verscheiwelt. Immerzu
hält nuscht und kann nuscht halten, nei,
man einmal blieht im Jahr der Mai. –
Ich möcht nochmal im Wäschkorb liegen,
ich möcht nochmal de Bulla kriegen,
möcht mir in trockne Windels aalen,
und nochmal wie e Babie krahlen.
Möcht nochmal mir mit Puder fein
bestreien lassen das Gebein,
möcht mittes Klapperche noch klappern,
nachplappern, was de andre plappern,
möcht mittem Schnuller schlafen ein
als kleines, dummes Hannelein!
Möcht ›Hannche‹ sein, du meine Zeit,
und nich all Hanne Schneidereit!

ERNST GARDEY

Unser Bertchen

Als Bertchen zu mir als Haushälterin kam, war sie Ende Vierzig. Sie stammte aus der Memelniederung und hatte sich, da sie hauptsächlich auf Gütern als Köchin tätig gewesen, ihre ländliche Art und Ausdrucksweise treulichst bewahrt.
Eines Tages sagte sie zu mir: »Ich werd fier Fräulein Keyser mal erzählen, wie das so mit dem Heiraten is. Als wir zwei beide noch jung waren, da nahm uns keiner nich, und so sind wir hucken jeblieben, ich und dis Fräulein Keyser. Schadt nuscht! Ich bin nu e alleiniges Mädchen bei eine alleinige Dame und hab meine guten Tage, und dis Fräulein Keyser braucht auch nich ihr scheenes Jeld fierem Mann – womeeglich noch mitte Schar Kinder – auszulassen. So dammlig wär *ich* je beinah in meine Jugend jewesen. Da hatten se mir e Witwer zujeheirat mit fünf Kinder. Erbarmung, was sollt ich mit so was anfangen, sagt ich mir. Ja, wenn ich hätt heiraten konnt wie dis Fräulein Keyser ihre Schwester, wie e Huhn aufs Nest, aber wie e Huhn aufs Ei – nei!«

Na, wie es so kommt im Leben, trotz aller Vorurteile hat Bertchen später doch geheiratet. Zwar hatte er nach ihrer Ansicht allerlei Fehler. So mißfiel ihr zum Beispiel, ›daß er immer Schniefke inne Nas hadd‹. Aber die kleine Wirtschaft, die er besaß, und sein sonst solider Charakter haben dann doch wohl den Ausschlag gegeben. »Heiraten werd ich ihm – aber küssen laß ich mich nich«, erklärte sie jedoch kategorisch.
Am meisten amüsierte es mich, wie Bertchen mir eines Tages erzählen kam: »Da wollte er mich doch seiner Bekanntschaft im Dorf vorstellen. *Er* trank je man bloß Grog, aber unsereins hat je schließlich was auffe Sparkass, *ich* trank reine Rum! Denen wollt ich's mal zeigen!«
Das Netteste, was ich von Bertchen in Erinnerung habe und nie vergessen werde, war ihr uneingeschränktes Lob für mein Schlafzimmer. Sie faßte es so zusammen: »Mir jefällt zu scheen, wie bei Fräulein Keyser in de Schlafstub is. Also de Bettdeck und de Gardinen aus ein und demselben, so e ganzes Service is doch immer am scheensten!«

Einmal sagte ich zu Bertchen: »Es ist doch alles so billig, was wir jetzt von der anderen Seite der Memel zu kaufen bekommen im kleinen Grenzverkehr, warum bekomme ich das Rührei immer mit Schmalz und nicht mit Butter zubereitet?« Dazu Bertchen: »Ja, ja, de Bessere schmecken aber auch alles raus, de Jewöhnigliche merken so was gar nich. Ich zittre um jeden halben Dittchen fiers Fräulein Keyser, das muß dis Fräulein Keyser doch wissen. – Was ich übrigens noch sagen wollt, wenn dis Fräulein Keyser nichts dajegen hätt, denn würd ich jetzt auffem Fischmarkt jehn, Puken kaufen fier mir und dem Kater, dem jankert so nach Fisch. Fier uns jenügt das. Fiere Herrschaft – also fiers Fräulein Keyser – aber würd ich e Zandche nehmen, is doch dis Beste.«

Ergötzliche Geschichten pflegte man auch von Anna, einem Hausmädchen bei einer befreundeten Familie, zu erzählen. Sie hatte vorher in einem recht unordentlichen Haushalt gedient. Da hieß es dann: »De Frau Dokter war so gar keine Frau inne Wirtschaft, der Herr Dokter sagte immer zu ihr: ›Du verstehst auch gar kein Mittag auszukochen, bloß de Anna!‹ Einmal sagt ich zum Herrn Dokter, de Friedchen, dis Kind, hat gar kein orndliches Hemd mehr, und der Herr Dokter möcht doch jehn, e paar Hemdchen abkaufen. Ja, und das tat er denn auch und brachte jleich sechs Stück mit. Ei nu sie, wie sie sah, daß ich fiere Friedchen e neies Hemd anzog, da jing se vleicht hoch: ›Ihr beide immer jejen mir, immer klammheimlich jejen mir, ich werd überhaupt nich jefragt!‹ – Das ärgert mir so, ich rannt raus, schlug de Tür zu und schloß mir in meine Kammer ein. – Nachher kam se abbitten, es wär nich so jemeint und so, aber ich hab bloß immer jerufen: ›Ich *hab* mir nich am Herrn jehalten, und ich *werd* mir nich am Herrn halten, und wenn de jnädje Frau denkt, daß ich mir am Herrn halt, denn tret ich auffe Stell aus!‹«

»Im Haus von Dokters waren so viel Ratten und Mäuse, wenn ich denn abends alles übrije verricht hat und aufwaschen nahm und dis Petrol inne Lammp all runterjebrannt war, ei denn kamen die Ratten. Erst mal zwei, auch drei, denn aber all finf und sieben. Denn hab ich mir doch jegrault, ich zog de Fieße auffe Holzkist und hab jekickt. Aber einen Morgen – pfui, da hat ich mir verschrocken – ei, biß mir da nich eine Ratt im Zeh!«
»Mein Himmel, was taten Sie da?« fragte ich entsetzt.
»Na gar nuscht – ich kickd!«
»Na und die Ratte?«
»Ja – die kickd auch.«

CHARLOTTE KEYSER

Marktfrauen

Hier höre wi ons bätke an,
wie scheen dit Fruke blubbre kann:

»Madamke koame se, on sehne,
söck disse Plume an, so scheene
sönd nich to finde op de Walt,
man bloß bi mi för wenig Jald.

Ei scheene Plume, scheene weeke!
Wer wönscht noch mehr, wer wöll verseeke?
Man ömmer ran, man ömmer ran,
proböre se moal, junger Mann!

Ei Plume, Fruke, scheene Plume,
recht scheene dicke, wie poar Dume,
on du, min klener Schieterke,
wöllst du nich ok een Literke?«

DANIEL STASCHUS

Der Strauß

De Strauß heft een poar lange Feete.
On wenn du mehr von em wöllst weete,
dann steck din Näs önt Lexikon,
doa findst gewöß em bönne stoahn.
On uterdem noch warscht em finde
ok öm Adreßbook, ziemlich hinde.

DANIEL STASCHUS

Lorbaß

und

Marjellchen

Elf Kinder haben Petruschens. »Sieh mal«, sagt der Jüngste zu seinem älteren Bruder, »die Gans da, die wird sonntags geschlachtet.« – »Gans?« belehrt ihn der Große, »das is doch e Storch. Der hat sich bloß bei uns die Beine abjelaufen.«

Karl hat mit seinem Freund gewettet, daß er zwanzig Kartoffelkeilchen mit Specksauce zu Mittag essen kann. Als er aber fünfzehn runter hat, kann er beim besten Willen nicht mehr. Wehmütig betrachtet er den Rest und meint: »Wenn ich jewußt hätt, daß mir gerade die letzten fünf so schwerfallen, hätt ich sie zuerst jejessen.«

Zwei Dorfjungens schlendern barfuß durch die Gegend. Es begegnet ihnen ein piekfeiner Herr mit Strohhut und Handschuhen. Erstaunt fragt der eine Junge: »Zu was hat der Handschuhe an, is doch Sommer?« – »Na, du'che, vleicht will er Brennesseln abstreifen«, meint der andere.

Auf einer Telegraphenstange sitzt ein Arbeiter und führt eine Reparatur aus. Der kleine Fritz steht dabei und sieht höchst interessiert zu. Plötzlich läuft er davon zur Mutter und berichtet außer Atem: »Du, Muttche, da is e Mann auf dem Ast, der telephoniert mit dem lieben Gott!«

»Aber, aber, Sohnche, wie kommst nur darauf?«

»Na, der hat inne Muschel gerufen: ›Herrgott, was is denn da oben wieder los? Hört mich denn keiner mehr?‹«

Vor dem Muttertag fragt der Lehrer: »Na, Kinder, wie gratuliert ihr denn eurer Mutter?«

Es kommen die verschiedensten Antworten; einer sagt: »Ich umarme sie«; ein anderer: »Ich geb ihr 'nen Kuß.«

»Na fein«, lobt der Lehrer, »dann wißt ihr ja morgen, was ihr zu tun habt.«

Ein paar Tage später erkundigt sich der Lehrer, was denn die Mutter zu der Begrüßung gesagt hätte: »Na, Otto?«

Ottchen erklärt leise mit hochrotem Kopf: »Meine Muttche sagte: ›Stell dich nich so dammlich an!‹«

Franz geht mit Oma über die Wiese und pflückt ein Büschel Gras ab.
»Omche«, bettelt er, »beiß doch mal rein!«
»Bist meschugge, Jung, ich bin doch keine Kuh!«
Der Kleine porrt weiter: »Nur einmal, Omche!«
»Erbarmsterche, Franzche, zu was bloß?«
»Na«, meint Franz treuherzig, »der Vatche hat gesagt, wenn de Oma ins Gras beißt, denn kriegen wir endlich einen neuen Wagen.«

Karl ist – wie die meisten Kinder – abends nicht ins Bett zu kriegen. Immer muß ihm Oma erst alle möglichen Geschichten erzählen und Versprechungen machen, wie Omas das so an sich haben. »Sieh mal«, sagt sie einmal, »de Hühnerchens und de Kiekelchens schlafen auch all, denn is auch für dich höchste Zeit, Jungche.«
Schlagfertig erwidert Karl: »Denn mußt du aber auch inne Hotz, Omche, de alte Kluck huckt auch all längst auffe Stang!«

Bruno ist in der 8. Klasse sitzengeblieben. Kleinlaut schleicht er nach Hause. Sein Vater ist außer sich und sagt: »Geh man zum Opa und zeig ihm die Bescherung, der wird dir schon eins überreißen!«
Mit eingezogenen Schultern geht Bruno zum Opa, nach einer Weile kommt er hocherhobenen Hauptes zurück und ruft seinem Vater strahlend zu: »Der Opa hat jesagt, die 8. Klasse muß doch sehr schwer sein, da is dein Vater auch huckengeblieben!«

Eine Lehrerin hat den Jüngsten ein Märchen erzählt, in dem es unter anderem heißt: »... und die Königin gebar ihrem Gemahl einen Sohn ...«
»Was heiß das?« will Fritzchen wissen.
»Nun«, erklärt die Lehrerin, »das heißt, sie schenkte ihrem Mann einen Sohn.«
Drei Tage darauf hat Fritz Geburtstag und wird von seinen Schulfreunden bestürmt, ihnen das Hauptgeschenk zu nennen.
Großartig erklärt er: »Meine Tante Idchen gebar mir einen Dackel.«

»Hör mal«, nimmt Vater seinen Sohn aufs Korn, »der Lehrer hat mir grade gesagt, daß du der Schwächste in der Klasse bist?« – »Der is ja dammlich«, entrüstet sich sein Sproß, »wo ich der einzige bin, der den schweren Globus tragen kann!«

Ein Dorfschullehrer hatte rechtzeitig erfahren, daß demnächst der Schulrat zur Revision kommen würde und hatte mit seinen Schülern das ganze Pensum eingeübt, so daß keine Panne entstehen konnte. Jeder Schüler wußte genau, was er auf gewisse Fragen zu antworten hatte. Als nun der Schulrat einer Stunde beiwohnte, in der unter anderem die Glaubensartikel abgefragt wurden, passierte es dem etwas aufgeregten Lehrer, daß er den falschen fragte. Der Kleine ließ sich aber nicht ins Boxhorn jagen, stand forsch auf und schmetterte in die Klasse: »An dem Artikel glaub *ich* nich, an dem glaubt der Franzke!«

»Ist der Lehrer auch mit dir zufrieden?« erkundigt sich ahnungsvoll ein Vater eines Mittags bei seinem Sprößling. »Ja, Vatche«, sagt der kleine Gnos stolz, »gestern hat er jesagt, wenn alle so wären wie ich, denn könnt er de Schul gleich zumachen.«

»Wenn du groß bist, willst du doch sicher auch ein feiner Herr werden«, versucht Vater seinen Sohn, der ein kleiner Faulpelz ist, anzuspornen. »Nei, Vatche«, erwidert prompt der Kleine, »ich will genauso werden wie du!«

Zwei Marjellchen aus der Stadt wollen bei einem Spaziergang eine Wiese überschreiten, auf der viele ›Schwarzbunte‹ weiden. Ängstlich rufen sie einem Dorfjungen zu: »Werden die Kühe uns auch nicht beißen?« Der Junge wirft ihnen einen verächtlichen Blick zu und meint wegwerfend: »De kicke Enne noch nich moal mit dem Hintern an!«

Erich ist in der Schule ein richtiger Stubbekopf. Seufzend sagt sein Vater eines Tages zu ihm: »Aus dir kann was werden – nuscht is all!«

Bei Schneidereits ist wieder mal der Storch eingekehrt. Tante Emma kommt gratulieren und fragt Albert: »Na, Sohnemann, wie gefällt dir denn dein neues Schwesterchen?« – Albert knurrt mürrisch: »Kein Fernsehen im Haus, aber für so was is Jeld da!«

»Na, Jungens«, fragt der Onkel seine drei Neffen, »wie steht ihr denn in der Schule?«
»Ich bin der Erste im Schreiben« – »und ich der Erste im Rechnen«, schmettern sofort die beiden ältesten heraus. Nur der jüngste schweigt eine Weile, meint dann aber entschlossen: »Wenn's zur Pause klingert, denn bin ich immer der erste draußen.«

Karlchen hat sich in einem großen Kaufhaus verirrt und findet seine Mutter nicht wieder. Mitleidig spricht eine Verkäuferin den völlig aufgelösten, heulenden Steppke an: »Wie heißt du denn, Kleiner?« – »Ich weiß nich.« – »Na, wie sagt denn dein Lehrer zu dir?« bohrt sie geduldig weiter. Weinend und kaum verständlich kommt die Antwort: »Schafskopp!«

Karl wird auf dem Schulweg von seinem Freund gefragt: »Wo hast heut deinen Bruder gelassen?« Bedauernd kommt die Antwort: »Der muß mit seinem Hals im Bett liegen.«

»Du'che«, ermuntert Vater seinen Ältesten, »is jeht auf acht, man bißche dalli, sonst kommst noch zu spät in die Schul.« – »Wir haben heut frei«, bekommt er zur Antwort. »Nanu, weswegen, is doch kein Feiertag?« – »Nei, aber der Lehrer hat jestern jesagt: ›Schluß für heute, morgen fahre ich fort.‹«

Ein Fremder kommt auf einen Bauernhof und fragt einen Jungen: »Wohnst du hier?« – »Ja.« – »Sag mal, wo ist denn dein Vater?« – »Drüben, im Schweinstall, dem können Sie gleich erkennen, der hat e Mütz auffem Kopp.«

»Na«, sagt der Lehrer erfreut zu einem sonst ziemlich mäßigen Schüler, »heute hast du ja mal 'nen guten Aufsatz geschrieben. Da hat wohl dein Vater geholfen, was?« – »Nei«, erwidert der Kleine mit dem ehrlichsten Gesicht. »Na, ist das auch wahr, Jung?« zweifelt der Lehrer noch immer. »Ja, Herr Lehrer, der hat ihm ganz allein gemacht.«

Heinrich wird in der Schule nach seinem Vornamen gefragt und antwortet: »Müller.« – »Aber nein, wie ruft dich denn dein Vater?« – »Der ruft mich überhaupt nich, Herr Lehrer, der pfeift bloß!«

»Heute haben wir ›Schule‹ gespielt«, erzählt die kleine Lisbeth beim Abendbrot. »Wart ihr auch artig?« will die Mutter wissen. Überlegen kommt die Antwort: »Ich braucht je nich artig zu sein, ich war ja die Lehrerin!«

»Na, was habt ihr denn heute in der Schule durchgenommen?« fragt die Mutter beim Mittagessen. Fritz löffelt langsam seine Suppe und meint dann: »Weiß ich nich mehr.« – »Aber Fritz«, ärgert sich die Mutter, »dein Freund Albert weiß das immer, wenn man ihn fragt.« »Ja«, äußert sich Fritz von oben herab, »der Albert, der hat auch nich so e weiten Schulweg wie ich.«

»Wasch dir bloß gründlich die Hände, Karl, bevor du in die Schule gehst«, ermahnt Mutter. »Wozu, Muttche«, mault Karl, »ich meld mich je doch nich!«

»Sagt mal, Kinder«, fragt der Lehrer, »welche Farbe hat das Wasser?« Nach einer langen Pause des Nachdenkens hebt sich endlich eine Hand, und der Kleine erklärt: »Das hat gar keine Farbe; bloß wenn ich die Füße reinstell, denn wird es schwarz.«

Kurt hat mal wieder was ausgefressen, und Vater sieht sich genötigt, ihm eine ordentliche Standpauke zu halten, die mit den Worten schließt: »Daß man dir auch dauernd ausstieben muß, du Lorbaß!« – »Macht nuscht«, kommt die gelassene Antwort, »Hauptsache, daß ich mir nuscht draus mach!«

Bei einem Kindergeburtstag geht es hoch her. Mutter kommt vorsichtshalber nachschauen und fragt verblüfft: »Was macht ihr denn da?« – »Wir spielen ›beim Dokter‹«, kommt es im Chor zur Antwort. »So, so, und was macht Lischen auf dem Schrank?« – »Ach, die haben wir grad zur Erholung ins Gebirge auffen Galtgarben geschickt!«

Fritz kommt eine halbe Stunde später als sonst aus der Schule. Mutter will den Grund wissen. »Ja«, erzählt Fritzchen, »eine Frau hat auf der Straße eine Mark verloren, und die haben alle Jungens gesucht.« – »Und du?« – »Ich? – Na, ich hab doch dem Fuß raufgestellt und gewartet, bis sie alle weg waren.«

Aus ostpreußischen Schulaufsätzen:

» . . . Als meine Mutter die Kuh füttern wollte, bemerkte sie, daß sie ein Kalb bekam . . .«

». . . wenn plötzlich Besuch kommt bei uns, denn schmeißt mein Muttche die ganze Unordnung unterm Sofa. Manchsmal is mein Vatche auch dabei . . .«

». . . Der Hahn ist stolz, daß er so viele Frauen hat. Wenn eine geschlachtet wird, hat er gleich eine andre.«

Die Kinder haben vom ›Altweibersommer‹ gehört und sollen darüber in einem Aufsatz berichten. Ein kleiner Lorbaß schreibt: »Im Sommer fliegen in der Luft alte Weiber rum.«

MARION LINDT

Die Birgschafft

(Nach das Schillersche Gedicht mit die gleiche Tittlatur)

Und es war ein beser Kenig, Thürann genannt, und zu den schlich einer, der hätte einen Dollich in den Rock und wollte ihm erstechen. Oder einer von die Geheime sah dieses, auch wo er dem Dollich verstochen hätte und nahm Möhrußen – so hieß er – feste, und weil es in die gute alte Zeit war, da sollte er sofort am Kreuze angenagelt werden, denn Gerichtsverhandlungen waren dazu bei die alte Thürannen nicht nötig, die schrieen man gleich – ich kann mir anne neie Rechtsschreibung noch nicht gewönen: immer ran am Kreutze!

Und Möhruß hätte eine Schwester auswärts, wo sie sich verheurathen sollte. Und da dieses ohne ihm nicht ging, erbittete er sich von den besen Kenig, Thürann genannt, drei Tage Uhrlaub. Und weil Möhruß außer die Schwester auch einen guten Freund hätte, den lüß er da als Unterfand, damit daß der Kenig einen anderen hätte zus erblassen, wenn Möhruß nicht kommen könnt. –
Und solche Freunde gibt es gar nicht in die häutige Zeit. Wenn einer von meine mir man blos vorsagen soll, nicht einmal das tuth er, oder nei, er pätzt noch. Und nu gar vor mir annes Kreutz schlagen – ei weih, nei!
Oder Möhrußen seiner war einer von die alte ausgesterbte und er blieb bei den Kenig als Fand. – Möhruß oder zog los und alles bei die Hochzeit ging glatt. Und einer denkt nu: der kömmt doch nicht wieder, der is froh, das er wech is! – Ich möcht auch nich hingehen, denn warum? so dumm! Der andere is doch da zus Aufhängen.
Aber Möhruß war auch einer von die alte ausgesterbte. Und er spuhtete sich mächtig, nur noch richtig zu den Kenig zus erblassen zu kommen. Oder es ging ihm alles verquehr; auf den Rückwege hätte er sich verbiestert, denn müßte er übere Brick, oder die brach und er brach auch und müßte rein im Wasser und müßte rumpaddeln wie ein Pogg und wie er die Reibers mit gewalltigen Streichen verkeilt, das sie teilweise fallen und drahtziehen und er ängstigt sich gräßlich, das er man bald noch zeitig zus Annageln kommt.
Und also nu kömmt er gerade an, wie der Uhrlaub alle is und da sieht er schon aus die Ferne den verfändeten Freund baumeln, wie das ihm einer grad aufzieht, wie die Mutterche die Kichenuhr. –
Und da kriegt Möhruß das Rennen und er rennt durch allen Schutzleuten und Augenzeigen und giebt dem Oberkommissär ein Stubbs und haut dem andern ein Sternicksel und schreit: »Hier bin ich, nehmt mir, ich will am Kreutze!«
Und da der bese Kenig das hört, da wird er ganz gut und war sehr geriehrt und hat gewiß auch nich gedacht, daß Möhruß wird so dammlig sein und wiederkommen, nei, lieber dem andern versetzen. Und wie die Freunde sich nu umgeärmelt und sich ein Kuß geben, da fürcht sich der gute Kenig nich mehr für dem Dollich im Gewand und erlaubt sich die Bitte, ob er bei die Zwei nicht dem dritten Mann machen könnte, und da wurd er der dritte Mann. – Die beide sternickselte Oberkommissärs verklagten den Möhruß oder wegen Beamtenbeleidigung.

ROBERT JOHANNES

Die Babies sind die kleinsten Menschen wo man gibt. – Bei uns gibt es immer ein Babie; und wenn das anfängt zu laufen, kommt ein anderes, und dann is das das Babie.
In unsere Straß sind sehr viele Babies; in jedes Haus eins. Jetzt, wo die Sonn scheint, kommen alle auf die Straß, und denn sieht einer erst, wie viel da sind!
In manchen Babiewagen sitzen zwei. Eins hat dem Kopp vorne, eins hat ihm hinten. Auf diese sagt einer Zwillingen; denn sie sehen sich so ähnlich, daß einer, wenn einer, und einer sieht eins an, einer immer denkt, das is das andere.
Die Babies sind sehr lieb und gut – wenn sie schlafen; wenn ihnen aber einer wäscht, oder einer ihnen weckt, denn brillen sie; denn muß einer ihnen brillen lassen; wenn einer ihnen aber brillen läßt, denn brillen sie noch mehr, denn muß einer ihnen aufnehmen, und immer hin und her gehn und muß ihnen schütteln und dazu singen:

»Hoppe, hoppe heichen
koch das Kind ein Breichen;
tu ein bißche Zirup ran,
daß das Kindche lecken kann!« –

oder denn brillen se noch mehr.
Denn zieht sich mein Vater immer an und geht weg, wenn er denn schon zu Haus is; er is aber denn noch immer nich zu Haus.
Jeder war einmal ein Babie – Großpapa auch. Er hat aber damals noch nicht so ausgesehn wie jetzt. Keine Haare hat er auch schon gehabt, aber weißen Bart – nei! So sagt meine Mama, wo ihm doch damals schon gekannt hat.
Die Babies haben keine Zähne und nichts anderes im Mund, wie dem Daumen oder dem großen Zeh; sie müssen oft gewaschen werden, und dann bestreut einer ihnen mit Mehl, und denn hängt einer die Silwetten am Ofen zum Trocknen auf, und denn riechen sie – und wenn sie riechen, geht mein Vater immer weg, wenn er denn schon zu Haus is; er is denn aber noch immer nich zu Haus.
Wer die Babies bringt, weiß einer nich ganz genau. Einer sagt, der Storch bringt ihnen, und einer sagt, die Frau Müllern; ich glaub beides nich ganz. – Die Frau Müllern is aber schon wieder da – herrjehs, herrjehs! Nu muß ich all wieder Lutschpungel machen!

ROBERT JOHANNES

Selbstverständlich

Klein Willi sockt, so schnell er kann
zum kleinen Otto Engelmann.
»Bei uns hat de vergangne Nacht
der Adebar e Kind gebracht!«
Der Otto stutzt, sagt denn geschwind:
»Na, Willi, Mensch, was heiß 'n Kind?
Is es e Jung, ist's e Marjell?«
Klein Willi ieberlegt blitzschnell:
»Is e Marjell auf jeden Fall.
Se puderten ihr nämlich all!«

ERNST GARDEY

Unser täglich Brotchen

Eine echte, herzliche Freundschaft verband Carol mit dem Dorfschullehrer Andreas Paschke in Eichenort. Sie war ererbt, seit der vierten Generation waren die Paschkes bei den Sassenburg Schulmonarchen. Sie hat aber ihren besonderen Beginn von einem Schulbesuch genommen, den Carol eines Tages als Patron von Kirche und Schule im Unterricht bei Paschke machte, als er ihm die neue Schule gebaut hatte.
»Guten Morgen, lieber Paschke, ich will mir anhören, ob die Kinder brav sind. Weitermachen wie alle Tage.«
Paschke wandte sich zu seiner Schar, zwei Bänke Jungchen, zwei Bänke kleine Marjellchen. Er zeigte zum Fenster hinaus: »Was ist da vor dem Schulhaus, Ede?«
»E Gartche.«
»Gut! Was für'n Gartchen, Ottochen?«
»Dem Herrn Lehrer sein Kartoffelgartche.«
»Was wächst auf dem Kartoffelgartche, Emilchen?«
»Kartoffelchen wachsen auf dem Kartoffelgartche.«
»Welche zwei Sorten sind's, Hans?«
»Gute Kartoffelchen und schlechte Kartoffelchen.«
»Welches sind die guten Kartoffelchen, Fräntzchen?«

»Die Eßkartoffelchen sind die guten Kartoffelchen.«
»Wenn ich die Eßkartoffeln esse, was ist das, Willichen?«
»Das ist unser täglich Brotchen.«
»Gut! Wie beten wir dazu, Anneliesschen?«
Anneliesschen sagte mit heller Kinderstimme im Schulsingsang: »Unser täglich Brotchen gib uns heute.«
Carol ging ans Fenster und blickte hinaus. Drüben lag das alte weiße Haus der Voreltern, wo ein anderes täglich Brot gegessen worden war.
»Gut! Welches sind die schlechten Kartoffelchen, Lenchen?«
»Die schlechten Kartoffelchen sind die Schnapskartoffelchen.«
»Gut! Wenn ich zuviel Schnaps von den Schnapskartoffelchen trinke, was ist das, Hildchen?«
»Das ist die Schuld.«
»Wie beten wir dann? Sag du, Trudchen!«
Trudchen antwortete mit schriller Stimme im Schulsingsang: »Und vergib uns unsere Schuld, wie wir vergeben unsern Schuldigern.«
»Gut Trudchen! Jetzt Ede! Wenn du aus meinem Kartoffelgartche heut abend im Dunkeln Eßkartoffelchen klaubst, was ist das?«
»Das tu ek näch. Das ist die Versuchung. Wir beten: Und führe uns nicht in Versuchung.«
»Jetzt sag du, Ottochen, wenn du die Flasche Schnaps von den Schnapskartoffelchen aus meiner Küche wegnimmst und trinkst, was ist das?«
Otto, der größte Junge, sagte energisch: »In der Küche ist keine Schnapsflasche.«
»Falsch! Sag du, Emilchen!«
Emil erhob eine zaghafte, aber doch sehr überzeugte Kinderstimme: »Herr Lehrer, die Schnapsflasche ist ... in der Schulstube ... im Pultchen.«
Carol war herzlich ergriffen und von der neuen Wendung erfreut. Er half weiter, indem er das Pult öffnete: »Emilchen! Hör mal her. Wenn ich dem Herrn Lehrer die Schnapsflasche im Pultchen austrinke, sieh, hier hab ich sie! Darf ich das tun?«
»Jo, Sä därfen em Schnaps austränke.«
»Aber Emilchen, warum darf ich denn dem Herrn Lehrer seinen Schnaps wegtrinken?« fragte Carol erstaunt.
»Weil wir beten: Erlöse uns von dem Übel.«

KL. KLOOTBOOM-KLOOTWEITSCHEN

Eine heitere Religionsstunde bei den Kleinen

Eine Dorfschule in einem weltentlegenen Winkel Ostpreußens. Der Lehrer hält auf der Unterstufe eine Religionsstunde.

Lehrer: Wir wollen heute noch einmal die Geschichte vom Sündenfall wiederholen. Wie hieß der erste Mensch, Michel?

Michel: Adam!

Lehrer: Richtig! Und die erste Frau?

Michel: Frau Adam!

Lehrer: Nein, Erich!

Erich: Eva, Herr Lehrer!

Lehrer: Gut! Fritz, erzähle mit eigenen Worten, was du vom Paradiese und vom Sündenfall weißt!

Fritz: Das Paradies war ein großer Garten, wo so viel Obst drin hing und alles für umsonst gab. Da wurden zwei Menschen reingesetzt, wo nuscht anzuziehen hätten, sondern ganz splitternackigt waren. Sie hießen Adam und Eva. Sie dürften von alles essen, wo gab. Bloß an einem Äpfelbaum stand rangeschrieben: du dürfst nich (essen). Aber sie gingen doch ran und leckerten vons Verbotene. Da nahm der liebe Gott die beids beim Kreppschull und schmiß ihnen raus. Die Eva sagte, die Schlange hätte ihr verführt, aber es half nuscht, sie müßten dem Paradies räumen. Denn wurde ein Engel, Cherubim genennt, vorgesetzt, wo seinem Säbel blank ziehen müßte. Der läßt nu keinem nicht mehr rein!

Lehrer: Wer kann es besser erzählen? Eva du?

Eva: Als Adam und Eva ins Paradies huckten, da krichte die Eva dem Lecker auf Äppel und sie nahm und eßte davon!

Lehrer: Nun wiederhole einmal, wie ich es dir vorspreche: Als Adam und Eva sich im Paradiese befanden, nahm Eva einen Apfel und aß davon!

Eva: Eva nahm den Apfel und eßte davon.

Lehrer: Du sollst doch ›aß‹ sagen! (Pause.) Warum redest du nicht?

Eva: Ich dürf nich Aas sagen, das hat mich meine Mutter verboten!

Lehrer: Was für eine Sünde hat auch Adam getan? Karl!
Karl: Adam aß auch von der verbotenen Frucht.
Lehrer: Stimmt! Wer versuchte Adam?
Karl: Die Eva!
Lehrer: Eva eigentlich nicht, sondern die Schlange. Und wie wurde Adam bestraft?
Karl: Er mußte die Eva heiraten!
Lehrer: Falsch, Else, sag du es!
Else: Er mußte im Schweiße seines Angesichts auf dem Bauche kriechen.
Lehrer: Aber bedenke doch, was der Herr sprach! (Pause.) Emil!
Emil: Im Schweiße deines Angesichts sollst du dein Brot essen, sprach der Herr!
Lehrer: Der Zorn Gottes über die Sünde war so groß, daß er den Menschen zum Verbleiben im Paradiese nicht einmal eine Notfrist erteilte. Wer hat schon etwas von einer Notfrist gehört? – Albert, du?
Albert: In der Not frist der Deiwel Fliegen!
Lehrer: Du Schafsnase! Adam und Eva waren also vor dem Sündenfall ein glückliches Menschenpaar! Weil Adam und Eva verbotene Wege gingen, war ihr Glück bald entschwunden! Was versteht man unter verbotene Wege? Klaus!
Klaus: Verbotene Wege sind da, wo Strohwische stecken!
Lehrer: Du hast im gewissen Sinne Recht! So ein Strohwisch ist dem Menschen eine Warnung. Und wenn man den verbotenen Weg wandelt, oder überhaupt etwas Böses tut, wird man vom bösen Gewissen gepackt. Franz, was ist ein böses Gewissen? (Pause.) Nun, denke doch einmal nach! Was hat ein Mensch, der nirgends Ruhe findet, der nicht einmal schlafen kann, sondern sich im Bette hin und her wälzt?
Franz: Der hat Flöhe oder Wanzkens, Herr Lehrer!
Lehrer: Der hat ein böses Gewissen. Kinder, ihr habt auch gar nichts behalten; wir müssen noch einmal mit der Schöpfungsgeschichte beginnen! Hans, wer hat unsere schönen Berge, Bäume und Felder erschaffen? (Pause.) Was, das weißt du nicht?
Max: Herr Lehrer, der kann doch nicht wissen, denn der ist doch vorigte Woche man in unser Dorf gekommen.
Lehrer: Setz dich hin! Willy!
Willy: Gott!
Lehrer: Gottes Geist brachte Leben in das tote Durcheinander. Da will ich euch noch das Wort Geist erklären! Geist ist ein Wesen, Kinder, das keinen Leib hat. Warum lachst du, Walter?
Walter: Weil es dammlich aussehen möcht, wenn der Kopp gleich auf den Beinen angebracht ist!

Lehrer: Du Esel! Und als es Licht wurde, was hat da Gott gesagt? Max!
Max: Es werde Licht!
Lehrer: Und wie heißt es dann weiter? Julius!
Julius: Da schied Gott das Licht von der Finsternis!
Lehrer: Richtig! Emil, was heißt das, Gott schied das Licht von der Finsternis? (Pause.) Was stellst du dir unter Scheiden vor?
Emil: Scheiden is, wenn zwei auseinanderrennen.
Lehrer: Wer spendet uns Licht? Marta!
Marta: Die Sonne und der Mond!
Lehrer: Gut, mein Kind! – Karl, ist die Sonne wichtiger für uns oder der Mond?
Karl: Der Mond, denn der Mond scheint in der Nacht, wo wir auf dem Lande Beleuchtung brauchen. Die Sonne scheint am Tage, wo es sowieso schon hell genug ist.
Lehrer: Könnten wir denn ohne Licht bestehen? Martin!
Martin: Ja, wir haben elektrisch!
Lehrer: An welchem Tage schuf Gott die Tiere? August!
August: Am fünften Tage!
Lehrer: Franz, erzähle mir einmal etwas von dem Nutzen der Tiere!
Franz: Die Kuh gibt uns Milch, das Schaf die Woll, das Huhn die Eier, das Schwein dem Speck – (stockend)
Lehrer: Nun, weiter, was gibt uns das Pferd?
Franz: Gehacktes!
Lehrer: Was sind das für Tiere, welche du genannt hast?
Franz: Haustiere!
Lehrer: Wozu gehören die Haustiere?
Franz: Zu den Säugetieren!
Lehrer: Wozu gehört der Hering?
Franz: Zu den Pellkartoffeln!
Lehrer: Die Stunde ist aus. Morgen ist Sonntag. Da ihr mir heute so viele dumme Antworten gegeben habt, so wünsche ich, daß ihr euch morgen ein bißchen erholt und Montag mit gescheiterem Verstande wiederkommt!
Die Schüler: Gleichfalls, Herr Lehrer!

HERMANN BINK

Wenn es Meddag?

Enne School vatellt ons onser Lehrer
ute biblische Jeschicht eenmoal,
wie de Schnittersch oppem Fild jerastet
un jejeete denn dat Meddagsmoal.

On he frog: »Nun sagt, wie konnten wissen
jene Schnitter, daß es Mittag war?
Uhren gab es nicht zu jenen Zeiten;
nun, Mariechen, mache uns das klar.«

Man een schlauet Kind wär dat Marieke,
enne School, do hefft se good jelehrt:
»Na, öm twelf, do piepe de Fabrieke,
on de Manns, de hebbe dat jeheert!«

ALFRED OTTO DIETRICH

Kindliche Logik

An der ostpreußischen Küste ist bekanntlich der Sonnenuntergang zumeist ein so wunderbares Schauspiel, daß die Badegäste es ungern versäumen und lieber das Abendbrot warten lassen. Die Kinder sind begreiflicherweise nicht immer sehr damit einverstanden. Die Sonne war hinter dem Horizont verschwunden, Fritzchen macht kehrt zum Abendbrot und steht plötzlich dem Vollmond am Himmel gegenüber: »Erbarm dich, da is se schon wieder!«

Eva lebt ihr Leben zusammen mit den Pferden. Auch bei ihren ersten Rechenaufgaben zählt sie nicht nach Zahlen, sondern nach Pferden. Die Eins ist ein Einspänner, die Zwei ein Zweispänner usw. Sie hat auch einmal beim Fahrturnier in Insterburg einen Fünfspänner gesehen. Sie wird gefragt: »Was gibt es, wenn man einen Viererzug mit einem Fünferzug zusammenspannt?« – »Dann hauen sie ab!«

Hanschen wird im Rechnen geprüft und ist sich dessen bewußt, daß er etwas viel gefaulenzt hat. »Die Hälfte von 4?« – Hanschen weiß: »Zwei!« – »Die Hälfte von 8?« – Hanschen atmet auf: »Vier!« – »Die

Hälfte von 11?« – Hanschen stößt seinen Nachbar Fritz an und murmelt: »Du, Fritz, nu hätt he mi. Segg ick nu fiev, es em to wenig, segg ick säß, es em to veel!«

In einer ostpreußischen Schule mußten die Kinder einmal Haustiere nennen. Die Kinder zählten auf: Katzchen, Hundchen, Schweinchen. Der Lehrer belehrte sie, daß das ›chen‹ überflüssig und wegzulassen sei. Da meldete sich Fritzchen: »Ei, Herr Lehrer, und wie ist es mit den Kaninchen?«

Der Pfarrer wollte seinen Konfirmanden das Bewußtsein der Allwissenheit Gottes einprägen und sagte zum Schluß: »Wenn nun ein Dieb in böser Absicht auf den Hof kommt und es ist stockfinstere Nacht, so daß kein Mensch ihn sehen kann, wer sieht ihn dann doch?« Dickert's Ferdinand, aufgeregt und eifrig: »Ons Hektor!«

Der kleine Christian kann sich nur schwer mit der Rechenkunst befreunden. Eins und eins ist nach langem Nachdenken gleich drei. »Na hör mal, wenn die Mutter dir eine Scheibe Brot gibt und dann noch eine dazu, wieviel hast du dann?« – »Dann hab ich genug!«

Mitten in Masuren liest der Lehrer Weihnachten den kleinen Kindern die Weihnachtslegende vor: »... Und der Engel des Herrn erschien ihnen, und sie fürchteten sich sehr. Warum fürchteten sich denn eigentlich die armen Hirten, die dort ihre Herden weideten?« – »Na, sie huteten im Fiskalischen!«

Bei einem seiner Besuche nahm sich der Schulrat Dinter des Religionsunterrichts an und wollte mit den Kindern über das Morgen- und Abendgebet sprechen. »Wenn ihr abends schlafen geht, was ist dann das letzte, was ihr tut?« Nach langem Schweigen kam dann erst die Antwort: »Ich sage den Eltern gute Nacht!« – »Richtig, mein Sohn, aber es gibt noch etwas Wichtigeres.« Darauf endlich ein kleines Mädchen: »Dann bete ich noch mein Abendgebet.« – »Gut, mein Kind. Und wenn ihr nun die ganze Nacht so schön geschlafen habt und morgens aufwacht, was ist dann das erste, was ihr tut?« Wieder sagt einer den Eltern guten Morgen, der andere geht gleich an den Frühstückstisch. »Das ist ja alles sehr schön, aber es gibt noch etwas Wichtigeres, das ihr vergessen habt.« Da meldet sich auch ganz hinten einer: »Dann töh eck mim kort Pelzke an un go hinder de Schien (Scheune)!«

Nu aber Schluß!

Dreimal kam de Bertche zu frieh auße Schul,
dreimal ließ de Lehrersche sagen,
se solld sich mal waschen mit Wasser und Seif,
da platzd de Muttche der Kragen.

Se huckd sich hin und se nahm dem Blei,
dem Busen voll Zorn und voll Rache:
»Geehrtes Freilein! Ich schreibe Sie
in eine betreffende Sache.

De Bertche, die stinkt? Da lacht ja de Katz,
und de Kuh, de rotbunte, kichert!
Nu reißt mir der Zwirn, denn Ihnen hat
bestimmt der Kurrhahn geschichert!

Sie is wohl e Druckknopf im Kopp geplatzt,
und nun blakt bei Sie der Zilinder?
Was stecken Se Ihre vornehme Nas
in andere Leit ihre Kinder!

Se denken emmend bei Ihr hohes Gehalt,
ich werd vor Sie mir verkriechen?
Belernen sollen Sie meiner Mergell,
belernen! Und nich beriechen!

Und wenn Se ihr noch mal beriechen tun –
das wurmt mir im Herz wie e Stachel! –,
das sag ich Sie heeflichst, denn hat es gebumst,
Sie feinstreif'ge, pröss'ge Rachachel.

Denn schick ich Sie meinem Mann aufem Hals,
im Gutens nich mehr, nei, im Beesen,
denn sind Se bestimmt, das sag ich Sie,
de längste Zeit Freilein *gewesen!*«

ALFRED LAU

Vader, si dem Sähn nich gram, de Appel fölt nich wiet vom Stamm.

Die Welt will betrogen werden. Das war ein Ausspruch der alten Römer. Wir hatten ihn gerade in der Schule gelernt in Latein: mundus vult decipi. Er klang so erfahren wie von einem Manne, der das Leben in seiner ganzen Härte durchschaut hat und sich von niemandem mehr etwas vormachen ließ.

Mir war zwar nicht klar, warum die Welt ausgerechnet diesen Wunsch hatte – ich konnte mir eine Menge besserer vorstellen –, aber wenn's nun einmal so war, und wenn's schon die alten Römer meinten, mir sollte es recht sein.

So tat ich denn recht großzügig, ja überlegen zu meinem Vetter, als ich ihm meinen Plan vortrug.

Aber er zog ein zweifelndes Gesicht, sagte: »Du bist doch schon vierzehn, und in dem Preisausschreiben steht ›für Jugendliche bis zu zwölf Jahren‹.«

»Ach, zwölf oder dreizehn«, sagte ich, »damit nehmen es die Zeitungen nicht so genau. Ich bin auch eben erst vierzehn geworden. Bedenk doch, zehn Mark sind zu gewinnen, zehn Mark für eine Geschichte ›Wenn ich groß bin‹. Jeder soll schreiben, was er werden will. Du mußt mir helfen, Helmut. Du hast im Aufsatz doch immer eine Zwei gehabt.«

Er steckte sich eine Zigarette an. Er war zwei Klassen über mir und stand zuweilen schon mit einem Mädchen an der Straßenecke im Dunkeln, und wenn mehrere dabei waren.

»Was willst du denn werden?« fragte er geschmeichelt. »Ich kann dir ja ein paar Tips geben.«

»Du kriegst eine Mark ab«, sagte ich, »wenn ich gewinne. Schreib Lokomotivführer oder Straßenbahnschaffner. Meinetwegen auch Seemann. Das ist mir gleich.«

»Und wenn ich nicht gewinne?«

»Du? – Ich will gewinnen.«

»Zwei Mark«, sagte er, »und die Idee mußt du liefern.«

»Welche Idee?«

»Na, warum du Seemann oder Lokomotivführer werden willst. Eine Geschichte muß eine Idee haben. Das ist das Wichtigste.«

»Zwei Mark und die Idee«, sagte ich, »das ist mir zuviel, wo ich bloß drei Mark Taschengeld bekomme.«

»Ich denke, fünf?«

»Auf fünf hatte ich eingereicht, aber ich sollte meinem Vater aufschreiben, wofür ich so notwendig fünf Mark brauche, Punkt für Punkt.«

»Und?«

»Ja, meinst du, ich hätte auch nur einen notwendigen Punkt gefunden! Keinen. Schließlich schrieb ich: Zur Bestreitung von allerlei Ausgaben, und um mit Geld umgehen zu lernen.«
»Allerlei Ausgaben?« Mein Vetter schüttelte den Kopf.
»So hat mein Vater auch mit dem Kopf geschüttelt«, sagte ich, »und er hat gesagt, mit Geld umgehen lernen kannst du bei drei Mark viel besser. Außerdem bekommst du doch noch von der Mutter zwei Mark. – Ich glaube, der ist auch nie jung gewesen.«
»Pech«, sagte mein Vetter, »aber unter zwei Mark kann ich es nicht machen. Ich muß jetzt gehen. Hab noch 'ne Verabredung.«
»Ich geh auch«, sagte ich. Ich mochte meiner Tante nicht begegnen. Wir beide standen seit einiger Zeit auf Kriegsfuß.
Am nächsten Tag horchte ich überall bei den Jungens in der Klasse herum, was sie werden wollten. Die meisten wußten es nicht, und die, die es wußten, konnten mir keinen Grund angeben, jedenfalls keinen für eine Geschichte.
Mein Nebenmann, der Paul Wegner, zeichnete gut. In den anderen Fächern war er genauso schlecht wie ich. Wir hatten uns beide auf die letzte Bank gesetzt, weil man da leichter abbohren konnte. Sein ganzes Taschengeld gab er für Süßigkeiten aus, für Sahnebonbons, Liebesknochen und Lakritzen. Andauernd hatte er was zu kauen, auch während des Unterrichts. Dabei erwischte ihn der Klassenlehrer.
»Wegner«, sagte er scharf, »steh auf!«
Wegner stand auf.
»Was hast du im Mund?«
Wegner beugte sich vor, drückte die Hand gegen die Brust und hustete: »Nichts, Herr Studienrat.«
Er hatte jetzt tatsächlich nichts mehr im Mund. Das Stück Lakritze klebte auf der Bank.
»Wehe, wenn du den Mund bewegst«, sagte der Klassenlehrer und kam eiligst auf ihn zu.
Ich legte rasch meine Hand über das Stück Lakritze und brachte es an mich.
»Mach den Mund auf!« sagte der Klassenlehrer.
»Aber, Herr Studienrat.«
»Mund auf!«
»Aber . . .«
»Du sollst ruhig sein und den Mund aufmachen!« befahl der Studienrat.
Voll gekränkter Unschuld sperrte Wegner den Mund auf, als wolle er seinen Lehrer verschlingen.
Der Studienrat versuchte aus allen Richtungen einen möglichst um-

fangreichen Einblick in Wegners Mundhöhlung zu erlangen. Am liebsten wäre er ihm mit dem Finger hineingefahren.
Er fand nichts und sah argwöhnisch zu mir.
Ich sperrte auch den Mund auf wie ein hungriger Vogel, der gefüttert werden will.
»Schweig!« fuhr er mich an, obwohl ich nichts gesagt hatte, und als er abzog, grollte er: »Banausen.«
In der Pause gab ich Paul sein Stück Lakritze zurück. Er sagte: »Du kannst es behalten. Den Dienst vergeß ich dir nicht. Einen Wunsch hast du frei.«
»Paul«, sagte ich, »was willst du eigentlich werden?«
»Maler«, sagte er, ohne zu zögern.
»Und warum willst du Maler werden?«
Er war erstaunt: »Wieso?«
»Du mußt doch einen Grund haben.«
»Weil ich gut zeichnen kann«, sagte er beleidigt.
»Das ist kein Grund.«
»Kein Grund? Hör mal, einen besseren Grund gibt es gar nicht.«
»Paul«, sagte ich, »es muß eine Geschichte sein, ein Erlebnis. Ist dir nicht eine Erleuchtung gekommen wie Paulus?« Mir fiel etwas ein: »Paul ... Paulus. Willst du nicht lieber Missionar werden?«
»Nein, Maler, und eine Erleuchtung ist mir nicht gekommen. Soll ich dir ein Bild malen?«
»Ein Bild nützt mir nichts«, sagte ich. »Ich brauche eine Idee.«

Auf dem Nachhauseweg traf ich meinen Vetter.
»Nun«, fragte er. »Hast du die Idee?«
Ich schüttelte den Kopf. »Drei Mark kriegst du vom Gewinn, wenn du die Idee mitlieferst.«
»Mit den drei Mark bin ich einverstanden«, sagte er, »aber nicht vom Gewinn, und die Idee mußt du besorgen. Wie lange hast du noch Zeit?«
»Bis morgen abend.«
Er spielte den Großmütigen. »Wenn du die Idee heute bringst, zwei Mark, ab morgen drei Mark. Tschüs!«
Wir kamen in die Nähe des Lyzeums, und da mochte er nicht mit Jüngeren gehen. Er steckte sich eine Zigarette an und bemühte sich, möglichst salopp aufzutreten. Eine Schultasche nahm er schon längst nicht mehr mit, ließ die Bücher immer unter der Bank. Die Zigarette war eine Kippe.

Beim Mittagessen sagte meine Mutter zu meinem Vater: »Brüggemanns haben aber auch Pech mit ihrem Heino. Dauernd macht er Dummheiten. Erst neulich die Sache mit dem Geländer und jetzt ...«
»Mit welchem Geländer?« unterbrach sie mein Vater.
»Hab ich dir das nicht erzählt?« sagte meine Mutter. »Beim Treppensteigen hat er alle paar Stufen mit dem Messer in das Geländer gehackt, als wolle er sich daran hochziehen. Das kam heraus, als sich der Briefträger einen Splitter in die Hand riß und feststellte, die Hackstellen hören vor Brüggemanns Wohnung auf.«
»Ein lebhaftes Kind, der Heino, für seine acht Jahre«, sagte mein Vater in Anlehnung an einen Ausspruch der Frau Brüggemann. »Und was hat er nun schon wieder angestellt?«
»Bei Brüggemanns ist doch der Maler«, sagte meine Mutter. »Zu Mittag geht er nach Hause, und die Frau Brüggemann geht einkaufen. Als sie zurückkommt, steht doch der Heino auf der Leiter und hat den ganzen Kachelofen mit blauer Ölfarbe angepinselt. Das hättest du sehen müssen.«
Mein Vater lachte. Mein Vater lacht selten. Und wie er lachte, fiel mir ein, das ist eine Idee. Beinah hätte ich es gar nicht gemerkt.
Gleich nach dem Essen ging ich zu meinem Vetter und erzählte ihm die Geschichte mit dem Ofen und daß ich Maler werden wollte.
»Doll ist die Idee gerade nicht«, sagte er. »Am besten, du malst noch ein Bild dazu, zum Beweis für deine Fähigkeiten.«
»Malen kann ich nicht«, sagte ich. »Zum Malen habe ich keine Begabung.«
»Tu, was du willst«, sagte mein Vetter, »aber ein Bild ist besser.«
Da kam mir ein Gedanke.
»Schreib nur den Aufsatz. Das Bild kriegst du schon. Wann kann ich ihn abholen?«
»Heute abend«, sagte er. »Vergiß das Geld nicht.«

Ich ging zu Paul. Paul hatte sich fein angezogen. Er war ausgehfertig.
»Paul«, sagte ich, »du mußt mir ein Bild malen.«
»Aber nicht heute«, sagte er.
»Jetzt gleich«, sagte ich.
»Ausgeschlossen. Wir haben Besuch. Mein Onkel ist gekommen. Zu dem will ich in den Ferien. Voriges Jahr war ich auch schon da. Mensch, das war prima. Da sagt dir keiner was. Den ganzen Tag kannst du dich herumtreiben. Der hat 'n Wald und 'n Teich und 'n ...«
»Paul«, sagte ich, »du mußt das Bild heute malen.«
»Aber begreif doch, heute geht es nicht! Heute geh ich mit meinem Onkel ins Café Schwermer, Torte essen.«

»Was hast du mir versprochen?« sagte ich.
Das mochte er nicht hören. »Denke ja nicht, ein Bild ist so einfach zu zeichnen. Was soll es denn sein?«
»Ein Junge«, sagte ich, »der steht auf einer Malerleiter, so einer aufklappbaren Leiter, die zu beiden Seiten Sprossen hat. In der Hand hält er einen Pinsel und streicht einen Ofen an.«
»Einen Ofen? Bei dir piept's wohl.«
»Male einen Ofen, das ist schon richtig. Du bekommst auch fünfzig Pfennige, aber dann ist das Bild ganz mein.«
»Von mir aus«, sagte er, »kannst du es auf 'ne Ausstellung schicken. Morgen abend sollst du es haben. Vergiß die fünfzig Pfennige nicht.«
»Nein«, sagte ich.
Wie geldgierig die doch alle waren.
Taschengeld hatte ich noch zwanzig Pfennige. Aber selbst wenn ich zwei Mark gehabt hätte, hätte ich sie nicht hergegeben. Das Risiko war mir viel zu groß.
Ich wartete bis zum nächsten Nachmittag. Gerade als ich weg wollte, sagte meine Mutter: »Wo gehst du hin?«
»Zum Helmut.«
»Das ist gut«, sagte sie. »Bestell der Heta, ich lasse sie für Sonntag in acht Tagen zum Kaffee bitten.« Meine Tante hieß Hedwig. Wir nannten sie Heta.
»Kannst du das nicht selber machen?« maulte ich.
»Nein«, sagte sie,« das machst du. Hast du dich denn noch immer nicht mit ihr ausgesöhnt?«
»Wenn sie keinen Spaß versteht.«
»Nennst du das Spaß?« sagte sie.
»Und nennst du Spaß«, sagte ich, »daß sie sich von mir die Schuhe putzen läßt, bloß weil ich bei ihr wohnen durfte, als ihr verreist wart?«
»Aber deswegen brauchst du doch nicht gleich die Schuhsohlen mit einzuschmieren«, sagte meine Mutter. »Die ganze Wohnung war voller Flecke. Und dann läßt du sie noch jeden anschuldigen, er sei es gewesen. Nein, so etwas macht man nicht mit seiner Tante. Und deine Tante ist eine sehr nette Frau.«
»Bloß eingebildet ist sie«, sagte ich.
»Wer hat dir das erzählt?«
»Du, du hast doch neulich behauptet, sie scheue sich nicht, am Preisschild zu radieren und aus zwölf Mark achtzehn zu machen, weil sie ja immer den teuersten Kleiderstoff haben will. Und ihr Helmut erst! So einen klugen Jungen hat es noch nicht gegeben. Nur da sei ein Lehrer ...«
»Schluß jetzt«, sagte meine Mutter ärgerlich. »Du gehst und richtest die Einladung aus!«

Weiter zu widersprechen hatte keinen Zweck, und ich zog ab.
Mein Vetter hauste in einer Dachkammer über der Wohnung meiner Tante. Ich traf ihn bei der Arbeit.
»Hast du die Geschichte?« fragte ich ihn.
Er zog eine Schublade auf: »Hast du das Geld?«
»Erst die Geschichte.«
»Erst das Geld!«
»Nachher taugt sie nichts.«
»Ich lese sie dir vor«, sagte er und stellte sich ans Fenster. Er räusperte sich: »Es war einmal ein kleiner Junge ...«
Zwei Seiten hatte er geschrieben und die Geschichte von dem Jungen wirkungsvoll herausgebracht, der aus lauter Liebe zum Malen sogar den Ofen anpinselte und dafür von seiner Mutter verhauen wurde. Die Geschichte endete mit dem Satz: Und der Junge bin ich. Aber wenn ich groß bin, will ich Maler werden. Und wenn ich den Preis bekomme, werde ich mir einen Zeichenblock und einen Malkasten kaufen.
Mein Vetter drehte sich um. »Und jetzt das Geld!«
»Hab ich nicht.«
»Du hast kein Geld?«
»Nein.«
Er faltete die Bogen zusammen: »Ohne Geld keine Geschichte. Was denkst du, wie lange ich daran gesessen habe? Den ganzen Abend.«
»Ach, das machst du doch nebenbei.«
»Nichts nebenbei.«
»Sieh mal, Helmut«, sagte ich, »ich will dir das Geld ja geben. Aber woher soll ich es nehmen? Willst du mich zum Stehlen verleiten?«
»Wer spricht vom Stehlen?«
»Ja, anders kann ich's nicht beschaffen.«
»Du bist mir ja der Richtige«, schimpfte er. »Hau bloß ab!«
»Wie du willst«, sagte ich. »Aber das ist dir doch klar, wenn du mir die Geschichte gibst, hast du wenigstens die Aussicht auf zwei Mark, meinetwegen auch auf drei Mark. So hast du gar nichts.«
»Nie wieder laß ich mich mit dir ein«, sagte er. »Kann kommen, was will. Nimm schon, sonst tut es mir noch leid. – Also drei Mark.«
»Abgemacht«, sagte ich. »Bestell deiner Mutter, sie ist übernächsten Sonntag bei uns zum Kaffee eingeladen. Ich hab's leider sehr eilig.«
Ich lief zu Paul. Mit ihm wurde ich leichter fertig. Ihm schuldete ich auch nur fünfzig Pfennige. Allzuviel Mühe hatte er sich mit dem Bild nicht gegeben. Aber er sagte, ein Zwölfjähriger zeichnet nicht besser. Dabei hatte er vorher gar nichts von meinem Plan gewußt.
Ich konnte die Geschichte noch rasch abschreiben und steckte sie kurz vor Einsendeschluß in den Briefkasten.

Ohne Geld . . .

. . . keine Geschichte, sagte Vetter Helmut. Ohne Geschichte aber keinen Preis im Preisausschreiben. Ohne Preis wiederum kein Geld, und ohne Geld keine Geschichte. So lernt man beizeiten die bitterste Regel des Geldkreislaufs kennen: Ohne Geld läuft man immer nur im Kreis.

Am Sonnabend der folgenden Woche kam das Ergebnis heraus. Ich hatte den ersten Preis gewonnen.
Die Geschichte stand da in der Jugendbeilage mit meinem vollen Namen. Zum Glück ohne das Alter. Das Bild, das Paul gemalt hatte, war verkleinert wiedergegeben.
Die Zeitung schrieb: ein Talent, das man fördern müsse, ein kleines Genie.
Aufgeblasen stolzierte ich in die Küche zu meiner Mutter: »Da, zehn Mark habe ich gewonnen.«
Die Mutter las. Als sie zu der Stelle mit dem Ofen kam, lachte sie verständnisinnig.
»Junge«, sagte sie ganz gerührt, »das hast du geschrieben, und das hast du gemalt?«
Ich schwieg.
»Dann gratuliere ich«, sagte die Mutter und zog mich an sich: »Vielleicht bist du tatsächlich ein Genie?«
»Ach, weißt du«, sagte ich, »das ist alles nur eine Sache der Organisation.«
»Das versteh ich nicht. Himmel, der Kuchen!«
Sie lief zum Herd und öffnete eine Klappe, aus der es schwach brenzlig roch.
Ich verschwand. Mir war gar nicht wohl wegen der Rührung meiner Mutter. Die Kinderzeitung nahm ich mit, mußte sie aber herausgeben, als mein Vater kam.
»Ehem, Maler willst du werden«, sagte er. »Na, das wollen wir uns noch überlegen.«
Aber er gratulierte mir ebenfalls. –
Kurz vor Ladenschluß schickte mich meine Mutter noch zum Bäcker.
Auf der Treppe traf ich den Heino mit seiner Mutter. Das lebhafte Kind war ganz artig.
Ich grüßte höflich und drückte mich an ihnen vorbei, als hätte ich dem Heino etwas aus dem Leben gestohlen.
Sie grüßten freundlich wieder. Anscheinend hatten sie die Zeitung noch nicht gelesen.
Der Bäckerladen lag unserem Hause schräg gegenüber. Ein Mann war drin und eine junge Frau mit einem Kind.
»Herzlichen Glückwunsch«, sagte die Bäckersfrau und reichte mir die Hand über den Glasaufbau des Ladentisches.
»Wofür?« sagte ich.
»Zu deinem Erfolg. Deine Mutter hat es mir erzählt.«
»Danke«, sagte ich.
Der Mann und die junge Frau musterten mich neugierig. »Er hat in

der Zeitung geschrieben«, klärte die Bäckersfrau sie auf. »Ein kleines Genie.«

Ich senkte den Kopf, nahm das Wechselgeld und das Brot. »Hier«, die Bäckersfrau gab mir einen Kuchen, »einen Amerikaner, den schenk ich dir.«

Sie war sonst furchtbar geizig. Jetzt wollte sie sich nur vor der Kundschaft aufspielen.

Als ich hinausging, sagte die junge Frau zu dem Kind: »Sieh ihn dir nur an. Das kannst du auch werden. Aber nimm den Finger aus dem Mund!«

Und der Mann fragte: »Wer ist das eigentlich?«

In unserer Wohnung hörte ich schon die Stimmen meines Vetters und meiner Mutter.

»Bestell der Heta«, sagte meine Mutter, »ich rechne bestimmt auf ihr Kommen.«

»Ich will's tun«, sagte mein Vetter.

»Wo der Kuchen schon fertig ist«, sagte meine Mutter. »Fräulein Sybel wird auch da sein.« – Sie sah mich in der Tür. »Und ihm kannst du gratulieren.« Ihre Stimme schwoll an vor Stolz, als hätte sie die Geschichte selber geschrieben. »Er hat heute den ersten Preis in der Zeitung gewonnen.«

»Dann gratuliere ich auch«, sagte mein Vetter. »Ja, das freut mich aufrichtig.«

»Laß deinen Vetter doch die Geschichte lesen«, sagte meine Mutter, »die interessiert ihn sicher.«

»Und ob die mich interessiert!« sagte mein Vetter.

»Ich weiß gar nicht, wo ich sie habe«, sagte ich.

»Ein Bild hat er auch gemalt«, sagte meine Mutter.

»Ein Bild?«

»Ja, er will Maler werden. Nun hol schon die Zeitung!«

Ich zog zögernd das Blatt aus der Brusttasche, und er las angestrengt.

»Das ist ja eine ausgezeichnete Geschichte«, sagte er und gab sie mir zurück. »Sehr gut.«

»Nun übertreib nicht«, wehrte ich ab.

»Nein, wirklich, die ist ausgezeichnet.«

»Halb so schlimm.«

»Nein, darauf laß ich nichts kommen.«

»Nicht wahr?« Meine Mutter nickte. »Also, ich erwarte die Heta.«

Als mein Vetter fort war, sagte sie: »Sie wollte bloß noch mal eingeladen werden. Du hast es doch richtig ausgerichtet?«

»Ja«, sagte ich. –

Die Heta kam. Es kam auch die Freundin meiner Mutter, die Sybel

hieß, und sie taten zueinander sehr freundlich. Der Kuchen war abgekratzt. Man sah kein bißchen mehr von dem Angebrannten. Die schlechten Stücke hatten wir schon zum Frühstück gehabt.
Eine Schüssel Schlagsahne stand auf dem Tisch, von der jeder sich nehmen konnte.
Mein Vater hielt wenig vom Kaffeeklatsch und hatte schon eine wichtige Arbeit angedeutet.
»Hast du gehört«, sagte die Mutter zur Tante, kaum daß sie saß, »er hat den ersten Preis bekommen. Er hat eine Geschichte geschrieben.«
»So, so – eine Geschichte«, sagte die Tante. »Dann gratuliere ich.« Sie lächelte dabei so zweideutig, daß mir rein angst wurde.
»Eine richtige Geschichte?« fragte das Fräulein Sybel.
»Ja, gestern hat sie in der Zeitung gestanden.«
»Er kann, wenn er will.« Mein Vater drohte mir lächelnd mit dem Finger. »Komm mir in Zukunft nur nicht wieder mit Redensarten wie ›dazu habe ich keine Begabung‹.«
»Eine Zeitungsgeschichte hat er also geschrieben«, sagte die Tante gedehnt und klopfte den Löffel mit der Schlagsahne am Tellerrand ab.
Die Mutter hielt mir die Schale mit Kuchen hin.
»Danke«, sagte ich.
»Du magst nicht?«
»Nein.«
»Willst du lieber Apfelkuchen?«
Ich wollte gar nichts. Ich wollte hier weg. Aber ich nahm den Apfelkuchen, um nicht aufzufallen.
Die Tante trank einen Schluck Kaffee.
»In welcher Zeitung ist deine Geschichte denn erschienen?« fragte sie mit einem Ton, als könne es sich nur um das hinterste Provinzblättchen handeln.
Dennoch fiel mir ein Stein vom Herzen, und ich vertiefte mich in den Apfelkuchen.
»In der ›Allgemeinen‹«, sagte die Mutter. »Was denkst du?«
»Jung, gib der Tante das Blatt«, sagte mein Vater, »damit sie es auch sieht.«
Ich konnte mich nicht weigern.
Die Tante hatte noch Zeit zu sagen, daß sie das Tageblatt hielte, welches viel fortschrittlicher sei und viel weiter verbreitet, dann setzte sie ihr Pincenez auf und las. Fräulein Sybel wollte das Blatt auch haben, aber meine Tante las gewissenhaft. Als sie es ihr reichte, sagte sie: »Das mit dem Ofen glaube ich, das erinnert mich so an meine Schuhe.«
»Das ist eine Geschichte«, sagte meine Mutter, »das hat er nicht gemacht.«

»Was die Zeitungen heutzutage nicht alles nehmen.« Die Tante schüttelte den Kopf.
»Immerhin, der erste Preis«, sagte meine Mutter.
»Bei so was weiß man nie, wieviel Einsendungen eingehen«, sagte die Tante.
»Willst du damit andeuten, die Geschichte ist schlecht?« fragte meine Mutter spitz.
»Ach, Hanna« – meine Tante spielte die Bescheidene – »ob sie mir gefällt oder nicht, das ist doch völlig unwichtig. Ich werde doch meinem Helmut sagen, er soll sich auch einmal an die Zeitung wenden.«
»Das Bild jedenfalls ist sehr schön«, sagte Fräulein Sybel. Sie war schon ein ältliches Fräulein, hatte ein verbindliches Wesen und mochte es mit niemandem verderben. »Hast du noch mehr gemalt? Aber sicher hast du noch mehr gemalt.«
»Zeig mal, was du gemalt hast!« sagte die Tante.
Ich hatte nichts gemalt. Ich merkte, wie ich rot wurde, und biß ein besonders großes Stück Kuchen ab.
»Wenn das wahr ist«, sagte das Fräulein Sybel wie erschüttert unter dem Eindruck der Geschichte, »ein kleines Genie.«
»Zeig doch mal, was du gemalt hast!« sagte die Tante wieder.
Sonst hatten die Frauen alles mögliche zu beklatschen. Aber jetzt hackten sie nur auf mir herum.
»Das meiste habe ich im Kopf«, sagte ich, »in der Vorstellung.«
»Und das andere?«
»Das andere?« – Ich hätte ihr eine Handvoll Pfeffer in den Kaffee werfen mögen. – »Das habe ich in der Schule. Wir müssen alle Zeichnungen abgeben. Die werden gesammelt und in eine Mappe getan. Die Mappe bekommt man erst wieder, wenn man die Schule verläßt. Vorher nicht. Vorher ist das verboten. Kein Blatt darf man mitnehmen.«
Es war gut, daß ich von der Schule angefangen hatte, denn hier wußte die Tante etwas von einem Lehrer, einem üblen Menschen. Daß es der war, der ihren Helmut nicht leiden konnte, war reiner Zufall. Der lebte doch in Scheidung. Und nun hatte er eine – na, wie sollte sie sagen – eine Liaison.
»Ach«, sagte das Fräulein Sybel atemlos. »Das ist ja interessant.«
Meine Mutter hüstelte.
Sie hüstelte meinetwegen, und die Tante sah das ein. Sie waren im Grunde alle froh, als ich aufstand und die gastliche Tafelrunde verließ. Ich hörte noch das Fräulein Sybel sagen: »Ein stiller Junge.« Und die Tante: »Ja, ja, stille Wasser sind tief.« Dann zogen sie wieder über den Lehrer her und erzählten, was wir nicht wissen sollten, und was die halbe Schule längst wußte.

Am Abend, als der Besuch fort war, sagte die Mutter zu meinem Vater: »Hast du gemerkt, wie neidisch die Heta war? Ich möchte wirklich einmal lesen, was ihr Helmut geschrieben hat. Wird 'n schöner Unsinn sein.«
»Daß der Junge malt«, sagte der Vater, »hättest du mir ruhig sagen können. Das ist mir neu.«
»Mir auch«, sagte meine Mutter. »Ich wollte nur die Heta nichts merken lassen. Die hat so ein schräges Mundwerk.«
»Richtig finde ich es ja nicht, daß der Junge seine Bilder in der Schule lassen muß«, sagte mein Vater. »Es ist doch unser Geld. Ist das auch wahr?« fragte er mich.
Ich tat, als hätte ich nicht hingehört: »Ich fühle mich gar nicht wohl«, sagte ich gehoben.
»Über Nacht wird das schon vergehen«, sagte er. »Oder« – ihm kam ein Verdacht – »schreibt ihr morgen eine Arbeit?«
»Nein.« Ich war entrüstet.
»Freundchen«, sagte er voll Zweifel.
Das war nun das einzige wahre Wort, das ich gesagt hatte, und das glaubte er mir nicht.
»Er hat schon wenig zum Kaffee gegessen«, unterstützte mich meine Mutter. »Wegen der Bilder solltest du mit dem Lehrer reden. Vielleicht ...« Sie sprach nicht weiter; aber ich merkte, sie hatte hochfliegende Pläne mit mir. Das Genie war ihr in den Kopf gestiegen.
»Meinst du?« sagte der Vater.
»Jedenfalls will ich mir später keine Vorwürfe machen lassen. Zumindest mußt du Einsicht in die Zeichenmappe nehmen.«
»Ich will's mir überlegen.« Mein Vater war nicht sehr begeistert. »Im nächsten Monat habe ich einen Tag frei.«
»Soviel Theater um den Preis ist mir gar nicht recht«, sagte ich.
»Junge«, sagte die Mutter«, jetzt kann man endlich einmal auf dich stolz sein, und jetzt willst du es nicht haben.« Und der Vater sagte: »Merk dir, man soll sein Licht nie unter den Scheffel stellen.«
»Tu ich ja gar nicht«, sagte ich.

Am anderen Morgen war ich krank. Ich fürchtete die Glückwünsche in der Schule.
»Blaß siehst du aber nicht aus«, sagte der Vater.
»Ich werde ihm Tee kochen«, sagte die Mutter.
»Ja«, sagte der Vater, »und nimm noch die Decke von meinem Bett. Schwitzen ist immer gesund.«
Er ging.
Mittags kam Paul.

»Was ist denn mit dir los?« fragte er und sah auf das Bett und die Teekanne. »Bist du krank?«
»Woher«, sagte ich. »Tu mir einen Gefallen und trink eine Tasse Tee.« Er roch an der Kanne. »Nee«, sagte er, »riecht nach Kamillen.«
»Is auch«, sagte ich. »Was sagt man in der Schule?«
»Was soll man schon sagen? Meinst du wegen des Preisausschreibens? Da bekomme ich noch fünfzig Pfennige.«
»Sollst du haben«, sagte ich, »aber ich habe das Geld noch gar nicht. Das muß ich mir persönlich abholen.«
»Mensch«, sagte er, »der Märchenonkel läßt sich noch mit dir photographieren, und dann können wir nächsten Sonnabend dein Bild in der Zeitung bewundern!«
»Paul«, sagte ich, »du hast mich hereingerissen. Du mußt mir helfen.«
»Wieso habe ich dich hereingerissen?«
»Du hast das Bild gemalt.«
»Und du hast gesagt, es ist schlecht.«
»Aber mein Vater«, sagte ich und klärte ihn auf, was mein Vater wollte. »Wenn der meine Zeichnungen sieht, der schlägt die Hände über dem Kopf zusammen.«
»Du hättest eben in der Zeichenstunde nicht soviel Blödsinn machen sollen«, sagte er.
»Ach, zum Zeichnen muß man . . .« Ich brachte den Satz nicht zu Ende. Die Ausrede mit der Begabung konnte ich auch nicht mehr brauchen. »Meinst du, man kann das lernen? Wenn ich zu Hause ein paar Bilder vorzeige, geht mein Vater nicht in die Schule. Dann bin ich gerettet. Du mußt es mir beibringen, Paul, jeden Tag will ich zeichnen. Sag ja.«
»So viel kann ich nicht«, sagte er.
»Du kannst schon, du kriegst . . .«
»Ich kann wirklich nicht.«
»Du kriegst fünf Mark.«
»Ist das dein Ernst?«
»Mein voller Ernst.«
»Aber vorher«, sagte er.
»Sssst!« Ich fuhr mit der Hand zum Mund.
Meine Mutter kam.
»Das Fenster muß aber geschlossen bleiben!« rief sie schon von der Tür. »Und du deckst dich zu! Hat er dir schon erzählt?« fragte sie Paul.
»Ja!« rief ich. »Alles habe ich erzählt, alles! Nun fang bloß nicht wieder mit dem Genie an. Ich bin kein Genie! Ich will auch keins werden! Ich will nicht!«
Oh, dieses verdammte Preisausschreiben. Es saß mir wie ein Alp im

Nacken. Hätte der Heino nur nicht den Ofen bemalt, und mein Vetter und der Paul, die waren schuld, daß ich hier lag und schwitzte und diesen scheußlichen Kamillentee trinken mußte. Und jetzt sollte ich noch Maler werden!
Was hatte ich nun von dem Gewinn? Drei Mark bekam mein Vetter. Fünf Mark fünfzig der Paul. Der Rest reichte nicht einmal für Malzeug aus. Es war zum Verrücktwerden. »Nie, nie wieder«, schwor ich mir.

Paul ist bald darauf gegangen. In der Schule hat man gar nichts gesagt. Die Hälfte der Klasse waren Fahrschüler, und die anderen lasen kaum die Kinderbeilage.
Das Geld bekam ich durch die Post geschickt.
Paul hat sich viel Mühe mit mir gegeben. Das erste Bild, das ich meinen Eltern zeigte, stammte aber doch von ihm. Wenn ich alles so viel wie Zeichnen gemacht hätte, ich wäre ein guter Schüler geworden. Ich habe auch eine Menge gelernt.
Dann habe ich meine Begabung langsam einschlafen lassen. Meinem Vater war es nur recht, denn er hielt nichts von brotlosen Künsten. Ehe ich aber meine Mutter davon überzeugt hatte, war Weihnachten gekommen, und da war das einzige, was sie mir geschenkt hat, ein Malkasten, Pinsel, Palette und all so'n Kram.
Sie hätte eben zu gerne ein Genie in der Familie gehabt.

HEINZ PANKA

Das Zeugnis

Innem Stubche is es schubbrig,
und das Lampche blakt ganz schön,
und de Schwabchens annem Ofen
inne Ritz spazieren jehn.
Und de Gnädge, aufgeplustert
mits Jabotche, weiß wie Schnee,
blickt zum Ärpel, was ihr Mann is,
wie zum Gottche inne Höh.
Auch der Jung huckt anne Tafel,
stochert im Kartoffelbrei,
bis auf einmal sagt der Vater,
was denn mittem Zeugnis sei,
was der Meiranstrampel hädd

heute früh nach Haus gebracht,
und was er beinah hädd verschwitzt schon,
wenn er jetzt nich nachgedacht.
»Schön is anders«, meint sein Frauche,
»eß man erst dis Suppche aus,
und denn hol es dir man selber
freundlichst auße Schublad raus.«
Und der kleine Luntruß wird nu im Jesicht
ganz furchtbar blaß,
und der Vater brummt:
»Na wart man, nach dem Essen setzt es was.«
Und denn holt er außem Schubfach
sich dis Zeugnis wütend raus
und brüllt los, so wie e Bullbaß,
daß ihm forts de Luft geht aus:
»Du, kalfatriger Lachodder,
du, infamer Faulpelz, du,
deinetwegen, alter Schmierfink,
find ich noch im Grab nich Ruh!
Ungenügend im Betragen,
innem Fleiß demselben Dreck,
und im Deutsch der reinste Esel,
im Französisch nich vom Fleck?
Grins auch noch, du alter Speilzahn,
hädd *ich* so was mir erlaubt,
hädd mein Vater mit de Hundsbud
gegen de Hessen mir gehaut!
Wärst du dammlig, krätscher Lümmel,
hätt es mich je nich tangiert,
doch im Fleiß bloß ungenügend,
dafür gibt's was aufgeschmiert!«
Und er faßt ihm beim Kreppschull nu,
treckt ihm hin, da, wo der Stock,
da faßt ihn wie angeschossen
seine Alte annem Rock:
»Mann«, sagt sie, »halt bloß de Blubber,
laß dem Jung, blamier dich nich,
du hast dich im Spind vergriffen,
denn dis Zeignis is von dich!«

FRIEDRICH ERICH PETUKAT

Mein erstes Gedicht

Ich war eine ostpreußische Marjell von elf Jahren, als ich beschloß, Dichterin zu werden.
Schuld daran war eigentlich Onkel Ulrich aus Königsberg, von dem es in der Familie hieß, er sei ein verkannter Dichter. Einmal widerfuhr mir die Ehre, daß mir der Onkel beim Nachmittagskaffee eine Lesung aus seinen Werken in Aussicht stellte. Meine Tante bemerkte darauf ein wenig spitz, er solle nicht gleich drohend werden, und die Familie räumte fluchtartig das Feld.
Onkel Ulrich blickte den Seinen mit leicht hochgezogenen Augenbrauen nach, holte eine hellgrüne Mappe aus dem Schreibtisch, setzte sich umständlich zurecht und begann zu lesen. Er hat wohl kaum je ein aufmerksameres Publikum gehabt als mich, die ich atemlos auf meinem Stuhl saß und seinen Versen lauschte. Seine Gedichte waren lang, sehr lang. Aber das störte mich nicht. Sie reimten sich und ihr Sinn blieb mir dunkel, und beides bewunderte ich sehr.
Seit diesem Nachmittag stand mein Entschluß fest; auch ich mußte dichten. Von meinem Taschengeld kaufte ich mir zunächst ein Schulheft mit hellgrünem Deckel, das die Erzeugnisse meiner Muse aufnehmen sollte, und verbrachte viele Wochen mit der Suche nach einem geeigneten Stoff.
Endlich, in den Weihnachtsferien, war es dann soweit. Ich war bei Verwandten in einem kleinen Dorf im Kreis Preußisch Holland, nicht weit von der alten Hansestadt Elbing. Eines Nachts hatte es geschneit, und am nächsten Morgen lag die weite Niederung da wie mit Puderzucker bestreut. Die andern Kinder zogen fröhlich mit ihren Schlitten los – ich sah ihnen etwas wehmütig nach. Aber schließlich hatte ich ja eine Aufgabe. Mein Blick ging über die Pappelreihe am Fluß hinüber zu einem sanften Hang am Horizont, an dem man die kleine Kapelle gerade noch erkennen konnte. Sie trug eine dicke Pudelmütze aus Schnee. Das war es, was ich so lange gesucht hatte. Dieser Kapelle sollten meine ersten Verse geweiht sein.

So zog ich denn an diesem Wintermorgen los, um das Dichten anzufangen. Ausgerüstet war ich mit dem bewußten grünen Heft, einem gut gespitzten Bleistift und einem Küchenschemel. Und vermummt war ich bis über die Ohren, denn es war bitter kalt draußen. Aber ins Freie mußte ich – nur dort, Aug' in Auge mit dem erhabenen Gegenstand meiner Dichtkunst, konnten die guten Gedanken kommen!
An der Scheunenwand hinter dem Hof meines Onkels fand ich einen einigermaßen geschützten Platz.

Ich stellte den Küchenschemel in den Schnee, setzte mich darauf, legte das aufgeschlagene Heft auf meine Knie, zückte den Bleistift, richtete meine Blicke starr auf die verschneite ostpreußische Landschaft und wartete.

Es kam nichts.

Das war eine bittere Enttäuschung. Ich hatte mir das Dichten so vorgestellt, daß man eben Zeit und Ort und Gegenstand richtig wählen müßte – die Verse mußten dann von selber kommen.

So wartete ich weiter.

Nichts.

Als ich anfing zu frieren, beschloß ich, meiner Muse doch etwas nachzuhelfen, und dachte nach. Es fiel mir zwar einiges ein, aber schon am Anfang stieß ich auf Schwierigkeiten.

Die erste Zeile:

»Droben auf dem Berg, da steht die Kapelle«

klang zwar schon nach einem richtigen Gedicht, brachte mich aber nicht weiter, denn nun fehlte der Reim dazu. Kapelle ... schnelle ... nein, das ging nicht. Pelle ... unmöglich. Die Sonne strahlt so helle ... das stimmte nicht.

Ich begann also von neuem:

»Die Kapelle droben auf dem Berg«

Nicht schlecht, fand ich. Nur: was reimt sich auf Berg? Oh, wie schwer ist das Dichten! Meine Füße wurden immer kälter. Dazu hatte es wieder angefangen zu schneien, ein Windstoß kam um die Scheunenecke und riß mir die Kapuze vom Kopf. Aber siehe, dieser unfreundliche Windstoß beschwingte meine flügellahme Muse:

»Die Kapelle auf dem Berg da droben«,

(Na, Berg war wohl ein bißchen übertrieben, hier in der Elbinger Niederung, aber es paßte doch so schön.)

»da, wo die Stürme toben ...«

Gut! Gut! Nun mußte der Winter mit hinein.

»Sie liegt im weißen Schnee,
die Hände tun mir weh.«

Das mit den Händen paßte zwar nicht unmittelbar zum Thema, aber es stimmte, und außerdem konnte ich den Reim gut gebrauchen.

Ich dichtete weiter:

»Ein Rehlein geht durch den Wald,
ihm ist so bitter kalt.«

Rührung stieg in mir auf. Ach, wie sehr konnte ich dem Rehlein die bittere Kälte nachfühlen! Aber zum Glück gab es ja so etwas wie dichterische Freiheit, und so ließ ich das Rehlein schnell in der Kapelle Schutz finden:

»Da drinnen ist es warm.
Vergessen ist der Harm.«

Dieser versöhnliche Schluß mit dem ganz besonders schönen Wort ›Harm‹ gefiel mir selbst über die Maßen. Das Rehlein war geborgen.
Mein erstes Gedicht hatte somit einen Sinn bekommen, und Reim paßte auf Reim – kurz gesagt: ich war mit meinem Werk zufrieden, verließ die Stätte meiner dichterischen Tätigkeit und machte mich mit Küchenschemel, grünem Heft und Bleistift auf den Heimweg. Durchgefroren zwar, aber erfüllt von stolzen und erhabenen Gefühlen.
Mein Onkel Otto, der gerade aus dem Kuhstall kam, meinte: »Was hast gemacht, Marjell, gedichtet? Na, wenn du das so fein kannst – im Schweinestall ist ein Trog, der ist nicht mehr ganz heil – am Ende könntst den auch mal dichten?« So war Onkel Otto. Er hatte eben kein Verständnis für die Kunst. So meinte ich damals.
Ob diese ersten Verse mir Lorbeeren eingebracht haben? – Ich muß gestehen: nein. Weder diese noch die späteren, die ihnen gefolgt sind. Ob es daran lag, daß meine Muse sich bei diesem ersten dichterischen Versuch im Schnee erkältet hat? Vielleicht hat sie mir das nie verziehen.
Sicherlich, so wird es gewesen sein.

RUTH MARIA WAGNER

Dat Pölzke

Et wör Winter un dichtich koolt. De Eerd wör hart jefroare, un oppe Földer leej hoger Schnee. Wenn e Woage längstem Wäch jefoare keem, wör dat Stukere un Klabustere all warweet wie wiet to here, un wenn eener jegange keem, klung de Eerd bie jedem Schrött.
De Mutter stund ant Fönster un kickd noa bute. »Ei kick, wer kömmt denn doa? Een Pungel vorn döm andre hinde. Där jeit joa foorz wie op Droat.«

Öck jing ant Fönster. »Mutter, kennst däm nich? Dat ös doch de Schniederborsch, de Frötzke.«
»Jung, du hast recht! Doa fallt mie wat ön. Loop doch fix rut un roop äm to, he micht döm Meister beställe, dat he bie ons moaßneeme kömmt.«
Öck ruut önt Huus un war fix rön ön miene Schlorre. Joa, wo were fix miene Schlorre? Eener leech hier, dör andre doa. Böt öck se anhad un bute fare Där keem, wör mien Frötzke äwre alle Barj.
»Na, denn mot wie eene Noamöddach räwergoane. Döm Voader sien Pölz feelt nie to beteene. Far die wöll öck uck e Pölzke moake loate. Wenn dennoart noch köller wart, kann öck die nich ön dat pischrije Jackke tum Jebät goane loate.«
»Mutter, öck krie e Pölzke?« reep öck far Freid.
»Joa, du kröchst e Pölzke.«
»Mutter, denn obber möt Siedefuppe.«
»Wat Siedefuppe? So e Krutz bruukt uck all Siedefuppe? Jewännst die denn an, de Händ önne Fuppe to droage. Wat öck dat nich liede kann! Wenn öck see, wie de Junges so ankoame beide Händ böt anne Äll-boages önne Siedefuppe, denn kunn öck ömmer hengoane un se gliek e poar önt Jenöck jäwe. Hast jeseene, wie de Frötzke jing! So motte Junges goane.«
De Mutter wull vun Siedefuppe nuscht wete, un mie jefulle se so sehr. Bie ons oppem Hoff droche de junge Ramundknechts aller dicke Jacke möt Siedefuppe. Und wenn Reinkes Gustoff anne Futterkoamer so breetbenich doastund ön lange Stewel, de Kne dochjedröckt, beide Händ önne Siedefuppe, kunn man denke, de ganze grote Hoff, dat wör siener. Odder, wenn he an Biejels Huseäck stund mank alle Junges de Händ önne Siedefupp un vartälld un av un to so fein dorche Tään spuckd, jefull mie dat, un öck dochd, wenn öck dat doch uck so kunn.
Eene Noamöddach, wie öck ute School keem, jing de Mutter oppe Lucht rop, brochd e poar Fälle run un rolld änne tosamm, jing am Kuffert un neem Tiech ruut un stopd dat önne Zich. Öck kreech döm Pungel mötte Fälle önne Hand, de Mutter neem de Zich undrem Oarm, un wie drewe los biem Schnieder.
Underwäjens hoald wie de Tille ön. »Wo jeit de Reis hen?« frooch de Mutter.
»Biem Schuster. He mot oppem Voader siene Stewels e poar Restersch ropmoake. Wenn dat Wooldfoare losjeit, mot he se anteene.«
»Un öck wöll biem Schnieder. Ons Voader bruukt e Pölz, döm Jung wöll öck uck e Pölzke moake loate.«
»Ei kick, de Augustke, kröcht e Pölzke!«
»Un möt Siedefuppe!« sädd öck wichtich turto.

»Segge Se an, op wat son Schnodder sich besträwt. Möt Siedefuppe, wie fare olem Keerl.«
»Op wat solke Junges alles koame. Jenau wie ons Hermann möt siene Schiemötz.«
»Schiemötz? Wat ös dat fare Mötz?« frooch de Mutter.
»Wo kennd öck e Schiemötz? He mot är doch bie eenem jeseene hebbe. Nu alle Doag leej he mi önne Ore: ›Mutter, keep mie doch e Schiemötz!‹ Öck säd: ›I, öck denk nich dran! Ös diene Mötz nich noch goot?‹ He leet un leet miene keine Fräd. Wie öck nu letztens önne Stadt wör, had öck äm mötjenoame. Doa fung he wedder an: ›Mutter, hiete keep mie doch e Schiemötz.‹ He pranzeld un pranzeld un varsprook mie dat blaue vum Himmel. Wat solld öck moake? Öck jing rön öm Loade un kofd se. Nanu wör Fräd. Wo he jing un stund, had he siene Mötz op. Am leevste wör he möt är oawens ligge jegange.«
»Vleicht krie öck nu doch Siedefuppe«, docht öck, »denn hebb öck zwei Fuppe mehr. Önne underschte beide Fuppe rön kömmt denn öt Messer, öt Spejelke, Schnoor, blanke Saldoatekneep, Hofnäjel un öt Schnopdook. Dat Schrievbooke mötte Bliestöft kömmt önne Brostfupp. De Siedefupp blövt fare Schirbelpiep, dä do öck doa rön, bind är anne Schnoor an un moak är am Knoop fest. Doa hängt se fest un kann nich furt, un wenn se moal nich önne Fupp ös, bammelt se run. Wenn wie denn bie Gribbnersch Schlädke runfoare, un öck mötte Piep e Teken jäwe wöll, bruuk öck nich eerscht lang önne Fupp to seke. Se hängt joa vorne dran.«
De Tille wör all freer avjeboage; denn de Schuster woand gliek vorne önt Därp. De Schnieder woand e Änd wieder. Sien Hoffke leej utjebuut. Et wör e hibscher, klener Hoffke, dat Huus had Strohdack, e klene Schien un ringsrom jing e hoger Brädertuun. Wie wie ant Hoffdoor keme, belld de Hund.
»Mutter, loat mie doch moake möt Siedefuppe!«
De Mutter kickd mie bloß an. De Hund reet wie varöckt anne Kädd un belld, doa jing de Husedär op, un de Fru Meister stook döm Kopp ruut. »Gun Dach, Fru Meister!«
»Ach, de Fru Kämmer! Scheen Dank, scheen Dank!« reep se frintlich. »Sältne Jäst. Koame Se nejer!« moakd de Där noa de Schniederstoaw op un reep rön: »Voader, see war doa kömmt!«
»Trutste Fru Kämmer, wo loate Se sich emoal seene! Mutter, beed doch e Stool an!«
Ön dä klene, läje Schniederstoaw huckde de Schniedersch oppem Dösch ön Hemdsärmel, jeder e Stöck Tiech oppe Kne, bloß de Frötzke stund var so grotet Plättieser.
»Meister, Se koame nich, denn mot öck doch emoal koame.«

»Ach, wo hebb öck Tied, wo kann öck koame. Seene Se, wat doa Oarbeit licht.«
Ringsrom oppe Ragoale leje Rolle Tiech, un anne Wänd, doa honge Jacke un Böckse, Pöls un Mäntel.
»Sinndach ös Hochtied önt Stuttamt, doa hebb wie e poar Räckanziej to moake. Bie ons jeit dat dissem Rux Dach un Nacht, et ös nich to jeroade.«
»Dat ös joa scheen, dat Oarbeit ös. Wo Oarbeit ös, ös uck Vardeenst. Se mäje all e Hupe Jöld hebbe!«
»Ach, Fru Kämmer, e Schnieder un e Hupe Jöld. Mötte Noatel sön keine Riektiemer to ärwärbe. Wat bruuk wie uck mehr, wenn wie to äte un to drinke hebbe. Onse eene Dochter ös goot varfriet, dä ös varsorcht. De Hauptsach, de lewe Gott schenkt ons Jesundheit, dat wie oarbeide könne. Bloß wenn op ander Wetter jeit, mot öck ömmer so hoste un krie so schlecht Loft. Ei, wie jeit et bie änne tohus? Alles jesund?«
Wie de Mutter nu vartälld, schneerd se däm Pungel mötte Felle op un neem ute Zich dat Tiech ruut un säd: »Meister, dit ös farm Voader to Pölz. Sien Moaß ware se joa noch hebbe. Un dat soll hier farem Jung to Pölzke sön.«
»De Augustke soll uck all e Pölzke kriee! Doa mot öck doch gliek seene koame«, sprung vum Schniederdösch run, bepackd un beseech öt Tiech.
»Na, Meister, wie ös öt Tiech?«
»De Stoff ös goot, däm kann man schon wat anbede. To Pölz loont nich, so eerscht wat vun Tiech to neeme, doa mot man schon wat anlegge. Na, denn wöll wie moal döm Augustke moaßneeme. Te moal run de Jack!«
Öck tooch de Jack ut, un de Meister neem sien Metermoaß, wat he ömmer äwer Hals un Brost runnerhänge had, un fung mie an to mäte. Määt mie önne Läng un määt mie önne Breed un säd: »Mien Sään, wat böst du groot. Öck mot mie joa röchtich uträcke. Warscht ganz so groot un stark wie de Voader ware. Feelt joa nich mehr väl, denn häst öt Saldoatemoaß. Sön ön june School noch mehr solke grote Junges? Doa mot de Lehrer joa rein Angst kriee.«
»Wie hebbe e strengem Lehrer, dä spält de Junges goot ön«, säd de Mutter.
»Wie öck önne School jing, had wie een Hörtsjung. Wie de Lehrer däm moal äwersträcke wull, jing he döm Lehrer nich anne Brost! He had äm sien ganzet Hälske runjekreeßt.«
»Na, dat wär wat far ons Lehrer jewäse! Doa solld sich dat moal eener understoane. Toschand schloage micht he däm.«
»Wie war wie denn dat Pölzke moake?« frooch de Meister.

»Man scheen lang un völlich«, säd de Mutter. »De Jung ös so sehr biem Wachse, dat he äm uck öt nächste Joar noch värhöllt.«
»Möt Siedefuppe«, bödd öck tum letzte Moal.
»Nu here Se bloß, döm ganze Wäch licht dä Bengel mie önne Ore möt siene Siedefuppe!« säd de Mutter ärjerlich.
»Obber, Fru Kämmer, wenn de Jung nu all jeern disse Freid hebbe wöll, loate Se äm doch. Moak wie äm e poar klene Siedefuppkes.«
Om vörzeen Doag wör mien Pölzke fertich. De Frötzke brochd et un packd et ut. E feinet Pölzke, un et had Siedefuppe! Fix tooch öck et an. Öck kickd öm Spejel. Herje, wie seech öck ut! Miene Schullersch so breet! De Ärmel so lang un so dick! So kunn öck mie doch nich bewiese! Doa lachde de Junges mie doch ut. Had öck mie so op dat Pölzke möt Siedefuppe jefreit! Nu wie et fertig wör un öck et had, jefull et mie goar nicht mehr. Had mie de Mutter bloß niemoals so Pölzke moake loate!

AUGUST SCHUKAT

Albertchens Wunschzettel am lieben Weihnachtsmann

Lieber Weihnachtsmann! Mit Wünschen
komm ich dir auch dieses Jahr,
weil ich weiß, daß merscht mein Prachern
nich bei dir vergebens war.

Bring mich eine Sittenmappe,
oder bring se, bitte, leer,
und auch einen Fohnegrafen,
einen Helm und Schießgewehr!

Laß dem Kuchen nich geraten,
wo zu Haus die Muttche bäckt,
und wo mir zwar immer prächtig,
aber nach zu wenig schmeckt.

Wenn er nämlich wird ganz klietschig,
is die Eltern er zu schwer,
und denn kriegen wir gewöhnlich
mit das Mädchen desto mehr.

Marzepahn laß runter fallen
von dem Teller Stücker zehn,
daß sie mir zur Weihnachtsfreude
gleich in lauter Kriemels gehn.

Solche Kriemels gibt die Muttche
denn uns Kindern nebenbei,
und du mußt bloß dafür sorgen,
daß es nicht zu wenig sei.

Sonsten wünsch ich mir man wenig,
bin bescheiden, wie du weißt;
sag mir bloß noch, wie das Frauche,
wo dem Fritz gebracht hat, heißt.

Kallweits Katz bring mit dem Zagel
so, geliebter Weihnachtsmann –
zwischen unsre Hausentüre,
daß ich ihm beklemmen kann.

Denn er hat mir oft geärgert,
wenn ich tat ihm Schabernack,
daß ich jetzt ihm rein zum Possen
nur noch lieber zergen mag.

Neulich als ich ihm belapsde
bei die Milch und ihm verhaut,
machd er ›Pchchch‹ und hat mit eins mich
in der Nase reingeklaut.

Kuhnke's Franz laß Masern kriegen,
wenigstens auf eine Woch –
denn denn krie zum Schlittche fahren
ich sein schönes Schlittche doch.

Und noch eins: dem Stock vom Lehrer,
darum bitt ich dich zum Schluß,
schmier mit Zwiebeln ein, so dichtig,
daß er auf mir platzen muß.

Hast du alles dies bedeichselt,
und bist wieder weggehuscht,
lieber Weihnachtsmann, denn Dank schön –
und – denn will ich weiter nuscht!

A. DE RESÉE

Vom guten Essen

und

vielen Trinken

Keenigsberger Klops

Ich hätte einen netten Mops,
der war nich hier aus unsre Gegend;
er fraß nich Keenigsberger Klops,
und ging nich aus, hätt es geregnet.
Er könnt nich dienen, könnt nich springen,
er könnt rein nichts, mein netter Mops;
doch ärgert mir vor allen Dingen:
er fraß nich Keenigsberger Klops!

Ich ließ ihm hungern an drei Wochen,
da sah er wie e Windhund aus;
er hätte nuscht wie Haut und Knochen –
nu wurd es aber mir zu kraus!
Ich ließ ihm wieder Klöpse kochen
er schniffelt dran, mein netter Mops,
und denkt: ich hunger noch drei Wochen,
ich freß nich Keenigsberger Klops!

Na, is das denkbar, dacht ich mir,
daß so e Tier das nich will fressen;
und wir, wir Keenigsberger, wir,
wir kennen gar kein bessres Essen!
Auch Fleck setzt ich ihm vor – er fraß nich –
zu dammlig war mein netter Mops –
er könnt nich sitzen mehr, er saß nich
und fraß nich Keenigsberger Klops!

Nu könnt ich länger mir nich halten:
ich klemmd ihm fest mit meine Knie
und stobbd ihm Klops in alle Falten;
nu missd er schlucken, wie noch nie!
Dem andern Tag, 's ist nicht zu denken –
da war er tot, mein netter Mops –
warraft'gen Gott! Man mir zu kränken,
starb er an Keenigsberger Klops!

ROBERT JOHANNES

Der Kielke plinkt

Es wird gedroschen. Knechte und Mägde haben alle Hände voll zu tun und können nur abwechselnd sich an den im Hof gedeckten Mittagstisch setzen, um sich die dicke Blutsuppe mit Pflaumen und Klößen, Kielkes, schmecken zu lassen. Nun ist auch Johann, der Kutscher, an der Reihe. Er wäscht sich an der Pumpe die Hände, setzt sich an den Tisch und läßt sich von der Bäuerin den Teller füllen, den er im Handumdrehen auslöffelt. »Schmeckd good«, sagt er und läßt den Teller noch einmal vollschöpfen.

Der Himmel mag wissen, wie es einem Frosch, einem behäbigen, dicken Pogg, gelungen ist, in den großen Topf mit der Blutsuppe zu springen. Anscheinend fühlt er sich darin wohl, denn er rührt sich auch nicht, als er nun im großen Schöpflöffel auf Johanns Teller wandert.

Johann beginnt erneut und zufrieden schmatzend und schlürfend einzufahren. Da plötzlich legt er den Löffel hin und starrt mit unsagbar verdutztem Gesichtsausdruck auf den Teller.

»Nanu, Jehann, bist all satt?« fragt die Bäuerin.

»N-n-n-nei«, stottert Johann, »oaberst der eene Kielke, d-d-d-der plinkt mi to.«

GEORG GRENTZ

Als de Hans noch Hoffjung weer – bim Chröstof Kuldschun –, doa hadde se emoal so e grote ole Su geschlacht, dat de Kuldschunsche dem ganze Dag lang am Kätel stoane on Worscht koake mußd. On de Hans huckd am Dösch, on eet on freet, on freet on eet. He wurd root on blau, on de Schwitz rennd em vonne Steern, on dem Dirschas had er al weggeschmäte – denn ok dat letzte Loch weer nu al to eng –, oaver he eet on freet, on freet on eet.

»Hans«, seggt de Grotknecht to em, »Hans, Mönsch, heer op! De Buuk warrt di opplatze!«

»Dat schoat nuscht, wenn de Buuk opplatzt«, seggt Hans, »wenn man dat Hemd noch hölt!«

KARL PLENZAT

Wegen einer Meliorationsplanung war der Kreisbaumeister da. Kudnigs luden ihn zu Mittag ein. Nur auf seinem Platz lag eine Serviette, und noch dazu auf der falschen Seite vom Teller. »Ach, die Serviette ist wohl für ihren Mann?« – »Nee, nee, Herr Baumeister, dat is enne ehre, mien Mann beschlabbert sich nich!«

Ein Bauer besucht seinen Pfarrherrn, der ihm als Leckerbissen ein Stückchen delikaten Käse vorsetzt. Der Bauer läßt es sich schmecken, als ob's grob Brot wäre, und der Pfarrer sieht mit Angst, wie sein Schatz verschwindet.
Pfarrer: »Mein Freund, das ist Schweizerkäse!«
Bauer: »Davor eet öck em ook.«
Pfarrer: »Mein Freund, der Käse kostet zwei Gulden das Pfund!«
Bauer: »Dat öß he ook weert.«
Pfarrer: »Und dies Stückchen ist mein letzter Rest.«
Bauer: »Öck kam uck groads ut.«

Zum alten Sanitätsrat H. in Elbing kam ein Bäuerlein, dem der alte H. zwölf Blutegel verschrieb. Nach zwei Tagen kommt der Bauer wieder und verlangt ein neues Rezept. »Sie können doch unmöglich schon die zwölf Blutegel verbraucht haben«, fragt der Arzt verwundert. – »Doch, Herr Doktor, zehn hew eck so gefräte, dem elwte und twelwte hat mi mine Fru broade mötte, eck zwung se nich mehr so.«

In einem der Lokale, in dem es den berühmten Rinderfleck gab, sitzen, drall und mit roten Backen, zwei richtige ostpreußische Frauen vom Lande, jede mit einem Teller Fleck vor sich. Sie machen sich ihn zurecht mit Majoran und Essig, und die eine nimmt auch, wie das manche lieben, aus dem Topf eine große Portion Mostrich. Worauf die andere ihr den Teller ein wenig zuschiebt und zu ihr sagt: »Du'che, klecker mir doch auch bißche!«

An einem strengen Winterabend kamen zwei Knechte vom Holzfahren zurück. Sie hatten seit Schweinevesper noch nichts gegessen und waren hungrig und durchgefroren.
»Hoffentlich hat die Bauersche noch was Warmes für uns parat gestellt«, sagte der eine.
Richtig, in der Ofenröhre fanden sie einen großen Kochtopf voll Rinderfleck. Sofort fielen beide darüber her und vergaßen dabei ganz den dritten Knecht, der noch nicht heimgekehrt war. Als der Topf fast leer war, erschrak der eine: »Erbarmung, Gustav, da is ja nuscht mehr für den Franz übrig, ei was nu?«
Sie überlegten eine Weile hin und her. Endlich kam dem einen ein Einfall: »Weißt, du'che, ich hab doch noch e alte Lederwest, die zerschneiden wir in kleine Stücke und lassen sie in der übriggebliebenen Brühe kochen. Denn hat er beiwenigstens e bißche was Dickes in der Supp!«

Gesagt, getan. Das mürbe Leder wurde klein geschnitten und in den Topf getan, dann legten sie noch ein paar Holzscheite in den Ofen und gingen schlafen.
Am anderen Morgen fragten sie den dritten Knecht, der ja auch mit einem Bärenhunger nach Hause gekommen war, wie ihm denn das Essen geschmeckt hätte. Ohne mit der Wimper zu zucken erwiderte der gelassen: »Daß e Ochs zäh is, das hab ich all immer jewußt, aber daß er Knöppe anne Kaldaunen hat, das war mir bis jetzt noch nicht bekannt.«

Arfte möt Speck

Witte Arfte, week gekoakt
ook hibsch fettig afgemoakt –
nich to dönn, e bößke schmoltig,
god gewörzt, doch nich to soltig,
Reekerflesch dreivörtel Pund:
ei, dat glow öck, dat's gesund!
Ook so röchtger Schuppenöß
schmeckt nich iebel – dat's gewöß!
Schuppenöß, hibsch dick on ploastrig,
on e Spörgel brun on knoastrig,
opgekläwt e grote Hams –
ei dat schmeckt, so Arftepams!

Graue Arfte, blank beschmirgelt,
graue Arfte, seet on sur,
schmeckt däm Städtsche wie dem Bur.
Öß'r hungrig, afgerackert,
he haut rön, dat alles schlackert.

Ättst du gierig, ohne Moaß,
von dem fette Arftefroaß,
on geihst danze hinderher,
kömmt di leicht wat önne quer.
On bi dienem Ameseere
kann di leicht wo dat passeere.

FRANZ NÉE

In Pillkallen tranken zwei das zehnte Glas Grog und waren infolgedessen beim Philosophieren: »Noaberke, wat kunne wie foare Gild spoare, wenn wie nich supe micht!« – »Un was kunne wie supe, wenn wie denn dat gespoarte Gild hadde!«

Zwei stramme ostpreußische Zecher sitzen beisammen, und sie haben schon mehr als genug. Da erklärt der eine in einem lichten Augenblick, er müsse jetzt Schluß machen, und er macht einen schwachen Versuch, aufzustehen. Darauf ruft der andere aber entrüstet: »Was, nach so viel auf einmal gar nuscht?«

In einem Lazarett in Ostpreußen glaubt der Arzt einen nicht berechtigten Liebhaber für den Alkohol festgestellt zu haben, den er für medizinische Zwecke im Apothekenregal hat. Die Flasche erhält darum ein Etikett: ›Vorsicht! Methylalkohol! Nach Genuß Erblindung!‹ Am nächsten Morgen ist die Flasche wieder etwas erleichtert und hat ein zweites Etikett: ›Ein Auge riskier ich!‹

Ein alter Arbeiter klagt darüber, daß er den Reißmandichtig in Armen und Beinen habe und sich sehr damit quälen müsse. »Petroleum soll dagegen auch gut sein.« Dagegen wehrt sich der alte Arbeiter: »Nee, Herrke, dat hebb ick schon moal probeert, oaber mi stött dat Tüg immer so opp!«

In alten Zeiten war in einem entlegenen Dorf die alte Frau eines Bauern eine arge Säuferin. Als alle Schläge – ihres Mannes und auch des Schulzen – nichts fruchteten, beschlossen Pfarrer, Lehrer und Küster, sie auf seelische Methode zu heilen. Sie ließen einen offenen Sarg in die Kirche schaffen, und als die Alte abends wieder einmal bewußtlos war, trugen sie die ›hilflose‹ Person in die stockfinstere Kirche und legten sie in das bereitstehende hölzerne Bettlein. Darauf versteckten sie sich und machten sich erst, als sie bei der Frau Zeichen des Wachwerdens vernahmen, durch Heulen und Wehklagen bemerkbar. Wie beabsichtigt, dachte die Frau denn auch sogleich, sie sei gestorben. Sie richtete sich im Sarge auf und sagte bittend: »Lidkes ut jennre Welt, hew ju nuscht to supe?«

In dem kleinen Gasthof kannte man keinen ausländischen Käse. Ein Gast fragte nach dem Essen den Lehrling, der bediente, nach Camembert. »Nei, das haben wir nich, wir haben bloß Insterburger Beer.«

Ein Quartalssäufer kam wieder einmal – nach dreimonatiger ›Ruhepause‹ – gegen Morgen nach Hause. Sobald er den Flur seiner Wohnung erreicht hatte, warf er – wie immer in diesem Stadium – seine Mütze in weitem Bogen ins Zimmer, in dem seine Frau die ganze Zeit angezogen, auf dem Sofa sitzend, auf ihn gewartet hatte. Nun rührte er sich nicht eher vom Fleck, als bis seine Frau ihn freundlich willkommen geheißen. Und das geschah so: »'nen Abend, Mützche«, rief sie hocherfreut, »kommt de Voaderke ok all?«

Ein ostpreußischer Gutsbesitzer hatte seinen Neffen, der genauso ein passionierter Jäger war wie er, zu den Semesterferien eingeladen. Schon am ersten Tage gingen die zwei auf die Jagd, und gleich passierte auch ein Unglück. Der junge Mann wurde von einer Kreuzotter gebissen. Man tat, was im Moment das Wichtigste war, man sog die Wunde aus, dann begab man sich im Eilschritt nach Hause.
Hier nun schlug der Alte das Lexikon auf: »Kreuzotterbiß kann tödlich werden«, sagte er, »hier steht, man soll die Wunde reinigen und möglichst viel Alkohol nehmen. Na, wenn es darauf ankommt, das werden wir schon gründlich besorgen!«
Eine Flasche mit einem lang gelagerten Getreidekorn wurde geholt. Die tranken die beiden bis auf den letzten Tropfen leer, dann kam ein guter alter Portwein auf den Tisch, auch dieser wurde alle. Als sie danach noch einen steifen Grog ›für alle Fälle‹ zu sich nahmen, fragte der Neffe, schon leicht beduselt: »Sag mal, Onkel, du trinkst immer so gewissenhaft mit. – *Dich* hat die Otter doch gar nicht gebissen?«
Verschmitzt entgegnete der Gutsbesitzer: »Aber sie hat mich ganz giftig angesehen.«

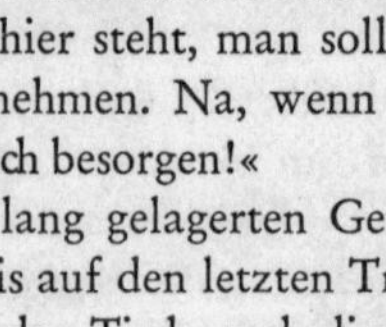

He kennt en Buchels schlecht!

De Lemke licht tom Starwe krank,
he licht all önn de letzte Ziege,
da kömmt de Poap onn moakt em bang,
he wat nich önn e Himmel kriege:
»Nur wenn Sie schnell noch Buße tun,
könn'n selig Sie im Grabe ruh'n.
Versprechen Sie, daß Sie bereuen,
daß Sie so viel gepichelt haben,
so wird der liebe Gott sich freuen,
mit Manna Sie im Himmel laben.
Auch Buchholz, diesen alten Knaben –
der war ja stets Ihr Saufkumpan –,
den nahm der liebe Gott noch an;
hab ins Gewissen ihm gered't,
und als voll Reue er gestorben,
hat er das Himmelreich erworben.«
»So«, sächt de Lemke, »so, de Krät,
de Buchels öß ömm Himmel bönn?
Denn wöll eck all gewöß nicht rönn!
De Buchels, de verföhrt me blos;
wenn eck ook Bätrung nu verspräk,
wenn eck met dem tosamme stäk,
denn geiht et Supe wedder los!«
»Nein«, sächt de Poap, »das glaub ich nicht!
Wenn Buchholz mir das fest verspricht!
Nein, Buchholz ist kein solcher Lümmel,
daß er sogar noch säuft im Himmel;
versprach mir, als er wollt erblassen,
er wollt fortan das Saufen lassen.
Nein, so viel ist mir denn doch klar,
nein, seine Reue, die war echt!«
»Na«, sächt dropp Lemke, »denn, Herr Farr,
denn kenne se en Buchels schlecht!«

WILHELM REICHERMANN

Oktober, in Ostpreußen der Monat des Gesindewechsels und des großen – doch nein, was ans Ende gehört, hat am Anfang nichts zu suchen.

Eigentlich hatte Bauer Pilkun nur mal so ein Schnäpschen ›tom Afjewönne‹ zur Brust nehmen wollen, als er, von der Gemeinderatssitzung kommend, den Dorfkrug betrat. Doch wie es so geht, man trifft ein paar Freunde, aus einem Schnäpschen werden zwei und, ehe man es sich versieht, ein rundes Dutzend. Kurzum, Mitternacht war schon vorüber, als Pilkun wie ein Segelboot bei Gegenwind im Zickzackkurs seinen etwas außerhalb des Dorfes liegenden Hof ansteuerte.

Eine dicke Kopfweide, die sich stur und schmerzhaft ihm in den Weg stellte, wurde mit einer Ansprache geehrt, die vorwiegend aus Kosenamen wie Mistborch, Kujjel, Hundskrät und Saumagen bestand. Und als Pilkun schließlich noch mit der Nase gegen das leider geschlossene Hoftor rammte, daß ihm die lichten Funken vor den Augen tanzten und eine dicke Beule wie ein Bovist nach dem Regen aus der Stirn wuchs, hätte er fast geweint über die Schlechtigkeit der Welt, die seine friedliche Heimkehr zu einem Leidensweg machte.

Einen Durst hatte er, einen Brand, daß ihm schier Mund und Hals zu vertrocknen drohten. Mühsam tappte er ins Haus, zur Küche und dann, immer schön die Wand entlang, zur Speisekammer. Dort standen, das wußte er genau, stets ein paar große tönerne Schüsseln mit saurer Milch. Mit unsicheren Händen fuhrwerkte er durch die Regale, Flaschen und Gläser ertastend, von denen einige sich selbständig machten und, von Flüchen begleitet, auf dem Fußboden zerschellten. Endlich ein fester breiter Rand. Er packte zu, hob die schwere Schüssel an den Mund und begann zu schlucken wie ein durstiges Kalb, gluck-gluck-gluck. Wie das erfrischte und kühlte! Herrlich!

Zufrieden wankte er zum Schlafzimmer, leise, ganz leise, um die Bäuerin nicht zu wecken. Die Jacke, die Schuhe bekam er noch herunter, dann übermannte ihn die Müdigkeit, er fiel ins Bett und zog das dicke Federbett über sich. Und dann begann eine Motorsäge, sich durch einen gewaltigen Eichenstamm zu fressen.

Früh begann der Arbeitstag der Bäuerin. Kaum stahl sich das erste Tageslicht durch die Fenster, als Frau Pilkun sich erhob. Ein Blick zu ihrem beängstigend röhrenden und röchelnden Gemahl – Erbarrrrrrmung! Eine eiskalte Hand griff nach ihrem Herzen. Der Bauer lag da, Gesicht, Hals, das Hemd, alles bedeckt mit geronnenem Blut. Mit wankenden Knien taumelte sie ins Wohnzimmer zum Telephon, um den Arzt zu rufen.

Es dauerte eine ganze Weile, bis dieser aus den Federn fand und schlaftrunken und brummig zum Hörer griff. Doch dann wurde er hellwach, als er die flehende Stimme vernahm: Pilkun . . . Blutsturz . . . er stirbt! Ein paar Minuten nur vergingen, da riß der Arzt bereits das Motorrad aus dem Schuppen und knatterte über die Dorfstraße, während die ersten Hähne sich anschickten, den neuen Tag lauthals zu begrüßen und willkommen zu heißen.

Nun beugte er sich über den schwer und regungslos im Bett liegenden Bauern, zählte seine Pulsschläge, während die Frau, blaß und verzagt dabeistehend, ein stilles Gebet nach dem anderen zum Himmel schickte. Der Arzt richtete sich auf. »Tja, liebe Frau Pilkun, das Herz arbeitet völlig normal und auch sonst – na, also ich würde ganz einfach sagen: besoffen! Wenn nur das Blut, das viele Blut nicht wäre. Und diese Verletzung an der Stirn.« Ein wenig ratlos starrte der Arzt zum Fenster hinaus auf die vom Morgenrot zart überhauchten Felder und überlegte, ob es nicht ratsam wäre, ein Auto kommen zu lassen und den Bauern ins Krankenhaus zu bringen. Wie einer plötzlichen Eingebung folgend war die Bäuerin hinausgegangen und kam jetzt zurück. Auf ihrem Gesicht mischte sich ein glückliches Strahlen mit grenzenloser Verlegenheit. »Trautster Herr Doktor! Es is mir ja so peinlich. Aber in der Küche – in der Speiskammer – auch allens voll Blut. Na und die Schüssel mit dem Gänseblut zum Abkühlen halb leer – ich mein, ich weiß jetzt.« Der Doktor begriff sofort. Er war nicht einmal ärgerlich, denn für den unterbrochenen Morgenschlaf fühlte er sich reichlich entschädigt durch eine neue Stammtischgeschichte, die nicht unter die ärztliche Schweigepflicht fiel. Und den Namen für die Geschichte wußte er auch schon: Der Blutsäufer!

Oktober, die Zeit des großen Gänseschlachtens.

GEORG GRENTZ

Die Hoffmannstropfen

Beim alten Grinda war guter Betrieb – das ganze Jahr hindurch. Kein Wunder. Denn er hatte ja das große, massive Gasthaus mitten im Dorf. Und wer im Ort etwas zu tun hatte und mit diesem oder jenem zusammenkommen wollte, der mußte bei ihm einkehren – ob er wollte oder nicht.

Jetzt war der ›Wollonkel‹ Kolossa sein guter Gast. Der kam jeden Herbst ins Dorf und blieb mehrere Tage da. Dann war die zweite Schafschur vorbei, und es gab tüchtig Wolle zu handeln.

Damals gehörte zu jedem Bauerngrundstück eine schöne Schafherde. Denn die Schafe waren brave und nützliche Tiere. Man hatte so immer eigenes Fleisch im Haus. Das war besonders in der Erntezeit sehr wichtig. Wer tagsüber im Schweiße seines Angesichts die Sense zog, der wollte auch was Gutes zu beißen haben.

Und dann die schöne Wolle! Sie wuchs auch ohne Regen und Sonnenschein und wurde zu festen Anzügen und warmen Socken gebraucht. Den Rest verkaufte man. Und das gab einen schönen Batzen Geld.

Und wie leicht wurde es einem gemacht! Von Hause wurde sie gleich weggeholt. Der dicke Kolossa zum Beispiel machte dies jahraus, jahrein. Mit seinem großen Planwagen kam er gefahren und verstaute in ihm so manchen Sack schönster Wolle.

Dieser Wollhandel war für die Dorfbewohner nicht ganz so nützlich wie angenehm. Denn der Kolossa, der verstand's. An einigen der langen Herbstabende versammelte er die Bauern beim Grinda im Gasthaus ›Zum redlichen Preußen‹. Dort ließ er dann vor jedem seiner ›lieben Gäste‹ ein ›Bommchen‹ Kornus auffahren. Die Bommchen waren kleine, handliche Fläschchen, aus denen man bequem ohne Glas trinken konnte. Bier mochte der Kolossa nicht. Das war zu naß und pilzte nur auf, und er war ohnehin schon dick genug, sagte er. Aber der weiße Korn, das war sein Lieblingsgetränk. Und er nannte ihn halb aus Scherz, halb aus Freundschaft ›Hoffmannstropfen‹.

Wenn nun alle versorgt waren, dann rief er: »Prost!« und erzählte die schönsten Schnurren und saftigsten Späße. Waren die Bommchen leer, dann mußte sie der Grinda wieder mit ›Hoffmannstropfen‹ füllen;

denn leere sowie volle Flaschen und Gläser konnte der Kolossa nun einmal nicht leiden.
Und gegen Schluß, wenn alle lustig und guter Laune waren, dann fing der ausgekochte Wollonkel an, vom Geschäft zu reden. Dabei legte er sein rotes Gesicht geschickt in tiefe Sorgenfalten. Er blieb ja immer nüchtern; denn er vertrug den Kornus eimerweise. Mit vielen Worten klagte er dann über die schlechten Zeiten und die Not der Händler. Und was er wollte, das erreichte er auch. In dieser vorgerückten Stimmung fiel es ihm nicht allzuschwer, den Sinn der Bauern zu erweichen. Wer von den gutmütigen Bauern hätte es übers Herz gebracht, diesen freundlichen, ›schwer um sein Brot kämpfenden‹ Mann zu kränken und ihm den Preis nicht zu ermäßigen!
War der Abend aber zu Ende und die Gaststube leer geworden, dann rieb er sich seine fetten Hände und sagte verschmitzt lächelnd zum Grinda: »Siehst du, alter Freund, so muß man's machen. Ja, wenn wir die ›Hoffmannstropfen‹ nicht hätten! Die sind doch das Öl fürs Geschäft.« –
Auch in diesem Jahr war wieder alles glatt gegangen. Die ›Hoffmannstropfen‹ hatten ihre Wirkung nicht verfehlt. Der Wollonkel konnte zufrieden sein. Er hatte von den Bauernhöfen große Packen bester Wolle geholt, die er so billig zu kaufen bekam.
Nur den einen Bauern hatte er noch nicht erwischt. Dies war der Gustav Dembeck. Und gerade auf den hatte er's abgesehen. Der hatte nämlich die größte Schafherde. Vierzig Schafe zählte der Kolossa jeden Morgen, wenn die Dembecksche Herde am ›Redlichen Preußen‹ vorbeigetrieben wurde. Was mußte da für Wolle zu holen sein! Aber es war rein wie verhext. Keinen Abend konnte der Dembeck kommen. Jedesmal kam was dazwischen. Denn er war auch noch Dorfschulze. Vor zehn Monaten erst war er ins Dorf gekommen. Damals starb sein ältester Bruder plötzlich, und da übernahm er das Grundstück und das Amt. Bis dahin war er Inspektor auf einem großen Gut weitab gewesen. Der Wollonkel kannte ihn deshalb noch nicht.
Es war der letzte Abend. Am nächsten Tag mußte der Kolossa abfahren. Er saß gerade in der Bierstube vom ›Redlichen Preußen‹ allein und überlegte, wie er den Schulzen doch noch fassen könnte. Da öffnete sich die Tür, und der Grinda führte den Gustav Dembeck herein und machte die beiden miteinander bekannt.
Es dauerte nicht lange, da saßen sie friedlich am schweren Holztisch: der Kolossa auf dem alten, blanken Sofa – seinem Stammplatz – und der Dembeck ihm gegenüber auf dem starken Lehnstuhl.
Der Wollonkel sah den Bauern neugierig an und staunte. Das war ja ein Mordskerl! Sein kantiger Schädel saß auf mächtigen Schultern, die

fast so breit waren wie der Schrank an der Längswand. Und was für eine Brust hatte er! So gewaltig wie der braune Kachelofen in der Stube. Der Kolossa war auch kein zierliches Pflänzchen; aber hier kam er doch nicht mit. Er erkannte sofort, daß hier mit ›Bommchen‹ nichts anzufangen war. Da mußte schwereres Geschütz auffahren. Und so bestellte er denn gleich eine ganze Literflasche ›Hoffmannstropfen‹.
Der Grinda brachte den gewünschten Kornus und auch ›zweistöckige‹ Gläser. Das war dem Wollonkel recht so. Aus alter Erfahrung wußte er, daß solche ›Hiebchen‹ besser schichteten.
Und nun fing der Kolossa sein altes Verslein an. Er trank schnell und kräftig zu, lachte mit pharisäerhafter Freundlichkeit zum Dembeck herüber und erzählte schwatzhaft dies und das. Er mußte ja den Bauern erst warm und weich kriegen. Als die Literflasche zur Neige ging, fing es dem Wollonkel mit einemmal an, heiß zu werden. Sein Rock wurde ihm zu eng. Verdammt noch mal! Auch sein Kopf war nicht mehr ganz in Ordnung. Die Gedanken gerieten etwas durcheinander. Und die Zunge wollte auch nicht mehr gehorchen. Ob er denn nicht doch zu schnell getrunken hatte?
Und der Dembeck? Dem war nichts anzumerken. Der saß fest und aufrecht da, als hätte er nur Braunbier oder Buttermilch getrunken. Und jetzt – jetzt bestellte er noch eine zweite Flasche ›Hoffmannstropfen‹. Wahrscheinlich wollte er nun erst richtig loslegen.
»Was ist denn los mit dir? Reiß dich doch zusammen!« sagte sich der Wollonkel. »Du wirst diesen Bauern doch noch untern Tisch kriegen! Das wäre ja gelacht! Und die Wolle mußt du ihm auch noch abknöpfen.« Ja, davon war ja bisher noch gar nicht die Rede gewesen.
Als der Grinda die zweite Flasche auf den Tisch gestellt und ihnen gutes Gefälle gewünscht hatte, fing der Wollonkel auch gleich an, von dem Wollgeschäft der beiden zu reden. Und nun sprachen sie lange – recht lange davon.
Aber dem Kolossa wurde immer unklarer, was er selbst sagte und was der andere dazu meinte. Brannte die Lampe nicht immer trüber? Oder waren es Nebel, die sich vor seine Augen legten? Und sein Gehirn? War's nicht, als ob ihm dort jemand langsam Sand hineinschüttete? Der lag so schwer.
Und der Grinda? Was pirzelte der denn so viel rum? Wozu brachte der alte Sünder noch Papier und Tinte auf den Tisch?
Dann spürte der Wollonkel wie im Traum noch einen salzigen Geschmack in der Kehle. Die Stimmen der anderen kamen aus weiter Ferne, und dann wurde es um ihn herum immer trüber und trüber und schließlich ganz dunkel. –
Als der Kolossa wieder zu sich kam, war es schon Morgen. Draußen

knallte der Hirt unverschämt mit der Peitsche. Wo war er denn? Nicht im Bett? Nein, auf dem Sofa. Und wie kalt war's ihm an den Füßen. Zum Kuckuck, er war ja barfuß, sonst aber in Kleidern. Wie kam denn das?

Da fiel ihm der gestrige Abend ein. Auf den Anfang konnte er sich noch besinnen, auf die Mitte kaum und auf den Schluß ganz und gar nicht. Das letzte Ende war und blieb weg. Wenn nur die Kopfschmerzen nicht wären! Aber da oben bohrte es wie mit einem Nagel.

Und die Weste drückte auch. Er griff in die pralle linke Westentasche. Was war denn das? Er zog einen dicken Bratklops und mehrere Heringsköpfe heraus. Und die Uhr? Gottlob, sie lag auf dem Tisch. Und die Geldbörse? Sie steckte in der tiefen Hosentasche. Gott sei Dank! Hier waren ehrliche Leute im Dorf. Mit denen konnte man sich ruhig einlassen. Er atmete erleichtert auf.

Da steckte auch schon der Grinda den Kopf durch die Türspalte. Er wollte nach seinem Gast sehen. Der rief ihm zu, und seine Stimme klang heiser: »Mensch, Grinda, was war denn gestern los?«

»Ach, nichts Besonderes«, grinste der Gastwirt, »nur ein bißchen viel ist's für dich geworden.«

»Das merk ich auch«, ächzte der andere, »der Schädel brummt und spickt, und die Kehle brennt wie Feuer. Aber dem Dembeck, wie geht's dem? Wo liegt der denn?«

»Ih«, lachte der Wirt, »dem macht so was nichts. Der ist wie aus Eisen. Das macht wohl die viele frische Luft.«

»Hm!« wunderte sich der Gast, »das ist aber sonderbar. Sag mal, hab ich gestern Dummheiten gemacht?«

»Sonst nicht. Nur die Stiefel und Socken hast du ausgezogen und unters Sofa geschoben. Davon konnten wir dich nicht abhalten.«

»Und der Klops, den ich in der Tasche fand?«

»Ja, den hast du für die Uhr gehalten und immer wieder in die Weste gesteckt. Das war rein toll.«

»Und die Heringsköpfe?«

»Die kamen dir als blanke Taler vor, und die wolltest du nicht auf dem Tisch liegen lassen, sondern hast sie auch eingesteckt.«

»Na, das war ja gerade genug! Daß mir dies aber auch passieren mußte! Und ausgerechnet gestern!«

Ärgerlich sprangen seine Augen hin und her. Sie blieben an einem Stück Papier hängen, das nach dem andern Tischrand zu vor ihm lag.

»Was ist denn das?« fragte er mißtrauisch und streckte seine Hand danach aus.

»Dies ist der Kaufvertrag, den du gestern mit dem Dembeck gemacht hast.«

»Kaufvertrag? Was für'n Kaufvertrag?«
»Na, von wegen der Wolle.«
Da hielt der Wollonkel auch schon das Blatt zwischen den dicken Fingern und las schwarz auf weiß, was er gestern angerichtet hatte. Er hatte sich verpflichtet, dem Dembeck sogleich anderthalb Zentner Wolle abzunehmen – zum Preis von einem Gulden pro Pfund. Das alles war wohl vom Dembeck geschrieben – aber er selbst hatte darunter sein ›Kolossa‹ gesetzt – wenn auch kritzlig, so doch noch leserlich.
»Aber das ist doch Unsinn!« schrie er los. »Die Wolle kostet doch nur acht Groschen pro Pfund.« Und gleich wollte er das Blatt zerreißen.
»Laß nur, laß nur!« mahnte der Grinda. »Abgemacht ist abgemacht. Das Schimpfen nützt nichts. Denselben Zettel – auch mit deiner Unterschrift – hat der Dembeck in der Tasche. Er ließ dir diesen hier, damit du dich an den gestrigen Handel erinnerst. Und das Schönste: Du hast ihm doch gestern gleich zwanzig Gulden Handgeld gegeben.«
Das war zuviel des Guten! Mit einemmal wurde der Kolossa ganz nüchtern. Polternd sprang er aus seiner Sofaecke heraus und schrie: »Ich alter Esel – ich! Aber daran sind nur die verdammten ›Hoffmannstropfen‹ schuld!«

MAX BIALLUCH

Onkel August

Die Verhältnisse von Onkel August waren folgende: Bruttogewicht 140 kg, Höhe 1,86 m, Brustumfang 140 cm, Bauch 201 cm, Alter fünfundsechzig Jahre. Trotzdem war er einmal, ein einziges Mal in seinem Leben krank geworden und mußte zum Arzt, seinem Freund Dr. Neubauer, Arzt, Tierarzt und Geburtshelfer in Pobethen. Der untersuchte ihn und stellte einen schweren Anfall von Diphtherie oder so was Ähnliches fest, schickte ihn auch sofort umgehend nach Königsberg zur Impfung. Onkel August ging betrübt nach Hause, spannte an und machte sich auf den Weg im Schlitten. Nach 10 km gelangte er vor das Gehöft seines Freundes, Regimentskameraden und Schwagers im fünften Grade, Lemke. Der steht vor der Haustür und eilt, Onkel August das Tor aufzumachen. Aber dieser schüttelt nur traurig und tiefsinnig den Kopf. »Na, aber wenigstens einen trinken kannst du doch kommen?« Onkel August schüttelte wieder den Kopf und erzählte, daß er nach Königsberg will und da wahrscheinlich sterben muß. »Na dann erst recht«, meinte Lemke, »und ich habe eine neue Krucke Rum stehen, die müssen wir probieren.« Das leuchtete Onkel August ein; sie probierten die

Krucke und fanden, daß sie bis auf den Boden durchaus guten Rum enthalten hatte.

Nach zwei Tagen, so gegen Abend, kommt Dr. Neubauer zu Onkel Augusts Frau und fragt, ob ihr Mann schon aus Königsberg geschrieben hätte. Der ist doch hier, hört er da, und schläft noch immer. »Nanu, ist er schon wieder zurück?« Er war ja gar nicht gefahren, gestern vormittag steht der Rapp mit dem Schlitten allein vor der Tür, und Onkel August fand man im Hohlweg ganz tief im Schnee und eingeschneit. Man hätte ihn gar nicht gefunden, wenn er nicht geschnarcht hätte.

Dr. Neubauer eilt mit heftigen Schritten ins Schlafzimmer und sieht dort im hohen Himmelbett seinen teuren Freund mit rosigen Wangen in tiefem, tiefem Schnarchen. Er untersucht Temperatur und alles; Onkel August erwacht, springt aus dem Bett und sagt schnaubend und pustend: »Donnerwetter, ich sollte ja wohl . . .«

»Na bleib man hier«, sagte der Doktor, »ich sehe, du bist unsterblich.«

Später aber ist er doch gestorben, wie es hieß, ganz zufällig, so daß er heute noch nicht weiß, daß er tot ist.

Das eine aber ist gewiß, daß Ostpreußen, das Land der Nehrungen und Seen und ihrer Ebenbilder im Menschentum, des Immanuel Kant und des E. T. A. Hoffmann, unsterblich ist.

ROBERT BUDZINSKI

Bequem gesäte on langsam gefräte: man glowt nich, wat man verdroage kann.

Eener kann wohl alleen äte, oawer nich alleen oarbiede.

Gistre noch frösch on gesund – on hiede schmeckt's all wedder!

Bi goodem Ete und Drinke kann eenä de schwooret Oarbeit leicht misse.

Äte on Drinke hölt Liw on Seel tosamm; manche Mönsche nähre söck davon.

Dem Besoapne leggt der lewe Gott e Kößke under.

Vorm Schnaps e Schnaps und nachem Schnaps e Schnaps.

Glaske Beer

Glaske Beer – hibsch schuhmig,
röchtig voll on fluhmig,
frösch vom Faß – nich möffig,
tempereert on söffig,
an Prozente nich to arm,
nich to koolt on nich to warm:
dat's e Laobsaol farre Seel;
weetst – so Beerke schmeckt wie Eel!
Läscht dem Därscht on göwt ook Lost,
schmeckt wie vonne Mutterbrost.
Niegebore kannst die feele,
kömmst biem Beer du ön't Krakeele,
häst die röchtig vollgesaoge –
wie von Engelkes gedraoge
on von änne hibsch bewacht,
schläppst du dorch de ganze Nacht.
Böst dem andre Dag so munter
wie däm Bur sien jähr'ge Kunter.

FRANZ NÉE

Der fröhliche Landmann

Da hilft kein Beten; da hilft nur Mist

Der Seelsorger einer ostpreußischen Landgemeinde ging jahraus, jahrein an einem bestimmten Sonntag im Frühjahr mit den männlichen Mitgliedern seiner Gemeinde durch die Felder, um die Saat in Augenschein zu nehmen und dann anschließend bei dem darauffolgenden Gottesdienst für eine gute Ernte zu beten. Als er dabei zu einem Ackerfelde kam, welches infolge sehr schlechter Bestellung miserabel stand, sagte er zu dem neben ihm stehenden Eigentümer, der einmal sein Konfirmand war, mit entsprechendem Nachdruck: »Ewald, da hilft kein Beten; da hilft nur Mist!«

HERMANN BINK

Auf der Reise nach Ostpreußen fragt in der Bahn ein Berliner einen eingeborenen Landwirt, was man denn als gebildeter Mensch eigentlich von Ostpreußen wissen müsse. »Wenn Sie nach Ostpreußen kommen, müssen Sie unbedingt was vom Bullen ›Winter‹ wissen. Eventuell auch was von Kant. Wenn Sie aber außer ›Winter‹ auch noch die Bullen ›Anton‹ und ›Prinz‹ kennen, dann können Sie Kant ruhig weglassen!«

Bei einem Besitzer kalbt eine Kuh. Der Besitzer und der Knecht sind dabei. Nachdem das Kalb zur Welt gekommen war, wurde der Knecht wieder an die Arbeit geschickt, während der Besitzer noch dort blieb, um gleich das Kalb in einen anderen Stall zu bringen; darauf ging auch er befriedigt in die Stube. Nun bekam die Kuh aber noch ein zweites Kalb. Der tüchtige Knecht, der nach dem Kalb sehen wollte, kam gerade in den Stall, als von dem zweiten Kalb, das rückwärts geboren wurde, schon die Hinterbeine sichtbar waren. Wie der Wind sauste er zum Herrn und rief: »Koames bloß schnell inne Stall, de Kalw kreppt wedder torück, bloß die Hinderbeene stecke noch bute.«

Es war ein neuer Bulle angekauft worden mit einem Namen, der ganz und gar nicht den Beifall des Melkers fand. »Nu sind se all ganz verrückt, nu nenne se enem Bull all ›Tante‹ un denn schreiben se ihm auch noch mitem ›D‹.« Als ihm wieder solche ganz und gar verrückten Namen vorkamen – es war beim Ankauf von ein Paar Sterken, die die Namen ›Euterpe‹ und ›Melpomene‹ führten –, half er sich auf seine Weise. Auf die schwarzen Tafeln im Kuhstall schrieb er: ›Melk-pomehne‹ und ›Euter-peh‹.

Der Bauer kommt zum Nachbarn. Der liegt im Kuhstall hinter einem Gang auf Stroh, schimpft und staunt, weil er nun schon vier Tage und vier Nächte darauf wartet, daß die Kuh kalbt. Da sagt der Besuch: »Na, Mensch, wenn se dich da hinten liegen sieht, denkt se, se hätt all gekalbt!«

Von dem Bullen ›Nero‹ kamen immer noch gute Nachzuchten, obwohl er reichlich alt geworden war. Als der Landwirt nach einer langen Reise nach Hause kam und im Stall nachfragte, meldete ihm der Viehfütterer: »Na, mit den Kälbern ist alles in Ordnung, mit der Milch ist es auch gut, man bloß dem alten ›Nero‹ werden wir doch noch abschaffen müssen, die drei letzten Kälber sind alle rotbunt, der Kret wird all farbenblind!«

Der Gemeindevorsteher drängt schon seit langer Zeit darauf, daß die Viehzucht durch einen guten Herdbuchbullen gehoben werden müsse. Die Gemeinde müsse einen Zuchtbullen anschaffen. Der alte Bauer Preuß ist dagegen. Alles Zureden hilft nichts. »Öck bön dagege, öck bön dagege!« – »Aber warum denn nur?« – »Öck bön dagege, ook *ohne* Grinde.«

Ein Gut stand wegen der Osthilfe unter Staatsaufsicht. In jedem Jahr mußten die Bücher an die Oberrechnungskammer gehen. Jedesmal kamen sie mit einer Fülle von Beanstandungen zurück. Einmal hatte die Rechnungskammer festgestellt, daß im Wirtschaftsjahr sehr viel weniger Kälber zur Welt gekommen waren, obwohl der Viehbestand annähernd gleich geblieben war. Die Kammer fragte, ob der Grund vielleicht in einer unzureichenden Leistungsfähigkeit des Bullen zu suchen sei. Der Inspektor wurde aufgefordert, sich zu diesen Beanstandungen zu äußern. Er hatte sowieso die Absicht, diesen Betrieb am nächsten Ersten zu verlassen. Darum entschloß er sich, wütend und vergnügt gleichzeitig, zu folgender Antwort:
»Die hohe Verfügung der Oberrechnungskammer vom 18. Mai habe ich dem Bullen vor die Schnauze gehalten; derselbe hat ganz erheblich mit dem Kopf geschüttelt.«

Auf dem Hofe war ein alter Schweinefütterer, der sich manches herausnehmen konnte und nie um ein Wort verlegen war. Als ich noch klein war, fragte ich ihn auch einmal, ob er die Zehn Gebote hersagen könne und ob er das zweite Gebot noch wisse. Er antwortete: »Dat kann ick noch. – Du sullst nich fluche un nich kloogschiete!«

Eine nasse Heuernte hatte das Futter verdorben, und die Sorgen, wie der Viehbestand im nächsten Winter durchgefüttert werden sollte, waren groß. Der Gutsbesitzer bestimmte einen Teil des verregneten Heus für die Pferde, womit der alte Gespannführer Emil natürlich nicht einverstanden war. Er nimmt einen Wisch von dem verregneten Heu, hält es dem Sattelwallach vor und sagt verachtungsvoll: »Doa kick, Bruner, ditt sullst du nu fräte!« Der war aber ein Allesfresser und ließ sich die Handvoll nicht zweimal anbieten, schnappte das Heu aus der Hand und würgte es herunter. Der alte Gespannführer wütend: »Du olet Krät, du frettst ower ok jedem Schiet!«

Die eine Kuh war beim Melken ganz besonders störrisch. Der Bauer wollte sie deshalb gerne loswerden. Er schickte den Melker mit ihr auf den Markt, wies ihn aber an, jeden Käufer ausdrücklich auf die schlechten Eigenschaften der Kuh aufmerksam zu machen. Als der Melker nach Hause kam, brachte er viel mehr Geld mit, als der Bauer erwartet hatte. Was er denn dem Käufer gesagt habe, fragte der Bauer. »Ich sagte ihm, bei der Kuh wird man mit dem Melken nicht fertig!«

Von den beiden Schwestern interessierte sich die eine für Literatur, die andere züchtete mit höchster Passion Pferde. Als der Landstallmeister einmal da war, ging die Züchterin vorbei, während er mit der literarischen Schwester geistvolle Gespräche führte. Sie hörte den Namen ›Goethe‹. Da sie bei dem Landstallmeister natürlich nichts anderes als Pferdegespräche vermutete, warf sie in das Gespräch die Frage: »Goethe? Kenn ich nicht. Wo steht der Hengst?«

In der wunderbaren Natur von Bad Gastein treffen sich zwei Landwirte aus Ostpreußen. Einer ist begeistert: »Sind diese Berge nicht herrlich?« Der andere mit einem Seitenblick: »Schlechter Boden!«

Der Kreisarzt von Angerburg hat die Aufgabe, die sanitären Verhältnisse auf dem Land zu überprüfen. Er kommt also zu einer Bauern-

frau eines kleinen Gehöftes und ersucht sie, ihm das bewußte Örtchen zu zeigen. Als nun die Frau die Tür des Abortes öffnet, sieht er, daß dieser Ort vollgestellt ist mit Hacken, Spaten und anderen Ackergeräten. Er richtet nun an die Frau die Frage: »Sagen Sie mir bitte, liebe Frau, wo verrichten Sie denn eigentlich Ihre Notdurft?«
Die Antwort lautete: »Ach, lieber Herr Doktorche, je nach die Windrichtung!«

In jedem Jahr kam der bekannte Postminister von Stephan nach Ostpreußen und schoß gute ostpreußische Rehböcke. Er liebte besonders die Reviere Kranichbruch und Ibenhorst. Er pflegte bei den Oberförstern zu wohnen und verbat sich jede Sonderbehandlung. Er kleidete sich sehr einfach und unscheinbar, und kein Mensch, der ihn traf, konnte auf den Gedanken kommen, daß der da ein Minister sei. In Ibenhorst passierte es ihm einmal, daß ein kapitaler Bock trotz eines guten Blattschusses mit der letzten Flucht in einem Wassergraben landete und darin liegenblieb. Stephan versprach einem Mann, der mit seinem Boot gerade vorüberstakte, einen Taler, wenn er ihm den Bock herausholen würde. Der war nicht nur bereit, sondern drückte Stephan verständnisinnig die Hand und griente über das ganze Gesicht: »Mönschke, up mi kannst di verloate. Ök si de Burblies; wenn' tom Schwöre kemmt, ök hebb nuscht gesehne!«

Zeitungsannoncen in den ländlichen Blättern waren oft eine Fundgrube für Stilblüten. So konnte man zum Beispiel lesen:
Eine Kuh, die jeden Tag kalben kann, steht preiswert zum Verkauf.
Oder: Tüchtige Schweinemagd zum Mästen gesucht.

Ein Schweineknecht führt eine junge Dame aus Königsberg durch den Stall und zeigt auf ein rosiges kleines Ferkel, das die Sau tags zuvor geworfen hat.
»Wie süß!« ruft die junge Frau entzückt aus.
»Aber man bloß *ein* Ferkel hat die Sau jekriegt«, entgegnet vergnost der Knecht.
Da bekommt er die tröstliche Antwort: »Seien Sie doch froh, daß sie nicht umsonst geferkelt hat.«

Altwitzer Petereit wendet Heu. Da kommen Sommerfrischler vorbei, und einer fragt herablassend: »Na, Bäuerchen, ist das Heu gut geraten?« Freundlich antwortet der Alte: »Oawer joa, hefft dat Herrke vleicht Hunger?«

Ein Landwirt aus Kukehmen ist zu einer Besprechung über die Ostpreußenhilfe eingeladen. Während der Sitzung geht eine Anwesenheitsliste herum, die er sehr genau durchsieht. Hinter zwei Namen seiner Vordermänner bemerkt er die Buchstaben M.d.R. und M.d.L. Er bittet seinen Nachbarn um Aufklärung, und dieser macht ihn darauf aufmerksam, daß M.d.L. Mitglied des Landtages und M.d.R. Mitglied des Reichstages bedeutet. Darauf schreibt er seinen Namen und dahinter M.d.S. und gibt die Liste seinem Nachbarn weiter. Der fragt zurück: »Ah, Sie sind wohl Mitglied des Staatsrates?« – »Ne, Mitglied der Stutbuchgesellschaft!«

Der Jungknecht, den der Bauer zu Martini auf seinen Hof genommen hatte, war ihm zu langsam in der Arbeit. »Spoad di moal e biske«, ermunterte er ihn wiederholt. Jedesmal nahm der Lorbaß den Tadel achselzuckend zur Kenntnis; nur einmal riß ihm die Geduld, und er gab zur Antwort: »Buer, ök spod mi eben langsam!«

An Neuerungen ging der Ostpreuße immer nur schwer heran. Er konnte sich schlecht von einer alten, bewährten Sache trennen. Die Anschaffung einer notwendigen Maschine ließ er sich erst zehnmal durch den Kopf gehen, und dann mußte er mindestens noch dreimal darüber schlafen. –
Auf einem Hof hatte man eine elektrische Beleuchtungsanlage eingerichtet. Nach einer Woche kam der Bauer in den Stall und fragte voller Stolz seinen Knecht: »Na, Alterchen, nun is doch schön im Stall, nich? Morgens und abends immer hell, und auch die Feuersgefahr is nich mehr so groß.«
»Ja, ja«, erwiderte der betagte Knecht bedächtig, »das is je alles ganz gut und schön, Herrche, aber mir kommt das auffe Dauer e bißche teuer zu stehen.«
»Warum denn das«, fragte erstaunt der Bauer.
»Na, Herrche, ich brauch doch alle Morgen beiwenigstens e halbe Schachtel Streichhölzer, bis ich dem Dubbas zum Lichtanstechen gefunden hab!«

Ein Hütejunge weidete seine Schafe auf einem Roggenfeld, das gerade gemäht worden war. Plötzlich zog ein Gewitter auf, und ein Regenguß prasselte nieder. Der Junge suchte eilig Schutz in einer Kornhocke. Da diese aber nur nachlässig aufgestellt war und den Regen durchließ, lief er flink zu der nächsten. Kaum war er da untergekrochen, schlug der Blitz in die erste Hocke ein. In aller Ruhe lugte der Kleine aus seinem Schlupfwinkel hervor und rief, zum Himmel gewandt: »Joa, Schietke, hier huck ök!«

Eine ähnliche Geschichte erzählte man sich von einem Bauern und dem lieben Gott. Der Bauer ging im Frühling über seine Wiese und kam an einen Graben, der durch das Schmelzwasser stark angeschwollen war. Er riß alle Kraft zusammen und rief, ehe er übersetzte: »Help, leewet Gottke!«

Auf der anderen Seite glücklich gelandet, blickte er sich noch einmal um. Nun kam ihm der Graben gar nicht mehr so breit vor, und er brummte: »Hättst ok gar nich to helpe bruke!«

In diesem Augenblick rutschte er an dem feuchten Grabenrand aus und glitt ins Wasser. Pudelnaß krabbelte er hoch, sah noch einmal vorwurfsvoll zum Himmel und meinte treuherzig: »Oawer, leewet Gottke, versteihst ok gar kein Spoaß?«

Wer Glück hat, dem kalbt der Ochs im Stall, wer Unglück hat,
dem fällt die letzte Kuh.

Jeduldje Schoap goahne veel ön een Stall.

Wo Duwe sönd, da fleege Duwe to.

Zwei Hähne auf einem Misthaufen vertragen sich nicht.

Dicket Peerd on dicket Wief ziert de Wörtschaft.

Wenn der Bauer gut geschlachtet, merkt er es ein ganzes Jahr,
wenn er gut geheiratet, sein Leben lang.

Wetterregeln

Späle em Februar de Micke,
mott de Buer nom Futter kicke.

De 'pril
kann brölle, wie he wöll;
Loff on Gras mott he doch bringe.

Veel Regen im Apröll
ös nich dem Buer sin Wöll.

En goder Mann von rechter Art
drecht sinen Pelz bis Himmelfahrt.
Un deit em denn de Buuk noch weh,
denn drecht he em bis Barthelmä (24. August).
Un fängt em denn to frerre an,
denn treckt he em von väre an.

Wenn de Beerhoan (Pirol) veel schriet,
ös de Regen nich wiet.

Dat lewe Veh

Frau Kalkulator kommt aufs Land
zu riesig fleiß'gen Leuten,
bald kramt sie hier, bald kramt sie da,
das soll so was bedeuten.

Sie möchte gern behilflich sein
und fragte schon am Morgen:
»Kann heut ich für das liebe Vieh
das Mittagsmahl besorgen?«

So fragte sie des Bauern Frau,
die da herumgerackert,
die aber sprach mit ernstem Blick
und hat den Kopf geschlackert:

»De Schwien, de sen to sehr vawennt,
dat mot all sülwst eck moake,
se oawer kenne denn feer ons
dat Meddagäte koake!«

ALFRED OTTO DIETRICH

Der Meister erzählt . . .

Der alte Meister Plaukschkies ist Schuhmacher in einer Kleinstadt und erzählt gern heimische Anekdoten, zum Beispiel mit Vorliebe die ›Vom studeerte Oss‹.

Enne Omjejend von Criezborg wär emoal eem Buer, de sien Jeschäft ut dem ff vastund. De fettste Schwien on de grettste Kartuffle hadd he; besunders oawer vastund he seck opp dat Fettmoake von Osse. Siene gemäste Osse wäre wiet on breed bekennt. He hadd e orntlichem Pungel Jild jespoart, man dat eene moakt em ent Jeheime Kummer: he wär man schwach mettem Kopp bestellt, on Reekne on Schriewe wär fer em e schwoare Kunst.

Nu käme moal an eenem heete Soamerdag dree Keenigsbarger Studentkes opp eener Wanderfoahrt bie diessem Buer. Se kickde seck ok em Kohstall e beetke röm. Met eens schreej de enne Student, de wull oppem Dehroarzt studeere, veer Bewundrung lud opp on seggt: »Hans, besieh dir diesen Ochsen! Diesen Bau, diesen Kopf! Wie geschaffen zum Studieren.«

Mien Buer heert dat, jeiht ran on seggt: »Wie säde Se, Herrke, de Oss, mien Oss, wär good tum Studeere? Na jevt so wat ok, dat Osse womeeglich studeere kenne?«

De Student beherrscht söck on säd ganz ernst: »Dieses Prachttier soll nicht studieren können? Haben Sie eine Ahnung, was für studierte Ochsen es gibt! Das kostet aber Geld!« On rechtig, de Studente kreeje dem Buer so wied, dat he se dem Oss on tweehundert Doaler uthändigt, dat de Oss studeere kunn.

Nu wär all e ganze Tied vagange, on mien Buer wull seck doch moal en Keenigsbarg äwerfehre, wat sien Oss all jelehrt hadd. He foahrt hen, kemmt äwrem Steendamm, wer kemmt em entjejen? De Studentkes von doamols. Dat wär nu groote Freid, on als de Buer no dem Oss froagt, doa schleiht seck de een Student oppem Schinke, dat et knallt. »Ihr Ochse, Herr Landwirt, hat ein glänzendes Staatsexamen gemacht und hat sich hier als Rechtsanwalt niedergelassen. Gehen Sie nur nach der Xstraße Nummer 40.«

De Buer froagt seck torecht on findt ok anne Husedehr een Schild, dropp steiht: Julius Ochs, Rechtsanwalt.

Dem Buer puppert veer Freid dat Hart. Sien Oss es Rechtsanwoalt! He also ropp on forsch anne Klingel jereete. Doa kickt een Herr mette Brell ruter: »Was ist denn los? Wo brennt's denn? Wollen Sie mir die Glocke abreißen?«

»Segg moal, best du mien Oss, de Rechtsanwoalt?«

»Ich bin Rechtsanwalt Ochs, aber . . .«

»Mien Gottke, wie e rechtjer Minsch rede kann dat Biest, ok e Brell hefft he opp. Na nun koam man gliek met!«
Mien Buer krecht dem Rechtsanwoalt beim Krippschull on well em de Trepp runderzoddle, on de Rechtsanwoalt brellt Mordio on Fürio, bet de Minsche tosammenrende on de Polizei käm. De brocht de beid's denn utenander, holt dem Onfallwoage on karrt met dem Buer aff, wo mächtig om seck schloag on brellt. He blew bie siener Red, dat wär sien Oss, on he hadd em studeere loate, on so brochte se em denn önne Nervenklinik önne Pillauer Landstroaß. Etliche koahle Dusche wäre needig, bet mien Buer vasprook, dem Oss en Tokunft tofreed to loate.

ALFRED OTTO DIETRICH

Mutterwitz

Es war vor weit mehr als hundert Jahren. Damals mußte auch in Ostpreußen ein großer Teil der Bauern auf den Gutshöfen scharwerken.
Da lebte im Süden der Provinz ein aufgeweckter Bauer namens Kruck. Auch er hatte beim Amtmann Scharwerksdienste zu leisten. Das fiel ihm schwer und sauer. Er dachte daher nach, wie er für einige Tage hiervon loskommen könnte.
Eines Morgens sagte er nun zu seiner Frau: »Luise, such mir das beste Huhn heraus. Vielleicht kann es für mich arbeiten. Ein köstlich Hühnersüppchen soll auch den strengsten Mann milde stimmen.« Und so packte er die feiste Henne untern Arm und pilgerte zum Gutshof.
In der großen Küche traf er die ›gnädige Frau‹ an. Mit einem ehrerbietigen Morgengruß übergab er ihr das Geschenk, trug ihr seinen Urlaubswunsch vor und bat um gütige Fürsprache. Sie hieß ihn ein wenig warten und ging hinaus.
Kurz darauf erschien der Amtmann. Er hörte den Bauern lächelnd an, überlegte ein wenig und sagte wohlwollend, vielleicht könne ihm geholfen werden. Doch müsse er noch eine Weile warten. Den endgültigen Bescheid könne er erst nach dem Mittagessen erhalten. Damit war Freund Kruck vorerst zufrieden. Die Sache ließ sich gut an.
Inzwischen wurde das Huhn geschlachtet und ungeteilt – sogar mit Füßen, Flügeln, Hals und Kopf – gebraten und auf den Tisch gebracht. Pünktlich um zwölf Uhr war Mittag. Der Bauer Kruck erstaunte nicht wenig, als auch er zur herrschaftlichen Tafel gerufen wurde.
Dort saßen schon die beiden Herrschaften, zwei Inspektoren und zwei Wirtinnen. Nach dem Tischgebet forderte der Amtmann den Bauern schmunzelnd auf, das Huhn unter die hungrigen Anwesenden zu verteilen.

»Das möchte ich schon tun«, sagte Kruck, »doch weiß ich nicht, ob alle mit meinem Teilen zufrieden sein werden.« Als sich alle hiermit belustigt einverstanden erklärt hatten, griff unser Bauer schalkhaft lächelnd zu Messer und Gabel und begann zum nicht geringen Staunen der Tischgäste, die Henne kunstvoll zu zerlegen.
Zuerst schnitt er den Kopf ab, reichte ihn dem Hausherrn hin und sagte gewichtig: »Das Haupt dem Haupte.«
Darauf trennte er den Hals ab und legte ihn der Gutsfrau auf den Teller mit dem Wunsche: »Lang lebe die gnädige Frau neben ihrem Eheherrn, denn zu ihm gehört sie wie der Hals zum Kopfe.«
Jedem der Inspektoren überreichte er einen Fuß und sprach: »Flink seien auch eure Füße, damit ihr des Herrn Dienst emsig verseht.«
Vor jede der Wirtinnen legte er einen Flügel hin mit den Worten: »Euch sollen Flügel erwachsen, auf daß ihr flieget bei der Arbeit durch Haus und Hof.«
Den übriggebliebenen Rumpf legte er dann auf seinen Teller, seufzte schelmisch und sagte: »Und für mich, armes Krücklein, für mich bleibt dieses Stücklein.« Darauf wünschte er allen besten Appetit und verspeiste in aller Unbefangenheit sein Teil.
Als er hiermit fertig war, blickte ihn der Amtmann heiter an und sprach: »Durch deine feine Teilung hast du uns einen schönen Spaß bereitet. Das ist auch was wert. Zum Lohne dafür sollst du nicht nur drei Tage, sondern zwei Wochen Urlaub haben.«
Froh und munter wie ein Füllen zur Frühlingszeit ging Kruck heim und dort an seine Arbeit.
Seinem neidischen Nachbarn Stelz blieb dieser Urlaub nicht verborgen. Er ließ nicht eher Ruh, bis er den Grund hierzu herausbekommen hatte.
»Glaubst du, das kann ich nicht auch?« rief er Kruck entgegen, »das sollst du sehen!« Sprach's und packte am nächsten Morgen fünf fette Hühner in den Korb, um sie zum Gutshof zu tragen, wo er um gütig Gehör bat.
Wie erstaunte er aber, als er dort zu Tisch beschieden wurde und seine fünf gebratenen Hennen unter sieben Personen verteilen sollte: die beiden Gutsherrschaften, die zwei Inspektoren, die zwei Wirtinnen und sich selbst. Kleinlaut beteuerte er, so etwas in seinem Leben noch nie getan zu haben.
Da mußte der Diener rasch den Bauer Kruck herrufen, der schon kurz nach Stelzens Ankunft heimlich herbeigeholt worden war. Kruck kam hinzu. Als er begriffen hatte, worum es sich hierbei handelte, ging er sogleich beherzt ans Werk und erklärte hierzu: »Weil gestern Trinitatis war, gibt's heute lauter Dreiteilungen. Der Herr Amtmann, die gnädige

Frau, dazu ein Huhn sind drei. – Die beiden Inspektoren und ein Huhn sind auch drei. – Die zwei Mamsells und ein Huhn sind wieder drei. – Wenn ich nun die beiden letzten Hühner für mich behalten darf, so sind auch wir unser drei.«
Verblüfft sah ihn der Amtmann an. Der Kerl war ja nie kleinzukriegen. Dann fragte er: »Und an deinen Nachbarn Stelz denkst du denn gar nicht?«
»Doch, doch«, erwiderte Kruck, »mein Nachbar Stelz und zwei Mutzköpfe sind ebenfalls drei.«
»Bravo!« rief der Amtmann, »nach Tisch soll ihm sein Teil werden. Du aber, Kruck, kannst mir mit dem Kopf mehr dienen als mit den Händen. Von heute ab übernimmst du mein langes Vorwerk als Verwalter.«

MAX BIALLUCH

Der Schießprügel

Früher gab es in Masuren auf dem Lande besondere Steuereinnehmer. Die trugen keine ›Kuckucks‹ mit sich. Auch hatten sie nicht immer gleich den Gerichtsvollzieher bei der Hand. Nein, es waren alles friedliche Leute, die nur zweimal im Jahr – im Frühling und im Herbst – von Dorf zu Dorf, von Hof zu Hof wanderten und dort die geringen Steuerbatzen einzogen. Aber sie nahmen nicht nur, sondern sie gaben auch. Keine bare Münze zwar, doch viele Neuigkeiten brachten sie und trugen sie in die Häuser. Sie waren daher nicht gefürchtet, sondern meistens gern gesehen.
Zu dieser ehrbaren Zunft gehörte auch der alte Chrost. Er war ein Gemütsmensch, wie man ihn sich nicht besser denken konnte. Aus seinem breiten Gesicht blickten zwei kluge, freundliche Augen. Er zwackte seine Steuerzahler niemals. Dafür erzählte er ihnen so viel Lustiges, daß sie's nicht übers Herz brachten, ihn unverrichteter Sache fortzulassen.
Im Winter versah er seine kleine Wirtschaft. Sobald es aber wärmer wurde, erwachte sein Diensteifer, sein Beamtenblut, wie er zu sagen pflegte. Dann griff er zu Hut und Stock, nahm seine Papiere und machte sich auf den Weg, die erste Steuerrate einzukassieren.
Zu seinem Bezirk gehörte auch ein großes Dorf, das hinter dem Walde lag. Ein Flügel der mächtigen staatlichen Forste ragte hier weit in die Gegend hinein und versorgte die Anlieger mit Holz, Beeren und Pilzen. Freund Chrost ging für sein Leben gern durch diesen Garten Gottes. So nannte er den Wald mit den uralten Baumriesen immer.

An einem schönen Frühlingstage war er wieder auf der Dienstreise und schritt durch diesen Wald. Beim wackern Wandern schmauchte er sein halblanges Pfeifchen, stieß seinen starken Stock in den lockern Waldboden und rechnete nach, wann seine Kuh kalben müßte. Dabei bog er von dem Wege ab. Denn nebenan ging sich's schöner. Und hier war ihm kein Steg fremd.

Wie er nun eine Weile so frisch und frei gegangen war, horchte er plötzlich auf. Was war denn das? Hörte sich dies nicht an wie ein heiseres Geheul? Seine so friedlichen Gedanken waren jäh zu Ende. Er blickte nach jener verdächtigen Stelle. Und was sah er da? Zwischen den Stämmen bewegte sich ein Wolf auf ihn zu, wahrhaftig ein Wolf, der ständig nach ihm glotzte und von Zeit zu Zeit kurz aufheulte.

Es kam zuweilen vor, daß sich Wölfe aus den polnischen Wäldern nach Masuren verirrten, aber sie wurden bald abgeschossen. Doch dieser Bösewicht war bis hierher durchgekommen. Und solch Biest mußte gerade er treffen! Er, der brave Chrost, der keinem Menschen was zuleide tat. Daran war aber nur die alte Müllersche schuld, die ihm heute als erste über den Weg gelaufen war.

Chrost war ein heller Kopf und fand sich bald zurecht. Am besten, man tat, als kümmerte man sich um die Bestie gar nicht und ging weiter seines Weges. Das machte er auch. Wie er aber vorsichtig nach der Seite schielte, merkte er, daß der Isegrim doch mit ihm Bekanntschaft machen wollte. Denn er blinzelte frech zu ihm herüber, fletschte die Zähne und kam auf ihn zu – langsam, aber sicher. Das Biest schien Hunger zu haben, und dann ging es auf Menschen los.

Was blieb dem Alten übrig? Er mußte stehenbleiben und dem Feind die Stirne bieten. Rüstig war er ja noch, Gott sei Dank. Und Angst war nie seine Schwester. Schon so manchen bissigen Hund hatte er in die Flucht geschlagen. Aber dieser große Wolf war doch ein schlimmerer Gegner.

Ein Glück, daß er den guten, eisenbeschlagenen Stock mithatte. Den Stock? Ja, da kam ihm ein Gedanke, eine List. Er mußte das gleich ausprobieren. Er stellte sich an einen mächtigen Kiefernstamm, hob den Stock, legte an und tat, als ob er auf den Wolf zielte.

Bei dieser Bewegung stutzte die Bestie und blieb stehen. Lauernd spähte sie herüber. Was mochte dieses Zweibein nur vorhaben?

Dabei hatte der Wolf kein Auge für das, was neben ihm geschah. Im nahen Busch stand der Förster. Der hatte das Heulen gehört und sich schnellstens herangepirscht. Jetzt stand er auf Schußweite. Schon hob er die Flinte, zielte kurz und drückte ab. Bauz! klang es scharf durch den Wald. Ein kurzes Aufheulen – und der böse Wolf lag mausetot. Der Förster blieb im Gebüsch zurück.

Das alles ging in wenigen Sekunden vor sich. Der gute Chrost wußte nicht, wie ihm geschah. Was war das für ein Knall, ein Schuß? Ihm war vor Schreck der Stock aus der Hand gefallen.
Er hob ihn auf, sah ihn an, schüttelte den Kopf und sagte verwundert: »Fuffzehn Jahre hab ich dich getragen und wußte nicht, daß du Krät geladen warst.«

MAX BIALLUCH

Laura oder der Markt zu Wehlau

Ein langer dürrer Mann mit einem Seehundskopf, allgemein ›Onkel Fischer‹ genannt, ledig, besaß einen kleinen Rollwagen und ein braunes Pferd, womit er sich seinen Lebensunterhalt verdiente. Natürlich hatte er auch einen Stall für das Pferd, und zwar in einem alten Schuppen am Stadtrand, einem recht baufälligen alten Schuppen, mit wackligen Türen. So kam es, daß eines trüben Morgens der Stall leer, das Pferd gestohlen war. Onkel Fischer weinte fast vor Schreck und Schmerz bei dieser trostlosen Entdeckung. Laura, das verschwundene Pferd, war sieben Jahre sein bester und treuster Kamerad gewesen und sein Ernährer obendrein. Nun war Laura weg. Gestohlen! Onkel Fischer suchte überall nach dem Pferd und fragte nach ihm herum. Auch die Polizei wurde von dem Diebstahl in Kenntnis gesetzt. Kein Erfolg trat ein.
»Geh doch mal zur Katzwinkelsche«, riet Onkel Fischer ein guter Bekannter. »Die soll doch Hellsehen können. Vielleicht erfährst du was durch ihr.« Onkel Fischer ging gleich, und es war schon ganz dunkel, weil am Himmel ein Gewitter stand, so ein dickes Juligewitter. Bedrückt erklomm er die eine steile Stiege der Hellseherin und war damit schon unter dem Dach des Häuschens, das an hundert Jahre alt sein mochte. Oben im Flur, der zugleich auch Küche war für zwei Parteien, hingen drei große eiserne Flinsenpfannen am schwarz verräucherten Herdmantel, der eine offene Feuerstätte überdachte. Rot angestrahlt

und in Qualm gehüllt sah Onkel Fischer die Hellseherin, einer Lehmfigur ähnlich, hinter den Flinsenpfannen am Herde stehen. Dort erschien sie ihm sozusagen mit einem abgeschabten Katzenfellbelag auf dem kahlen Kopf. Daß ›So was‹ Hellsehen konnte, leuchtete ihm bei ihrem Anblick durchaus ein. Seine Anrede fiel dementsprechend beklommen aus.

Danach wurde er in die gute und einzige Stube geführt, die ausgefüllt war von einem steinalten Himmelbett mit weißen Gardinen. Ihm grauste. Aber es war auch noch ein Tisch im Stübchen vor einem schwarzen, aufgedunsenen Wachstuchsofa mit weißer Knopfreihe. Darauf mußte Onkel Fischer Platz nehmen unter einem gelbsüchtigen Bild: Die Kaiserin Friedrich mit dem Prinzen Heinrich (als Säugling). Die Hellseherin versenkte ihre schwere Lehmfigur in das einzige Gestühl, einen Rohrstuhl mit giftgrüner Schlummerrolle. Katzengestank schwängerte die Luft des matt durch eine Petroleum-Hängelampe erleuchteten Interieurs. Ungeschickt erzählte Onkel Fischer, was ihn berührte, dann legte er, probeweise, ein Fünfzigpfennigstück auf den Tisch. »Fir finf Dittchen is nich viel«, bemerkte die Alte trocken. »Na probieren Se doch man erst –«, stotterte Onkel Fischer.

Unwillig schloß sie die roten Augen; doch bald riß sie die Augen wieder auf und verdrehte sie tüchtig. Nach geraumer Zeit war sie durch Augenverdrehen genügend ›verzückt‹, wie dieser Zustand in ihrer Sprache hieß. »So viel schwarze Kerls«, grunzte sie plötzlich, »mit Zigaretts ... am Torweg ... inne Nacht ...« Onkel Fischer war ganz Ohr. »Ja, ja«, flüsterte er. Doch schon begann die Hellseherin wie ein Alligator zu gähnen und sprach mit ihrer gewöhnlichen Stimme. »Fir finf Dittchen is nich mehr.« Enttäuscht opferte Onkel Fischer noch ein Fünfzigpfennigstück.

Der alte Rohrsessel knarrte jedesmal furchtbar, wenn sie ›verzückte‹, das wußte sie, und das nutzte sie aus. Doch ließ sie ihn für ›finf Dittchen‹ weniger knarren als etwa für eine Mark.

Wieder begann das Augenverdrehen. Und wieder kam es: »So viel schwarze Kerls mit Zigaretts ... einer mit blaue Hosen ... der ... reitet ... eine lange Straß ... auf ein braunes Pferd ... sehr lange ... Straß ... Feldweg ... Wegweiser –«

»Was steht oben?« rief atemlos der Hörer.

Die Katzwinkelsche ›verzückte‹, daß der Rohrstuhl brüllte. »Wehlau!« röchelte sie – gähnte wie ein Alligator und war wieder bei sich. »Na?«, fragte sie, verschlagen grinsend.

Onkel Fischer schlug stumm mit der Hand, weil er vor Erregung noch nicht sprechen konnte. Wehlau also! Ja, dort war morgen der große Pferdemarkt. Dort würden die schwarzen Kerls, Zigeuner natürlich, das gestohlene Pferd zu verschachern trachten. Der in den blauen Hosen war schon unterwegs auf Laura. Er mußte ihm nach und womöglich gleich. Eilig verabschiedete er sich von der Hellseherin.

Als er die Stubentür ungestüm aufriß, flog dicht davor eine ähnliche alte Dame hoch, die Klingenbergsche, die bei der Nachbarin an der Tür gelauscht hatte. Der erschrockene Onkel Fischer fand im dunkeln Flur nicht gleich die Richtung und geriet unter die Flinsenpfannen. Die eine schlug ihm derb ans Kinn, und die nächste schien ihn festhalten zu wollen. Grausig war es! »Machen Se doch e bißche Licht, Frau Katzwinkel!« rief Onkel Fischer kläglich.

Sie erschien grau in der halb offenen Tür. »Wo soll einer hier jleich Licht hernähmen«, bemerkte sie etwas ungehalten. »De Trepp is rächts! Halten Se sich man rächts!«

Na endlich hatte Onkel Fischer ›de Trepp‹ gefunden, und endlich war er, seinem Schöpfer dankend, draußen und rannte zum Bahnhof. Nach geraumer Zeit ratterte der Zug mit ihm ins schlafende Land hinein, an einsamen Stationen vorüber, wo in den Gärten noch die Nachtigallen schluchzten. Überall Gewitterwolken und Pferde. Heere von Pferden zogen in Fußmärschen durch die Nacht nach Wehlau. Pferdezüge rollten und rollten aus dem ganzen Reich daher. Es blitzte oft, und es wieherte beständig in der dunklen Schwüle. Es schnaufte und stob dahin. Wie Spuk war das Kommen der Pferde im Zwielicht der Nacht. Tausende kamen. Tänzelnd die Trakehner Hengste. Schwerere Pferde, die riesigen Ermländer, stelzten ihre hohen Schenkel automatisch nach Wehlau. Im Licht der Blitze marschierten die klobigen Gestalten der ostpreußischen Wallache, Zöpfe an den Köpfen, etwas schwermütig zum Markt. Wenn der Blitz loderte, zuckten die Pferdeschlangen auf den Wegen.

Das Landstädtchen Wehlau träumte noch unter dicken Gewitterwolken, als Onkel Fischer seinen Einzug hielt. Zunächst begab er sich in ein solides Gasthaus und trank über den Durst. Vor lauter Verzagtheit. Sobald die Zeit erfüllt war, begab er sich etwas schräge auf den Pferdemarkt.

Die Sonne bändigte die Gewitterwolken, stach hindurch und beleuchtete magisch die große Pferdewiese, als der Bürgermeister von Wehlau die Worte sprach: »Meine Herren, der Markt ist eröffnet.«

Ganz vorn standen die Zigeuner mit ihren zähen kleinen Pferden, rieben ihnen den letzten Dreck ab und blickten aufgeregt und begierig nach allen Seiten. Schon setzten sie ihre Mäuler in Schwung. Onkel Fischer wurde von ihnen für den ersten Käufer gehalten und darum fast zerrissen. Ehe er protestieren konnte, liefen drei bis vier ›Zigeunerkatzen‹ vor ihm die ›Hohe Schule‹, und hinter ihnen her rasten in zerschlissenen Hosen, peitschenknallend, ihre dunkelhäutigen Besitzer. »Hoi ... hoi ... hoi ...!« gellten sie. Die kleinen Pferde trabten, und die Zigeuner brüllten sich fast die Zungen los. Zwei von ihnen hingen wie Blutegel an Onkel Fischer und kreischten ihm die Vorzüge ihrer Pferde ins Gesicht und ins Genick. Wenn er begann: »Ich will ja gar nicht ... ich such ja bloß –«, schrien sie: »Wir wissen, was Se suchen! E scheenes Pird suchen Se!« Atemlos drehten sie ihn um und dumm, und zwischendurch spien sie einander, als Konkurrenten, an und verfluchten sich gegenseitig. Onkel Fischer riß sich bei einer solchen Gelegenheit los und entwich unter einem Zaun hinweg. Sinnlos torkelte er weiter.

Der Himmel war schon wieder finster geworden: das Gewölk lief grünlich an. Lauernde Gewitter schienen der geflüchteten Sonne irdene Töpfe nachzuwerfen. Im Schein der grünlich geladenen Beleuchtung sah man ein dunkles, wieherndes Pferdechaos, eine nickende, schaukelnde, nervöse Pferdeflut auf zertretener Wiese unter schwarzen Wolken, die zu platzen drohten.

Die Trakehner Hengste bäumten auf, verdrehten die Augen wie die Katzwinkelsche und wollten auf und davon. Ihre Erregung machte auch andere Pferde unruhig; immer mehr Beine gingen hoch. Einigen Pferden gelang es, sich loszureißen. »Hoi ... hoi ... hoi ...!« gellten die Zigeuner tückisch hinter ihnen her. Der ganze Markt geriet ins Drehen. Menschen überschlugen sich auf eiliger Flucht, lachten und zeterten vor Angst; denn die Pferde, die Pferde schienen wild zu werden – Tausende von Pferden!

Onkel Fischer war auf seiner Flucht und Suche wieder bei den Zigeunern angelangt. Hier ging der Handel ziemlich ungestört weiter. Ein dicker ländlicher Mann mit derbem Krückstock, die Schirmmütze im Genick, stand lächelnd hinter einer grinsenden Pferdereihe, hatte eins der Pferde am Schwanze gepackt, und breit und gemütlich entquoll seinem Munde: »Wat sull de Kobbel koste?«

Beim Anblick dieses Pferdes, dieser ›Kobbel‹, die alle Zigeunerkatzen überragte, nicht so sehr durch Schönheit als durch einen langen Hals, tat Onkel Fischer einen Sprung; denn dieses Pferd war – Laura. »De Kobbel jehört mir!« schrie er wild. »Das ist mein Pferd! Laura! Laura!« Der lange Pferdehals reckte sich ihm unaufhaltsam entgegen, zärtlich wiehernd, dann nieste Laura vor Freude. »Herr Gendarm!« schrie Onkel Fischer. »De Kobbel jehört mir! Ist mir vor paar Tage jestohlen! Sehen Se, Herr Wachtmeister«, weinte Onkel Fischer, »würd mir eine von die Zijeinerkatzen d'n Kopp anne Brust lejen?« Denn das tat Laura jetzt.

Die Zigeuner aber wollten nichts von dem Diebstahl wissen, zeigten brüllend das Weiße ihrer Augen und ihrer Mäuler und sprangen wie galvanisierte Frösche durcheinander. Einer von ihnen riß sich das Hemd auf und schrie unter grotesken Verbeugungen: »Sollen w'r alle dot hinstirzen, wenn de Kobbel is jestohlen! Soll uns schlagen d'r Blietz ins Jedärm! Sollen w'r jespalten zur Hölle fahren –«, da donnerte es, daß es krachte, und ein fürchterlicher Blitz sauste durch die Dunkelheit herab. Heidi nahm der Schreier Reißaus über Zäune, über Pferde, durch dick und dünn. »Hoi . . . hoi . . . hoi . . .!« gellte schadenfroh die lange Lümmelreihe vor der Sperre. »Lauf Zigan, lauf Zigan, hast das ›Pird‹ gestohlen!«

»Und blaue Bixen trug er auch –«, flüsterte Onkel Fischer erschüttert.

KATHARINA BOTSKY

Von Rekruten

und

Exzellenzen

Auf Schloß-Hauptwache

Die Garnison Königsberg war von Truppen entblößt, die Regimenter waren zur großen Truppenübung in Arys. Zurückgeblieben waren natürlich nicht die strammsten ›Bürger in Uniform‹, sondern die ›geistig Minderbemittelten‹. Darunter war auch Fritz Piepereit von Groß-Plaukschpeduschken, letztes Haus bei Grenze. Nun war der Genannte gerade ›Posten vor Gewehr‹ auf der Schloß-Hauptwache, die immer sehr kritisch war. Der diensthabende Feldwebel hatte davon ›Wind bekommen‹, daß Exzellenz von François unterwegs sei und am Schloß vorbeikommen müsse. Besorgt fragte der Feldwebel den Posten einmal, zweimal, auch zum dritten Male, ob der General schon vorbei sei. »Paß ja auf die Französische Straße auf, von da aus muß er kommen!«
Eine Zeitlang verging, der General kam aber nicht mit Wagen von der Französischen Straße, sondern zu Fuß von der entgegengesetzten Richtung.
Plötzlich stand er vor dem Posten und hauchte ihn etwas unsanft an: »Sagen Sie mal, schlafen Sie?«
Piepereit, dem die Begriffe der Rangunterschiede entgingen und der einen Feldwebel für die höchste militärische Persönlichkeit hielt, guckte den hohen Vorgesetzten stumm und dumm an.
»Wissen Sie nicht, wer ich bin?«
»Nei!« kam es heraus.
»Himmeldonnerwetter, ich bin Ihr Kommandierender General!«
Piepereit ganz geheimnisvoll: »Na, Mänschche, denn verschwind bloß rasch, der Feldwebel hat all dreimal nach dir gefragt!«

HERMANN BINK

Die verhaßten Fremdwörter

General der Infanterie von François, der zwar selbst einen französischen Namen trug, haßte jedes Fremdwort. Er war der letzte Kommandierende General des I. Armeekorps in Königsberg vor dem Ersten Weltkrieg. Er war ein sehr ›scharfer Herr‹ und verlangte von Offizieren und Mannschaften klare deutsche Aussprachen. Bei einer gelegentlichen Besichtigung blieb er vor einem Grenadier stehen und fragte ganz kurz: »Zivilberuf?«
»Haarzubereiter, Exzellenz!« antwortete der Angesprochene.
Erfreut über diese Antwort wandte sich der hohe Herr an das gesamte Gefolge und sagte: »Sehn Sie, meine Herren, dieser einfache Mann sagt statt Frisör Haarzubereiter. Dadurch ist wieder so ein leidiges Fremd-

wort verdeutscht. Darüber freue ich mich wirklich sehr!« Darauf wandte sich der General wieder an denselben Soldaten: »Wo haben Sie denn den Beruf als Haarzubereiter ausgeübt?«
»Hier in Königsberg, Exzellenz!«
»Ich meine: wo, in welchem Geschäft?«
»In der Pinselfabrik von Hoffmann in der Borchertstraße!«
Ein verbissenes Lachen ging durch die Reihen des Gefolges, der General schritt ernst und stumm weiter.

HERMANN BINK

Höcher rop!

E ostpreißscher Burejung deend ön Berlin bi de Goard. Tohuus ön Kriezderp hade se e Schwienke geschlacht, on sien Mutterke schöckd em e Pakeet möt Schmeckworscht. Nu mußd de Hans oppe Wach tene; doa packd er fix e schene Läverworscht öm Tornister on marscheerd möt sine Kamroade af. Wiel er gliek als eerschter vorret Schilderhuuske stoane mußd, schneed er sik e orndlichet End Worscht af on stöckd et sik önne Fupp. Wie er alleen weer, fung er an to äte. Möt eens keem de Kenig varbie. He had man so e ole blaue Mantuur an on keine Aftekens dran; on de Soldoatke keend em nich. Man tor Värsöcht varstöckd er de Worscht doch hinderm Puckel.
»Wat ettst du doa?« froagd de Ole Frötz. »Ei, roade Se doch!« sääd de Hans. »Häst Rookworscht?« – »Höcher rop!« – »Häst Bloodworscht?« – »Nä, nä, höcher rop!« – »Na, häst amend Läverworscht?« – »Getroffe, getroffe!«
»Na«, seggt de Kenig, »nu road ok, wer ök si!« – »Se sön woll Leitnant«, sääd de Soldoat. »Höcher rop!« – »Amend all Hauptmann?« – »Höcher rop!« – »Doch nich all Generoal?« – »Höcher rop!« – »Denn könne Se kein andrer sön wie de Kenig!« – »Getroffe, getroffe!« sääd de Ole Frötz.
»Varflucht noch moal«, reep de Soldoat, »denn hole Se mi doch moal e bößke de Worscht; denn mott ök joa foorts presentere!«

KARL PLENZAT

Beim Gewehrappell donnert der Leutnant einen Rekruten aus dem tiefsten Masuren an: »Was ist das hier im Lauf?« Er erhält die mitleidige Antwort: »Leutnant, kennst kein Rost?«

Der Bataillonskommandeur wünscht um zehn Uhr die erste Kompanie vollzählig auf Vorhandensein der feldmarschmäßigen Ausrüstung zu überprüfen. Unteroffizier Grimm knöpft sich zehn Minuten vor dem Antreten den größten Lodderjahn seiner Gruppe, den Jurgis Schlupsnies, noch einmal vor. Und siehe da: statt der vorschriftsmäßigen drei Bürsten – Putzbürste, Blankbürste und Kleiderbürste – hat Jurgis nur eine aufzuweisen. Zu spät, schon wird zum Antreten gepfiffen. Der Unteroffizier schickt ein Stoßgebet zum Himmel. Doch dieses erreicht nicht mehr den Bestimmungsort.
Schon steht der Gewaltige ausgerechnet vor Jurgis Schlupsnies.
»Wieviel Bürsten muß der Soldat haben?«
»Drei Bürsten, Herr Major« schmettert Jurgis.
»Vorzeigen!« Dem Unteroffizier quellen die Augen aus dem Kopf. Jurgis greift in den Tornister, holt eine Bürste vor: »Das is Blankbirste, Herr Major.« Steckt sie zurück, greift wieder rein: »Das is Putzbürste, Herr Major!« Steckt zurück, greift wieder: »Das is Kleiderbürste, Herr Major!« Steckt zurück und greift noch einmal rein.
»Nanu?« wundert sich der Major, als eine vierte Bürste zum Vorschein kommt.
»Is das Reservebürste, Herr Major«, triumphiert Jurgis.
»Das lob ich mir«, sagt der Major, »Hauptfeldwebel, merken Sie den Mann für die nächste Beförderung zum Gefreiten vor!« Er ahnte nicht, daß Jurgis immer dieselbe Bürste vorgezeigt hatte.

Aus dem bekannten ostpreußischen Geschlecht der Fürsten Dohna-Schlobitten war just einmal Fürst Alexander Kommandierender General des I. Armeekorps in Königsberg geworden. Fürst Dohna geruht, das Grenadierregiment Nr. 1, genannt ›Kronprinz‹, zu besichtigen. Er ist von den Leistungen der ›Kronprinzer‹ ganz entzückt. Seine Durchlaucht äußern daher am Schluß der Besichtigung in höchst leutseliger Weise einen besonderen Wunsch. Seine Durchlaucht möchte den dümmsten Rekruten des Regiments höchst persönlich kennenlernen. Der Herr Oberst beeilt sich, diesem höchstdurchlauchtigen Wunsch nachzukommen. Und schon steht ein ganz langes Ende von Grenadier vor dem

Kommandierenden. Fürst Alexander macht ein sehr leutseliges Gesicht. Der Grenadier lacht Seine Durchlaucht ebenso freundlich an. Worauf Fürst Dohna-Schlobitten fragt: »Kennst du mich denn, mein Sohn?« Der Grenadier reißt seine langen Knochen womöglich noch mehr zusammen, grient und sagt: »Zu Befehl, Exzellenz, wir zwei beide sind doch aus Schlobitten.«

Der mit klassischer Bildung ›befleckte‹ Unteroffizier Krause – er hatte zwei Jahre auf der Quinta eines Gymnasiums zugebracht – ließ eine Rekrutenabteilung reiten und rief einem besonders schlecht sitzenden Reiter zu: »Baltschuweit, Sie sitzen ja auf Ihrem Pferd wie die Iphigenie auf Tauris.« Diesen Zuruf hörte der Wachtmeister und rügte den Unteroffizier: »Unteroffizier Krause, es ist ja sehr schön, daß Sie in der Bibel so gut Bescheid wissen, aber Gottes Wort gehört nicht auf den Kasernenhof.«

In einem masurischen Regiment fragte der Unteroffizier beim Kapitel ›Verhalten des Soldaten‹: »Kaczmark, was tun Sie, wenn Sie aus Versehen dem Herrn Feldwebel auf die Füße treten?« – »Ich tu eins in die Fresse kriegen.«

Die fleischgewordene Sparsamkeit war der Generalleutnant a. D. von W.-Thymau. Seine Anzüge verzichteten auf jede Repräsentation. – Vor dem Weltkrieg lag sein Besitz Thymau einmal im Bereich der Divisionsmanöver. W. ging in seinem mehr als sparsamen, aber jahrzehntelang als treu erwiesenen Wirtschaftsanzug an einem Schlag entlang, alt und unansehnlich; nur an seinen Gesichtszügen konnte man ablesen, wer er war. Ein Leutnant tat das nicht, der eben einen Rundgang zu Fuß zu bezwingen sich anschickte, weil ihm sein Pferd den Dienst verweigerte. Er sah in dem Alten einen Pferdehalter, den ihm der Zufall zur rechten Zeit schickte. »Alterchen, heda, können Sie mit Pferden umgehen?« – »Jawoll, Herr Leutnant! Ich bin immer bei Pferden gewesen.« – »Gedient?« – »Jawoll, Herr Leutnant!« – »Bei der Kavallerie womöglich?« – »Jawoll, Herr Leutnant!« – »Na, dann werden Sie das Pferd ja halten können.« – »Jawoll, Herr Leutnant!« – Dieser stieg seinen Hang hinauf, nach einiger Zeit wieder herunter. Da stand der Alte und schnallte an der Kandare herum. »Was ist denn los?« – »Herr Leutnant, sie saß nicht richtig.« – »Soso, verstehen Sie denn was davon?« – »Jawoll, Herr Leutnant!« – »Wie weit haben Sie's denn bei den Preußen gebracht? Hatten Sie die Knöpfe?« – »Mehr, Herr Leutnant.« – »Was, waren Sie etwa Unteroffizier oder Feldwebel?« – »Noch mehr, Herr Leutnant!« – »Na, hören Sie mal, den Etatsmäßigen sieht man Ihnen aber wirklich nicht an!« – »War ich auch nicht, Herr Leutnant, ich war bloß General der Kavallerie. Und Sie dürfen heute abend zu mir nach Thymau kommen, Ihren General treffen Sie da auch.«

Die Kriegervereinsrede wurde anschaulich. Der Adler sei das Symbol der Stärke unseres Reiches; die Krone auf dem Haupte das sei unser allergnädigster Kaiser und Kriegsherr, die Flügel Gesetz und Recht, der Schnabel und die Fänge die bewaffnete Macht – und dann fing der Redner an zu stottern ... Eine Stimme aus dem Hintergrund: »Und der Pürzel, das bist du!«

In Skaisgirren war Kriegerfest. Am Nachmittag veranstaltete eine aus Insterburg geholte Blaskapelle ein ›gemischtes Konzert‹, ehe die Tanzerei begann.
Dem Dirigenten war beim ersten Stück schon mancher Einsatz völlig verkehrt vorgekommen. Bei der Wiedergabe des zweiten Stückes hatte er soviel auszusetzen, daß ihm ein Musiker zurief: »Oaber Meisterke, wat wulle Se denn, wie hebbe doch jenau noch de Noaten jespeele!«
Da trat der Dirigent von seinem Podium zu dem Bläser, blätterte das Notenblatt zurück, kratzte mit dem Fingernagel darüber und sagte im Brustton tiefster Empörung: »Joa, wenn ju ook de janze Fleejeschiet mötspeele!«

Die erste Remontekommission wurde früher von dem Major von Bredow betreut. Sein hervorragendes Verständnis und sein scharfer Blick waren bekannt. Der Gutsbesitzer M. versuchte einmal, durch einen guten Bekannten ein Pferd noch einmal vorführen zu lassen, das der Major von Bredow schon zurückgewiesen hatte. Der Wallach wurde sofort wiedererkannt. »Mein Lieber, der Gutsbesitzer M. hat ganz genau so einen braunen Wallach, kaufen Sie den, dann haben Sie ein Paar vorzügliche Passer.«

Vor dem Ersten Weltkrieg wurden die ersten Rennen in Insterburg noch auf den ›Althöfer Wiesen‹ geritten. Die Bahn hatte gerade vor der Tribüne einen breiten Wassergraben. Bei einem Rennen verweigerte das Pferd des sehr bekannten Rennreiters Leutnant Kaulbars den Graben, so daß Kaulbars hoch im Bogen über den Hals des Pferdes hinweg ins Wasser fiel. Darauf einer von der Tribüne: »Wenn der Kaulbars Wasser sieht, dann ist er nicht zu halten.«

Es gab in Ostpreußen einen bekannten Reiter von Pogrell. Der sitzt eines Tages, als ein Bekannter mit einer Dame im Unionklub sich zum Essen hinsetzt, in der Nähe an einem Tisch und grüßt herüber. Die Dame fragt leise ihren Begleiter: »Wer ist doch der Herr da am Tisch, der uns grüßt? Ich habe den Namen auf der Zunge, komme aber nicht darauf.« Die etwas freche Antwort ist: »Ja, meine Gnädigste, wenn Sie den Namen auf der Zunge haben, müssen Sie ihn selbst herausbringen. Ich will Ihnen nur etwas helfen: der Name fängt so an wie der Körperteil, auf dem Sie sitzen.« – Darauf erfolgt nach kurzem Nachdenken erlöst die unerwartete Antwort: »Ach, natürlich – Herr von Arnim!«

Der Schafbock

»Mir total unverständlich. Montagsurlaub? Noch schöner! Ich verstehe das einfach nicht! Da fehlt mir jedes, aber auch jedes Verständnis! Jedes! Haben Sie mich verstanden?«

So sprach Oberst Gradwitz zu Carol, im Regimentsgeschäftszimmer zu Belgard, der Kommandeur des Dragoner-Regiments zu seinem jüngsten Leutnant. Die Gefechtslage war diese. Es gab eine Allgemeine Kabinettsorder und zugleich einen speziellen Brief von Carols Mutter. Beide beschworen den Obersten, den blutjungen Leutnant vor dem Luxus und dem Wohlleben zu bewahren.

Mit höchstem Mißfallen sah deshalb Oberst Gradwitz, daß Carol Rennen ritt. Denn da war zum Beispiel Hoppegarten. Der letzte Zug von Berlin nach Belgard ging nachmittags um sechs Uhr. Um den Zug zu erreichen, mußte man Hoppegarten bereits um vier verlassen, gerade

dann, wenn das Hauptrennen begann. Die Folge war: Um das Hauptrennen zu Hoppegarten mitreiten zu können, erbat sich Carol gehorsamst Rennurlaub bis Montag mittag.
Das Gesuch wurde vom Adjutanten vorgelegt. Gradwitz ließ Carol kommen und schäumte mit gesträubtem Gefieder: »Zum Montag meldet man keinen Urlaub an. Das tut man einfach nicht. Rennurlaub gebe ich prinzipiell nur sonntags. Dafür fehlt mir jedes Verständnis!«
Leider, dachte Carol.
»Wer fährt auch nach Hoppegarten! *Ich!* Ihr Regimentskommandeur. Ich begreife das nicht. Wer liegt abends um neun in der Falle, und zwar hier in Belgard? *Ich!* Ihr Regimentskommandeur! Ich verstehe das einfach nicht.«
Ganz meine Meinung, dachte Carol.
»Rennreiterei ist gut. Dienst ist besser! Ich setze deshalb Montag früh um fünf Felddienst an, damit Sie in Berlin blauen Montag machen! Dienstauffassung! Noch schöner! Schlafurlaub! Luxus! Wohlleben! Noch schöner! Unionklub! Berliner Nachtleben! Noch viel schöner!«
Ganz meine Meinung, dachte Carol.
»Sonntagnachmittag wird Berlin verlassen, mit dem Sechsuhr-Zuge! Gott sei Dank sind unsere Anschlüsse prompt, und Gott sei Dank sind die Eisenbahnen in Preußen pünktlich.«
Der doppelte Appell an die Pünktlichkeit war vermessen. Nach dem Anpfiff widmete sich Carol einer lebhaften geistigen Forschungsarbeit und entdeckte einen sinnreichen Trick, um das Hauptrennen dennoch zu reiten.
Sonntagnachmittag um vier Uhr in Hoppegarten. Ein strahlender Sonnentag. Gradwitz traute seinen Augen nicht, als er auf der Waage und im Ring Carol auf der ›Persante‹ erblickte. Gradwitz selbst mußte leider sofort im Galopp zur Bahn, in der gleichen Minute, in der auch Carol angaloppierte, im Hauptrennen auf der Rennbahn.
»Teufelsbraten! Will Montag blaumachen! Noch schöner! Das kostet dem Satansbraten die Uniform!« schimpfte Gradwitz wie ein Rohrspatz, fuhr brav nach Hause, entdeckte Carol nirgends unterwegs auf den Bahnhöfen und lag um neun am Ufer der Persante im Bett.
In klirrender, bläulicher Herrgottsfrühe um fünf stand am Montag das Dragoner-Regiment wie befohlen auf dem Exerzierplatz. Scharf geladen sprengte der Kommandeur die Front entlang zur ersten Schwadron. Vor dem dritten Zuge hielt in tadelloser Haltung eisern der Leutnant Graf Sassenburg.
»Satansbraten! Das kapiere ich einfach nicht«, murmelte Gradwitz. Nicht nur Carol entdeckte mit geheimer Wonne auf dem Gesicht des Gestrengen den Ausdruck einer sanften Verblüffung. Zwei weitere

Leutnants, ein Fähnrich und viele Dragoner bemerkten gleichfalls, wie Oberst Gradwitz bei Carols Anblick förmlich zusammenschrumpfte vor Erstaunen. Sie wußten genau warum und waren aufs innigste, aber militärisch unsichtbar, vergnügt.

Eine halbe Stunde vorm Antreten an diesem frühen Montagmorgen war ein seltsamer Vorfall auf dem Bahnhofsplatz in Belgard passiert. Die Leutnants Gebrüder Schneidewitz verließen sehr katrig und verschlafen ihre Wohnung in der Bahnhofstraße und sahen an der Ecke den Fähnrich Derwitz. Derselbe drehte ihnen in haarsträubend unmilitärischer Weise seine untere Rückseite zu, sich rhythmisch vorbeugend und wieder aufrichtend, indem er dabei ein skandalöses Brüll-Lachen ausstieß. Die Brüder Schneidewitz erreichten die Ecke und grinsten gleichfalls los. Vom Bahnhof kam Carol im großen Dienstanzug heran. In der rechten Hand hatte er eine Hundeleine ... An der Leine zog er mühsam einen widerstrebenden Schafbock. Das unwahrscheinliche Bild war seitlich von der Sonne angeleuchtet, umgeben von einem Kranz Bäckerjungen, Milchmädchen und anderen Morgengestalten.
»Sassenburg! Was ist denn das!« schrie Schneidewitz der Ältere.
»Das? Ein Schaf.« In freundlichem Tone sagte es der Carol.
»Das seh ich! Was machst du damit?«
»Damit komm ich eben von Berlin.«
»Es geht doch gar kein Zug!«
»Doch, der Morgengüterzug, Ankunft vier Uhr dreißig.«
»Hoho! Darf niemand mitfahren. Streng verboten für Personenverkehr!«
»Ich bin keine Person! Ich bin Viehtransportbegleiter! Hier ist das Vieh, das ich begleite! Kinder, heut abend feiern wir, die ›Persante‹ war Zweite im Hauptrennen! Jetzt helft mir, den Bock nach Hause schaffen, und dann wird aufgesessen!«
Die Schneidewitze und Derwitz waren plötzlich wunderbar erfrischt. Carol beim Weitermarsch mit dem Schafbock: »Der Oberst hat mich im Ring gesehen. Paßt auf sein Gesicht auf! Er glaubt felsenfest, ich mache blau in Berlin!«

Am Dienstag traf die Post aus Berlin in Belgard an der Persante ein. Gradwitz schlug die Zeitung auf. Sie meldete den zweiten Platz der ›Persante‹ Carols im Hauptrennen zu Hoppegarten.
Dann riß Gradwitz einen Brief seines alten Freundes Graventin auf, der ihn nach Berlin einlud:
»Du kannst ruhig mal, um am 7. August das Tepper-Laski-Rennen zu sehen, für ein paar Tage Urlaub nehmen. Deinen Leutnants gibst du

ja auch dauernd frei. Dein langer Sassenburg hat gestern nacht seinen famosen zweiten Platz überglücklich im Unionklub gefeiert mit einem Sektbad und den Unionklub auf den Kopf gestellt, bis er aussah wie die Sassenburgsche Wildnis.«

»Noch! und noch! und noch schöner! Hast du eine Erklärung, Katerine? Mir steht der Verstand still! Katerine, lies. Ich setze dich auf die Lösung des Rätsels an. Den Satansbraten werd ich in Teufels Küche bringen, wo er hingehört.«

Katerine, die Kommandeuse, meinte nach Durchlesen des Briefes: »Aber ganz einfach! Sassenburg hat einen Doppelgänger!«

»Der im Unionklub für ihn feiert! Ahnungslosigkeit! Sag mir bloß noch, daß der Doppelgänger hier für ihn montags Dienst tut! Noch schöner! Höhere Ahnungslosigkeit! Katerine, dir fehlt aber auch jedes Verständnis für meine dienstlichen Sorgen!«

Während mehrerer Sonntage erfreute sich Carol der Erfindung, und zwar nicht nur, um im Hoppegarten beim Rennen zu sein.

Für jeden Sonntag war der Kauf eines neuen Schafbocks arrangiert, und Carol spielte Viehtransport. Der Güterzug ab Stettiner Bahnhof nachts ein Uhr drei machte durch das schlafende Pommern skurrile Fahrten. Carol ließ außer dem Schafbock auch die erforderlichen Quantitäten Getränke verladen. Die Bremser, die Heizer und der Lokomotivführer waren für diese Nächte fidele Leute. Nicht weniger die Bevölkerung von Belgard. Jeden Montagmorgen machte Carol um halb fünf Triumphzüge der Komik durch die morgenstillen Gassen, die sich von Mal zu Mal mehr belebten. Jeder wollte den verrückten Schafbock gesehen haben, der zum Gespräch von Hinterpommern geworden war.

Was die Bevölkerung kennt und liebt, kennt der Regimentskommandeur noch lange nicht. Die Dragoner und die Leutnants hielten wie Pech und Schwefel zum sassenburgischen Schafbock. Was seine Dragoner und Leutnants wissen und lieben, ahnt ihr Oberst erst recht nicht. Höhere Ahnungslosigkeit.

Alles Schöne ist vergänglich, und der Schafbock an der Hundeleine war zu schön, um im Verborgenen zu blühn. Buchstäblich die letzten drei Personen des Regiments und der Ortschaft, die ihn noch nicht gesehen hatten, waren Gradwitz, seine Frau Katerine und Trudchen, das Töchterchen des Kommandeurs. Berlin lachte. Vorpommern lachte. Hinterpommern lachte. Ostpreußen lachte und Westpreußen auch.

Der schnöde Verrat blieb nicht aus. Das Küchenmädchen Emma, im Gradwitzschen Hause, liebte einen Dragoner der ersten Schwadron. Um dieser Liebe willen entstand ein Konflikt um den Ausgehtag mit Frau Katerine. Zweimal Ausgehen in der Woche verlangte feurig der

robuste Dragoner, und Emma hatte eben dafür eine unbezwingliche Leidenschaft.
Emma kannte natürlich den Schafbock. Sie kannte die höhere Ahnungslosigkeit. Gegen einen zweiten Dragoner-Ausgehabend verkaufte Emma die Lösung an die Kommandeuse.
Durch Katerine mußte Gradwitz den großen Trick Carols erfahren. Er glaubte ihr nicht. Er schalt sie aus. Er ließ die Emma kommen. Sie sagte: »Sieben oder acht Böcke stehen im Stall vom Leutnant. Gehen Sie hin, Herr Oberst, und sehen Sie sich die Schafherde an.« Zuerst schrie Gradwitz nach dem Kriegsgericht. Dann verstummte er.
Katerine lachte: »Höhere Ahnungslosigkeit.« Gradwitz lachte nicht. Er handelte.
Als Carol sein Urlaubsgesuch für den Sonntag, den 7. August, aufs Regimentsbüro trug, begegnete er Schneidewitz dem Älteren.
»Hast du schon den Montagsdienst gesehn?«
»Nein!«
»Schau mal her: Montag, den 8. August, 3.30 Uhr, steht die erste Eskadron feldmarschmäßig auf dem Exerzierplatz Osteingang. Da kann man mit dem großen Schiller nur sagen: Aus!«
Carol: »Na, denn Schluß! Es sammeln sich schon unheimlich viele Schafböcke bei mir an!«

Am Sonntag, den 7. August, war großer Tag in Hoppegarten. Der Dragonerleutnant Graf Sassenburg ritt seine ›Angerapp‹ im Tepper-Laski-Rennen. Er ritt nicht schlecht. War es doch sein Geburtstag. Nach einem guten Start verhielt er geschickt, setzte in der Graden zu einem glänzenden Endspurt an und ging mit Kopflänge vor dem heißen Favoriten durchs Ziel. Glückwünsche von allen Seiten und Sieg unter den Augen seines Regimentskommandeurs und des Generalobersten von Plassen. Die Uhr zeigte vier. Gradwitz erhob sich vom Tribünenplatz und strebte dem Ausgang zu, um den verfluchten Zug zu erwischen. Der alte Plassen entdeckte ihn und rief ihn mit seiner enormen Stimme ran.
»Ach, mein lieber Gradwitz, ich muß Sie beglückwünschen, Sie haben ja ausgezeichneten Nachwuchs erzogen, das ist das Beste, was ich von der Kavallerie erwarten muß. Sie haben durch Ihre vorzügliche Förderung den schönen Triumph für Ihr Regiment erarbeitet, sagen Sie das dem Leutnant, ich danke Ihnen im Namen Seiner Majestät. Den Leutnant möchte ich Ihnen wegnehmen, so ein famoser Ritt und strategisch gut, zuerst vorsichtig, dann raus, was drin steckt, der soll sich mal auf die Hosen setzen und Kriegsakademie machen. Wir brauchen solche Leutnants, sagen Sie ihm das. Die müssen gefördert werden,

man muß ihnen den Dienst erleichtern, Urlaub geben, damit sie trainieren können, sagen Sie das dem Leutnant, ich danke Ihnen für Ihren findigen Blick bei der Entdeckung unseres Siegers, den Sie das große Verdienst haben, für den Rennsport gewonnen zu haben, statt ihn im Gamaschendienst festzunageln und vertrotteln zu lassen. Sagen Sie ihm das, ich kenn doch den Namen Sassenburg von irgendwoher, was war das doch vor vier Jahren mit dem Sassenburg? – Sonthofen, notieren Sie den Namen!«

Gradwitz platzte: »Exzellenz! Exzellenz gestatten! Ich muß meinen Zug erreichen. Ich muß ganz gehorsamst bitten, jetzt Hoppegarten und Exzellenz verlassen zu dürfen, mein Zug ... der Dienst ...«

»Dadadada! Dadadada! Da soll doch dreimal der Deubel dreinscheißen! Sonthofen! Haben Sie schon mal so was von andauerndem und hartnäckigem Unterbrechen erlebt, unterbrechen Sie mich nicht mehr, Herr Oberst Gradwitz! Wenn ich Ihnen den Dank der Armee und des Allerhöchsten Kriegsherrn ausspreche, dann kann die Welt explodieren, Sie haben zu bleiben, Ihr Dienst ist mein Dienst, Herr Oberst, hören Sie erst mal zu Ende, was ich Ihnen über Ihren wohlverdienten Sieg zu sagen habe, feiern wollen Sie den so rasch wie möglich, ich kann das verstehn, ich habe auch mal gesiegt vor vierzig Jahren. Na, dann laufen Sie und feiern Sie den Sieg Ihres Dragonerregiments, mein lieber Gradwitz!«

Es waren fünf Minuten, aber sie besiegelten ein grausiges Mißgeschick. Der Hoppegartner Vorortszug war weg. Gradwitz warf sich nacheinander in drei Zweispännerdroschken, eine nach Erschöpfung der anderen, als Stafette, um den Stettiner Bahnhof zu erreichen.

Als Gradwitz die steilen Stufen des Bahnhofs hinaufgaloppierte, stand der Uhrzeiger auf genau sechs Uhr. Die Abfahrtssekunde. Als Gradwitz das Knipserhäuschen erreichte, bewegte sich der letzte Wagen des Zuges aus der Halle, langsam, aber mörderisch sicher.

Hinterherlaufen hatte keinen irgendwie verständlichen Zweck. Hinterherschimpfen auch nicht. Aber es erleichterte das Gemüt. »Total unverständlich! Zum Kotzen so was! Noch schöner so was! Das kapier ich nicht! Das kapier ich platterdings nicht!«

Gradwitz drehte sich verzweifelt um und erblickte das von harmloser Schadenfreude glänzende Gesicht des Bahnbeamten.

»So was zum Kotzen! Was macht man da! Mein Dienst! Mein Gott, mein Dienst!«

»Wo wolln Herr Oberst denn hin?« fragte der Knipser mit breitem freundlichem Grinsen.

»Zum Kotzen! Nach dem verdammten Belgard! Aber es geht ja kein Zug mehr auf der lausigen Bummelstrecke!«

»Herr Oberst, habn Sie 'n Schwein! Et jeht ein Zug nach Beljard.«
»Mann, reden Sie doch keinen Unsinn!«
»Aber Herr Oberst, et jeht doch der Jüterzug. Da fuhr imma der Leutnant mit! Besorjen Sie sich irjend ein Tier! Schafbock oder so wat! Denn könn Se mitfahrn, als Viehtransportbegleiter.«
»Mann, begreifen Sie doch, selbst wenn ich einen Schafbock hätte, der Güterzug kommt zu spät. Der Dienst beginnt um halb vier. Was macht man da?«
Ein goldenes Grinsen verklärte das Gesicht des Bahnknipsers. Er schlug sich mit der Hand vor die Stirn: »Deshalb fährt er heute mit'm Extrazug!«
Ahnungsvoll fragte Gradwitz: »Extrazug? Fährt ein Extrazug heute nacht nach Belgard?«
»Jawohl, Herr Oberst. Habn Sie 'n Schwein! Det is lächerbar! Jejen zwölwe jeht der Extrazug nach Beljard.« – Knips. – »Fragen Sie 'n man. Er is ja janich so. Kann sind, er nimmt Ihnen mit.« – Knips. – »Er is 'n seelenjuta Mensch!« – Knips. –
»Wen ... soll ... ich ... fragen?«
»Leutnant Jraf Sassenburg! Der fährt Extrazug nach Beljard. Er nimmt Ihnen sicha mit!« – Knips. –

Der Stettiner Bahnhof versank damals schon früh in Nachtruhe. Um Mitternacht tauchte der Bahnsteig aus der Dunkelheit heraus, von Licht übergossen. Die neuen Gaslampen wurden von dem Lampenputzer angezündet. Der Fahrdienstleiter hatte die seltene Freude, den Extrazug-Besteller zu dem Sonderzug zu geleiten. Der Zug schob sich eben langsam heran, eine Schnellzuglokomotive und ein Waggon.
Carol erschien im Lichtkreis, geburtstagsfroh und siegesstolz zugleich. Er war durch den Gott der Bowlen in jene Entrückung versetzt, welche das Leben federleicht und die Welt für jedermann vergißmeinnichtblau und rosarot macht.
Carol kam mit einem grotesken Gefolge. Hinter ihm schritt ein Dienstmann, der eine gewaltige Silbervase unverpackt in beiden Händen trug, den ersten Preis im Tepper-Laski-Rennen. Hinter der Vase ging, selige Mitfreude in den grünblauen Augen, der Dragoner Roßmuth. Als Reitbursche Carols durfte er heut in Hoppegarten dabeisein und trug Zaumzeug und Sattel so stolz, wie er die Fürst-Pückler-Eisbombe im Kasino aufzutragen pflegte. Nach ihm kam der Hausdiener aus dem Unionklub mit dem Gepäck.
Der weinselige Siegeszug durchschritt, geleitet von dem Mann mit der roten Mütze, die Schranken, welche sonst so streng bewacht werden.
Aus dem Schatten des Knipserhäuschens löste sich eine einsame Gestalt.

Der Mann ging auf Bleisohlen und trug ein aschgraues Gesicht. Tragikumwittert nahte er langsam, ein preußischer Oberst in voller Uniform, Gradwitz.

Die Begrüßung der beiden Männer in dieser gesättigt tragikomischen Lage bewies, wieviel Haltung und Takt das preußische Offizierkorps anerzieht, auch einem so knarschen Gamaschenknopf wie Gradwitz und auch einem so unbegreiflichen Ausbrecher wie Carol.

Gradwitz streckte Carol die Hand entgegen und sagte: »Gratuliere zum Sieg, Sassenburg!«

»Danke gehorsamst, Herr Oberst. Lief die Stute nicht kapital?«

»Sagen Sie mal, Sassenburg, haben Sie in Ihrem ... in Ihrem ... haben Sie in Ihrem ... Wagen noch einen Platz?«

Carol antwortete in denkbar korrekter Haltung und mit dienstlicher Stimme: »Stelle mich gehorsamst zur Verfügung!«

Der Klubdiener verstaute das Gepäck. Roßmuth stand nach dem damaligen Exerzierreglement zu einer Bildsäule erstarrt mit Front zu seinem Obersten, Sattel und Zaumzeug in Händen.

Der Dienstmann trat unschlüssig mit der Silbervase heran und wartete auf Trinkgeld. Carol zog Kleingeld aus der Tasche. In derselben Sekunde nahm ihn der Bahnvorsteher in Beschlag, um etwas Bahnamtliches über die Zugführung zu besprechen. Mit dem Erfolg, daß der Beamte in den Wagen stieg und Carol mitnahm.

Carol warf dem Dienstmann einen Taler zu und verschwand. Der Dienstmann gab, um den Taler aufzuheben, die schwere Vase an die Person, die ihm zunächst stand, und ging davon.

Diese Person war Gradwitz. Er war, trotz dreißig Dienstjahren, unbewandert mit Extrazugen. Ihm kam die entsetzliche Idee: Der verrückte Sassenburg ist fähig, jetzt abzubrausen und mich hier sitzenzulassen. Er glaubte, es sei höchste Zeit zum Einsteigen. So kam es, daß Gradwitz, mit der unhandlichen Vase behaftet, hinter Carol in den Zug stieg. Er mußte ihm buchstäblich die Siegesvase nachtragen. Er giftete sich darüber wie ein Knurrhahn bis Belgard.

Roßmuth wurde durch den Weggang von Gradwitz aus der strammen Erstarrung befreit. Er sprang in den Zug, brachte Sattel und Zaumzeug unter, schmiß sanft dragonermäßig den Klubdiener aus dem Abteil und schaute ihm grinsend aus dem Fenster nach.

Während der Bahnbeamte das Abfahrtszeichen gab, sagte Roßmuth zum Klubdiener: »Abwechslung muß sein! Heut sind wir Viehtransportbegleiter von einem ganz feierlichen Schafbock!«

KL. KLOOTBOOM – KLOOTWEITSCHEN

Alter schützt

vor Torheit nicht

Das graue Buchche

In die Königsberger Buchhandlung Gräfe und Unzer, die bekanntlich die größte Europas war und in der schon Immanuel Kant seinen Lesebedarf gedeckt hatte, verirrt sich ein altes, gebeugtes Mutterchen vom Lande. Unmöglich die Zahl ihrer Jahre festzustellen, ihre Haut ist von pergamentener Färbung, ein großes Chenilletuch, wie die Bauersfrauen es hierzulande tragen, deckt ihr spärliches Weißhaar, und die welken, runzligen Hände sprechen von langen Zeiten harter Arbeit.
Der flinke Verkäufer müht sich sorgsam um den seltenen und seltsamen Gast. »Sie wünschen, bitte?«
»Ich möcht e graues Buchche.«
»Wie lautet denn der Titel?«
»Dem weiß ich nich.«
»Vielleicht kennen Sie den Verfasser?«
»Nei, dem kenn ich auch nich.«
»Hm, oder erinnern Sie sich vielleicht an den Verlag, in dem das Buch erschienen ist?« versucht der Verkäufer ihren Wünschen auf die Spur zu kommen.
Die Alte schüttelt mehrmals verneinend den Kopf, blickt ihn aus unendlich lieben Kinderaugen vertrauensselig an und ermuntert ihn dann mit den Worten: »Suchen Se man all Ihre graue Buchchens vor, wo Se hier im Laden haben, denn werd ich schon meins rausfinden.«

Unsere lieben Alten

An einem Postschalter in einer kleinen Stadt entspinnt sich folgendes Gespräch zwischen einer älteren Frau und dem Schalterbeamten:
»Ach, entschuldigen Sie man, Herr Beamterche, ich hätt noch gern dies Paket weggeschickt an meinem Kardelche; der Jung hat übermorgen Geburtstag, is all de höchste Eisenbahn.«
»Da fehlt aber die Paketkarte.«
»Ach, Erbarmung, auch das noch! Jeht es denn nich ohne?«
»Als Paket natürlich nicht, aber ich will mal sehen, vielleicht kriegen wir es noch als Päckchen durch.«

»Was? Mein Paket am Kardel als Päckchen?«
»Na ja, wenn es nur zwei Kilo wiegt, dann schicken Sie es einfach als Päckchen.«
»Aber ich hab dem Jung doch noch jedes Jahr ein *Paket* zum Geburtstag geschickt, und nu soll ich man bloß e Päckchen loslassen? Das jeht je nu nich, Herr Postrat!«
»Na also, wiegt gerade vier Pfund. Da ist die Geburtstagswurst eben ein bißchen kleiner geworden.«
»Was sagen Sie? Kleiner geworden – die Wurst? Wie kommen Sie denn da drauf? Wo einer die größte Fleischerei am Ort ist, empörend!«
»Macht vierzig Pfennige, liebe Frau.«
»Vier Dittchen? Zu was man bloß vier? Vergangnes Jahr, da mußt ich doch das Doppelte bezahlen?«
»Vierzig Pfennige, wie ich schon sagte!«
»Sie wollen mir wohl kujenieren, Herr Beamter? Da sind Sie aber anne falsche Adreß! Wo einer die größte Fleischerei is, da läßt einer sich je schließlich nich vonne Postanstalt was schenken! Hier sind acht Dittchen und damit basta!«
»Das Porto für ein Päckchen beträgt aber nur vierzig Pfennige, liebe Frau.«
»Wer hat jesagt, daß ich e Päckchen schicken will? Hier sind die acht Dittchen für'n Kardel sein Geburtstags*paket!* So. De Kurbelkeits haben's ja, Gottseidank! – So was lebt nich! Kleiner jeworden, de Kurbelkeitsche Wurst!«

Eine Frau steht in der Drogerie neben einem Jungen, der für zehn Pfennige Fliegenpulver verlangt. Als er draußen ist, sagt sie zu dem Kaufmann: »Was wollt der? Fliegenpulver? Na heeren Se, wenn bei uns de Fliegen nich fraßen, was se fanden, extra füttern taten wir se nich.«

Ein altes Mutterchen holte sich im Dorf jeden Morgen die Zeitung und ihre Post vom Amt ab. Einmal – es war im Krieg – bekam sie von ihrem Sohn eine Feldpostkarte, die sie gleich an Ort und Stelle studierte. Plötzlich begann sie bitterlich zu weinen. Der Postbeamte fragte teilnehmend, ob sie vielleicht schlechte Nachrichten erhalten hätte.
»Joa, trutstes Herrke«, wimmerte die Alte, »mein Sän häd geschräwe, he ös Gefreiter geworde.«
»Aber, aber, dann brauchen Sie doch nicht zu weinen, Frauchen. Nun bekommt er doch höhere Löhnung und hat es auch nicht mehr so schwer wie als Gemeiner!«

»Das sagen Se so, Herr Beamterche, oawer, op de hohe Charge scheete se doch ömmer toerscht!«

Als Professor Theodor Heuss noch Bundespräsident war, besuchte er auch einmal Berlin. Viele Kinder und Erwachsene säumten die Straßen zu seinem Empfang, darunter auch ein recht betagtes Mütterchen aus Ostpreußen. Fast eine Stunde stand alles wie eingekeilt. Da sprach eine jüngere Frau die Alte an: »Wird Ihnen das Stehen nicht zuviel in Ihrem hohen Alter?«
Entrüstet meinte die alte Frau: »Meine Dame, ich hab all dem Kaiser bespaliert, auch dem Hindenburg und dem Adolfche – und nu soll ich vleicht nich dem Herrn Theodor bespalieren?«

In dem vergilbten Notizbuch einer Neunzigjährigen fand man diese Eintragung:
Fünf Ellen Kattun – drei Pfund Muschkeboad – Meiran – Kardemong – bei de Meiern jehn, was der Mann jestorben is – bißche weinen.

Die Frau Schubnies klagt so lange über Schmerzen im ganzen Körper, bis sich die Angehörigen entschließen, einen Arzt zu rufen, der sie dann auch gründlich untersucht. »Na, nun erzählen Sie mal, Frau Schubnies, wo fingen die Schmerzen denn an?«
Die Kranke überlegt nicht lange, sondern sagt prompt: »Das kann ich Ihnen ganz jenau sagen, Herr Doktorche, das war zwischen dem Gesekus- und Kaiser-Wilhelm-Platz.«

Der ›rasende Masur‹ hatte seinem Namen einmal alle Ehre gemacht und war ungewöhnlich schnell losgebraust. Eine alte Bauersfrau begann bei diesem Tempo zu jammern und zu stöhnen.
»Was lamentieren Sie denn bloß so, Frauchen«, meldet sich ein Fahrgast aus der Ecke, »es kann Ihnen doch hier nuscht passieren.«
»Das sagen Se so«, erwiderte die Gute, »haben Sie vleicht auch e Korb Eier zwischen de Beine?«

Ein altes Frauchen reist nach Königsberg und läßt sich vom Bahnhof mit der Autotaxe zu ihrem Sohn fahren. Die Winker am Wagen sind nicht in Ordnung, und der Fahrer steckt je nachdem links oder rechts den Arm aus dem offenen Wagenfenster, wenn er um die Ecken fährt. Schließlich wird die Alte unruhig: »Sie, Mannche, halten Se man lieber Ihr Radche fest, ich werd Ihnen schon sagen, wenn's regnet!«

Ein altes Mutterchen läßt den Arzt rufen.
»Na, wo fehlt's denn?« fragt er freundlich.
»Ach, Herr Dokterche«, stöhnt die Alte, »die Winde wollen nich mehr, und die Verdauung schon gar nich.«
»Na, das werden wir schon wieder in Ordnung bringen«, beruhigt sie der Arzt und verordnet ihr ein kräftiges Abführmittel.
Bei seinem nächsten Besuch fragt er: »Na, klappt's nun mit der Verdauung?«
»Hm, wie man's so nimmt, Herr Dokterche«, sagt zögernd die Alte, »viel nich, is ja man bloß immer e Muulke voll.«

Mutter Kristekat kann schlecht schlafen; deshalb begibt sie sich in die ›Dokterapthek‹, um sich ein Pulver verschreiben zu lassen. Der Provisor mischt ihr eins und reicht es ihr mit den Worten: »So, Frauchen, das langt mindestens für drei Wochen.« – »Erbarmsterche, nei«, erschrickt Mutter Kristekat, »*so* lang wollt ich je gar nich schlafen.«

Eine Frau gibt am Postschalter einen ›Einschreibebrief‹ ab, den sie vorher frankiert hat. Der Beamte wiegt den Brief und meint: »Da muß noch eine Zwanzig-Pfennig-Marke rauf, der Brief ist zu schwer.« Verständnislos sieht die Alte den Beamten an und meint dann lachend: »Sie wollen mir wohl verkohlen, Herr Beamterche, denken Se, daß denn der Brief leichter wird?«

Ein altes Mutterchen geht in ein Hamburger Kaufhaus und verlangt Druckknöpfe. Die Verkäuferin legt ihr eine ganze Reihe kleiner und großer Sorten vor. Oma ist heute jedoch nicht gut aufgelegt; sie besieht sich kritisch das Sortiment und meint schließlich mißgelaunt: »Die hier taugen aber man bloß gewöniglich selten was, Fräulein. Zu Hause hatten wir ganz andere!«
Als sie das verdutzte Gesicht der Verkäuferin bemerkt, wird sie etwas sanfter: »Na, denn jeben Sie mir beiwenigstens zwei Meter Fitzelband.« Das noch ratlosere Gesicht der Verkäuferin bringt Oma wieder in Rage: »Fräuleinchen«, sagt sie erbost, »gibt es denn hier kein Fitzelband? Na, denn holen Sie mir zwei Meter Stoß unterm Rock!«

In einem samländischen Dorf ist Hochzeit. Von weit und breit ist die Verwandtschaft des Brautpaares herbeigeströmt und hat nun rund um den Altar – zur kirchlichen Trauung – Platz genommen. Auch viele Neugierige haben sich – wie immer bei solchen Gelegenheiten – eingefunden und sitzen dichtgedrängt im Kirchenschiff. Manch einer der Anwesenden stellt im stillen fest, daß sich unter der Verwandtschaft des Bräutigams erstaunlich viel kahlköpfige Männer befinden. Die Orgel spielt, und als der letzte Ton verklungen ist und der Pfarrer sich anhebt, seine Rede an das junge Paar zu richten, da schallt in die andachtsvolle Stille laut und deutlich eine weibliche Stimme: »Wo hett de Familie bloß de väle glatzkoppsche Kerdels her?«

Bei einem großen Ostpreußentreffen kommt mitten im Gedränge des übervollen Saales eine alte Frau auf mich zu und fragt: »Sie können mir wohl auch nich sagen, wo die Toiletten sind?« – »Doch«, erwidere ich und zeige ihr den Weg. »Sagen Se, was kost das da?« will sie noch wissen. »Na, vielleicht zwanzig Pfennige.« – »Was? Zwei Dittchens?« entrüstet sie sich, »na hörn Se, da jeh ich doch lieber auffe Chaussee!«

Es war sehr spät geworden bei einem Geburtstagsbesuch, aber trotz ihrer achtzig Jahre brach die alte Frau Gaudzuhn erst mit den letzten Gästen auf. Jemand erbot sich, sie im Einspänner heimzubringen. »I wo, lassen Se man, mein Lieberchen«, lehnte die Alte ab, »is gut jemeint, ich weiß, aber, wenn ich wo jewesen bin, denn jeh ich mich immer jern e bißche auslüften.«

Eine Frau vom Land ist versehentlich anstatt in den Personenzug in den D-Zug eingestiegen. Der Fahrkartenkontrolleur fragt: »Wo haben Sie denn den D-Zug-Zuschlag?« – »Zu was D-Zug-Zuschlag?« – »Nun, weil Sie im D-Zug sitzen.« – »Den hab ich nich.« – »Ja, dann müssen Sie einen nachlösen.« Resolut erklärt die Frau: »Ich denk je gar nich dran, fahren Se doch langsamer – mir pressiert es nich!«

Frau Nowak liegt krank zu Bett. Die freundliche Nachbarin bringt ihr ein paar rösche Kartoffelflinsen zum Mittagessen. »Nei, nei«, jammert die Kranke, »nei, nei, nehmen Se man alles wieder zurück. Ich bin ja so unappetitlich; der Flins lacht mir rein an, aber kannst je rein gar nuscht runterkriegen.«

MARION LINDT

Wie gesund, stabil und widerstandskräftig unsere Altchen aus Ostpreußen sind, konnte ich unlängst wieder mit Vergnügen an einer Fünfundneunzigjährigen feststellen, die mir irgendwo im Holsteinischen begegnete.
Fast zwanzig Jahre lebt sie nun schon hier. Sie bekocht, bestrickt, bestopft die berufstätigen Kinder, Enkel und Urenkel, alles geht im Hause wie am Schnürchen, auf Oma ist Verlaß. Widersprüche allerdings duldet sie nicht. Ihre ständige Redensart ist: »Kinder haben zu horchen!«
Dabei muß gesagt werden, daß das älteste der Kinder die Siebzig bereits überschritten hat.
Man hat sich an Omas Regiment gewöhnt, aufmucksen tut niemand, was die alte Frau anordnet, wird eben getan – und unter uns, schlecht fährt man bestimmt nicht dabei.
Wie ich die Altchen zum ersten Male sah und sie so eine Weile beobachtete, konnte ich mich nicht genug wundern, wie flink ihr die Arbeit von der Hand ging. Nie hätte ich vermutet, daß da eine Greisin herumhantierte, die sich sachte der Hundert näherte. Sie wirkte eher robust als zerbrechlich und schon gar nicht uralt.
»Hundertsechs will ich werden, wenigstens!« sagte sie zu mir, »und nich bloß hundertzwei wie der alte Jankewitz zu Hause. War ja auch kein Wunder, wo er die Ziegarr nie ausgehen ließ.«
Die gesamte Familie ist jedenfalls fest davon überzeugt, daß Oma das gesteckte Alter erreichen wird.
Bezeichnend für die Fünfundneunzigjährige ist die Geschichte mit dem Frühjahrsmantel, die ich später von ihren Kindern erfuhr, und über die das ganze Dorf lachte.
Eines Tages hatte Uromchen geäußert, sie brauche einen neuen Mantel, denn es ging ja so langsam auf den Frühling. Am nächsten Tage werde sie in die Stadt fahren und einen besorgen. Bertchen, die zweitälteste Tochter, könne sie begleiten. Wenn Oma sich etwas in den Kopf gesetzt hatte, dann ließ sie nicht davon ab. Das war schon zu Hause so gewesen – und so war es auch heute noch.
Also fuhren denn Mutter und Tochter tags darauf aus ihrem entlegenen Dorf mit dem Bus nach Kiel. Zwei Stunden brauchten sie, bis sie mit Umsteigen und Warten dort anlangten. Das ganze Dorf staunte über Omas Unternehmungsgeist.
Nun glaube ja niemand, daß die betagte Alte gleich im ersten Geschäft das fand, was sie suchte. Sie ließ sich ein Stück nach dem anderen vorführen, probierte diesen und jenen Mantel vor dem Spiegel, schüttelte

aber immer nur den Kopf. Sie verließ den ersten, den zweiten, auch den dritten Laden. Bevor sie den vierten betrat, sagte sie pikiert zu ihrer schon völlig entnervten Tochter: »Hoffentlich zeigen sie einem nun hier endlich mal was Modernes und nich bloß so was Ohlmodsch-Pfiffiges!«

Man sollte es nicht glauben, im vierten Laden klappte es endlich, allerdings auch nur durch das beschwörende Zureden von Bertchen, der Tochter, und der ihr geflissentlich assistierenden Verkäuferin.

Mittagszeit war lange vorbei, und man hätte eigentlich nun befriedigt heimfahren können. Oma jedoch disponierte anders: »Wenn einer schon mal in der Großstadt is, muß einer doch beiwenigstens die Schaufenster besehen.« Bertchen, die Fünfundsechzigjährige, stöhnte innerlich, ihre Sonntagsschuhe drückten, aber was half's, wie immer fügte sie sich dem Wunsche der Mutter.

So bummelten denn beide eine gute Stunde durch die Geschäftsstraßen, bis die nicht kleinzukriegende Altchen meinte: »Na, nun muß das neue Stück doch noch begossen werden, das gehört sich so.«

Ja, und damit steuerte sie flugs auf die nächste Konditorei zu. »Zwei Kännchen echten Bohnenkaffee, aber man nich so dünnche«, bestellte sie bei der Bedienerin, »und denn noch für jeden zwei große Stücke Torte mit Schmand.«

»Mit Schlagsahne«, erklärte schüchtern Bertchen dem erstaunt blickenden Fräulein. Oma war in allerbester Stimmung.

Allmählich war es Nachmittag geworden, die Tochter ›hob‹ es schon, aber zum Aufbruch wagte sie nicht zu mahnen, so was liebte Omchen nicht. Endlich war es soweit, sie erreichten noch glücklich den letzten Bus.

Die ganze Familie hatte schon gezittert, daß der alten Frau etwas zugestoßen sei. I, bewahre! Mobiler als die dreißig Jahre jüngere Tochter – und kein bißchen zerpliesert – langte sie strahlend bei den Ihren an. Sofort begann ein pausenloses Erzählen, und natürlich mußte auch der neue Frühjahrsmantel vorgeführt werden. Er gefiel allen ausnehmend gut – nur Oma nicht. »Ich hätte viel lieber den hellgrauen genommen«, räsonierte sie, »aber die Bertchen mußte mir partout den schwarzen andrehen. Frühjahrsmantel in Schwarz! Als ob Trauer im Haus ist. Das ist höchstens was für alte Weiber! Und denn ist er mir auch viel zu lang, einer geht heutzutage viel kurzer!« Schwache Proteste der Familie konnten Oma nicht umstimmen, sie übertönte sie energisch mit den Worten: »Schluß für heute. Den Mantel tausch ich um. Morgen fahren wir noch mal nach Kiel.«

MARION LINDT

De Brill

De Oma kraasselt unters Bett
mang Schlorren und Gemill,
und wo se sonst noch kraasseln kann:
de Oma sucht de Brill!

Se is nich hintre Fensterlad,
nich inne Flickerzich,
auch hinten inne Bibel drin
da liegt se diesmal nich.

Nich inne Fupp, nich inne Röhr,
nich aufem Blumentopp,
nu weiß se bald kein Stellche nich
und kratzt sich aufem Kopp.

Se simmeliert: »Im Futteral
steckd ich ihr auch nich rein,
wie morgens kam de Zeitung an,
wo meeg die Krät bloß sein?

Se hat doch keine Klischen nich,
daß se wo rennen kann,
das is all heit das zwölftemal,
was fängt e Mensch bloß an?

Wenn ich ihr bloß zergrabbeln könnd,
denn soll se kommen mir,
ich bind ihr anne Hundsbud an
und lern foorts bellen ihr.

Denn is zu End de Sucherei,
vorbei das Rumgeklau,
wenn ich ihr denn bloß rufen tu,
denn macht se foorts ›wau-wau‹!«

De Oma sucht, de Oma schimpft,
se is all rein verrickt,
der Kardelche, ihr Enkelsohn,
der Gnubbel steht und kickt.

Mit eins grient er de Oma an,
bis so lang war er still:
»Wenn du ihr so nich finden kannst,
denn such doch mitte Brill!«

Rietz, hat er all e Mutzkopp weg,
de Oma kennt kein Spaß!
Da plinst er los: »De Brill – de Brill,
die huckt – auf deine Nas!«

ALFRED LAU

Broscheits Ohm

Broscheits Ohm –
e Keerl wie e Boom!
Möt achtundsiebzig Joahr
hät he noch alle Hoar
on läst ohne Bröll.
Der starwt, wenn'r wöll!

Wie Hochtied bi Broscheits weer,
drunk he zwölf Flaschkes Beer –
de Konjaks nich to tälle.
Wat had de Ohler Gefälle!
E Halwe Brannwien, dat man sommd!
Glow ju, em hät de Kopp gebrommt?
Ook nich önne Hand!
Dem drunk he wie Schmand.

Der nehm et möt dem Jingste op;
he goot noch mänchem Konjak drop
on leet sich nich tom drinke loade,
wie Boarefang wurd angeboade.
Doa wurd'r lostgen Sinnes
vom seete, starke Mäschkinnes.
Ook noa dem fönfte stiewe Grog
kunn he noch goahne ohne Stock.

Wat had de Ohler Raupe öm Kopp!
Möt Barteleits Mutter danzd'r Galopp;
de Dähle häbbe foorts gekracht,
on alles hät sich scheef gelacht.
Wie Oawenbrot wurd angeboade,
doa haud'r rön öm Hochtiedsbroade;
wer dat nich glowt, der örrt sich:
he freet, wie eener von vörzig.

Wie gegen Morge väle benäwelt,
de ohle Broscheit hät wieder geknäwelt
de Peerd vorre Woages häbbe gehichelt;
Broscheits Onkel hät wieder gepichelt.
De Junge weere all bößke verdrällt;
Broscheits Onkel hät Spoaskes vertällt.
De dollste Grotschnuz weer all stomm,
doa stund noch alles bim Ohler rom.

Wat der bloß scheen vertälle kunn
on schmeet doabie mänch Schnapske run!
De ganze Gesellschaft hät underhole
möt siene Spoaskes de Broscheit, de ohle.
On wie he opstund, Broscheits Ohm,
doa stund he groads wie e Eekeboom.

FRANZ NÉE

Er war e bißche geistig unterernährt und machd sich Sorgen, wo er mit seinem Zwölfender-Schein unterkommen solld, der Johann Koschorrek. Deshalb war er dankbar und zufrieden, daß se ihm wegen hervorragende Fiehrung und gewissenhafte Pflichterfüllung e Posten als Hilfsschrankenwärter bei die Deutsche Reichsbahn gaben, wo er in die Gegend von Kobbelbude fimfunddreißig Jahre trei und fleißig de Schranken rauf- und runterkurbeln tat, wenn e Zug kam. Denn haben se ihm pängsjoniert, und er mußd mit seine Frau de Dienstwohnung räumen, weil sein Nachfolger all dadrauf lauern tat. Bloß wohin nu mittem Johann, wo am liebsten inne Sielen sterben wolld, denn ohne Eisenbahn konnd er nich mehr leben. Und wenn er auch pängsjoniert war, er fiehld sich weiter verantwortlich fier die Schranken, wo er so viele Jahre gekurbelt hädd. Da fand de Bahn e gutem Ausweg, indem daß se ihm fier billiges Geld und auf Raten e ausrangschiertem Dritterklasse-Wagen verkaufd, e paar Geleise und zwei Prellböcke. Denn kriegd er noch e Stickche Land vonne Bahn, wo er de Schienen festmachen und dem Wagen raufstellen konnd. Und wie er ihm denn hibsch als Wohnung eingericht hädd und durchem Fenster tagieber de Schranken kontrollieren konnd, wenn e Zug kam, war er der glicklichste Mensch untre Sonn.

Da kam mit eins der Herr Reichsbahnrat, wo ihm dem Waggon verkauft hädd, de Statzjohn rewendieren, und wie er heerd, daß der alte Koschorrek noch am Leben war, beschloß er, ihm zu besuchen. Er fuhr mit seinem Auto bis an dem Eisenbahnwagen ran, wo der Johann wohnd. Es regend, was vom Himmel kommen konnd, aber der Johann ging, das Pfeifche im Maul, stolz vor seinem Eigenheim auf und ab.

»Nanu, Herr Koschorrek«, meind der Herr Rat, »schimpft vleicht de Muttche, wenn Sie ihr de Gardienen verreichern?«

»Das gerad nich«, sagd der Johann, »aber der Herr Rat werden entschuldigen, ich hab nich aufgepaßt, wie ich dem Wagen kaufd, sonst hädd ich missd schon, daß es einer mit lauter Nichtraucherabteile is.«

»Das ist ein Pflichtgefühl, wie man es nur selten findet«, dachd der Herr Rat und nahm sich vor, dem Johann im nächsten Jahr wieder zu besuchen.

Und er kam auch wirklich und fuhr mittem Statzjohnsvorsteher beim alten Koschorrek hin. Diesmal regend es nich, sondern de Sonnche knalld vom Himmel runter die Leite aufem Pelz. Und da sieht er mit eins, daß dem Johann sein Wagen immer hin und her fährt, von einem Prellbock bis zum andern, und wieder zurick. »Was mag da los sein?« fragd er, aber der Statzjohnvorsteher kann ihm das auch nich erklären.

Wie se dichter rankommen, sehen se, daß der Johann dem Wagen schiebt. Er stehnt und jappst und wischt sich dem Schwitz mittem Ärmel vonne Stirn. »Aber mein lieber Herr Koschorrek«, sagd der Herr Reichsbahnrat, wie er außes Auto hoppst, »was plagt Sie bloß, in dieser Hitze den Wagen hin und her zu schieben?«
»Ja, Herr Rat«, meind der Johann, »das mach ich jedem Tag einmal. Meine Altsche – und das werden der Herr Rat doch auch wissen, daß de Benutzung des Aborts während des Aufenthaltes auf eine Statzjohn nich gestattet is. Das Wichtigste bei e Bahn sind de Vorschriften.«
Da dreht sich der Herr Bahnrat zum Statzjohnsvorsteher um: »Mein lieber Herr Jessat, nehmen Sie sich an unserm braven Koschorrek ein Beispiel. Ein derartiges Pflichtbewußtsein sollten sich alle *unteren* Beamten zu eigen machen.«

ALFRED LAU

Unser Briefträger Carl

In unserer schnellebigen Zeit, da die Menschen sich immer ähnlicher werden in Kleidung, Auftreten und Gehaben, würde man ihn wohl als Original bezeichnen, unseren alten Briefträger Carl, der aus einem Dorf nicht weit von Königsberg stammte. Jeden Morgen radelte er die Landstraße entlang, dann auf den Wall, der den kleinen Fluß zwischen seine Dämme zwang, von einem der einsamen Höfe zum nächsten. War es nun die Einsamkeit, waren es die vielen Schicksale, die er miterlebte, wenn er den Bauern die Post brachte – Nachrichten von Geburt und Tod, aus fernen Ländern und großen Städten – kurz, Carl war zum ›Dichter‹ geworden, zu einem Mann mit hohem Ansehen, der zur Kindtaufe und Hochzeit, zu Silvester auch oder zu sonstigem Anlaß seine Verse schreiben mußte, die holprig zwar, doch immer wieder hinfanden zu einem sorgfältig gepaarten Reim am Ende.
Da geschah es einmal, daß Carl einem jungen Mann aus der Großstadt, der in Urlaub bei Verwandten in unserer Gegend war, das Honorar für einen Zeitungsbeitrag zu bringen hatte. Wie er immer den Inhalt der bunten Ansichtskarten kannte, die er austrug, so hatte er auch diesen Postabschnitt eingehend studiert: ›Ho-no-rar für Gedicht: Einsamkeit‹ buchstabierte er, ehe er die beiden Scheine auf den Tisch legte und kopfschüttelnd meinte, während er den jungen Mann mißbilligend musterte: »Eck denk, Geld nimmt einer bloß für Oarbeit, oaber doch nich für Spoaß!«

RUTH MARIA WAGNER

Herbstlied eines Königsbergers

Herbstlich färben sich die Blätter,
immer schlechter wird das Wetter,
frieh steckt man die Lamp schon an,
weil man nuscht mehr sehen kann.

Draußen ist's nicht mehr erlabend,
man verkiehlt sich leicht am Abend,
und in dem betauten Gras
macht man sich die Stiefeln naß.

In der Luft in dichten Zügen
seh ich Scharen Störche fliegen.
Fliehn vor Winters Ungemach. –
Einer zagelt hinten nach.

Auch die Schwalben und die andern
sieht man jetzt bald fortplachandern.
Man der Spatz bloß bleibt und leckert,
was die Pferde hinjekleckert.

Wo auch sieht man schon Jestalten,
welche Klaftern Holz zerspalten;
wo auch sieht man groß und klein
Torf und Holz zu Haufen flei'n.

Ach, wie wird ums Herz mir koddrig!
Wird's erst draußen matsch- und moddrig,
ach, denn is der Sommer fort –
rein, wie in die Ritz jeschorrt!

JOSEF WIENER-BRAUNSBERG

De Fuhle schläpt söck to Dood, onn de Flietje rennt söck to Dood, starwe motte se beide!

Wer nicht wöllt ohlt ware, mot söck jung ophänge.

Alter Mann is wie e Schatten, steigt er übern Zaun, is er auffer andern Seite.

Lene kam gerade aus dem Stall und blieb verwundert im Hausflur stehen. Nanu? Am hellen Morgen sang die kleine Berta geistliche Lieder? Und der Hund, der an ihrer Seite zockelte, spitzte die Ohren und knurrte? Schnell stieß die Frau die Tür zur Küche auf.
Da stand die Berta am Herd, die Hände auf dem Rücken verschränkt, und sang mit hoher, piepsiger Stimme, während sie den Oberkörper langsam im Takt hin und her bewegte. An dem langen Küchentisch aber saßen an den Schmalseiten, jede unter einem Fenster, die Baldasche und die Pieracksche: die beiden Kirchhofsfrauen.
Nun verstand die Lene auch den frommen Gesang. Um einen guten Eindruck zu machen und bei ihren Besuchen noch mehr aus den Leuten herauszubetteln, hatten die Weiber von dem Mädel verlangt, sie sollte etwas Frommes singen; es war ein besonderer Kniff von ihnen, ihr Christentum sichtbarlich vor sich herzutragen.
Mit triefend demütigen Gesichtern saßen sie da und hörten dem Gesang andächtig zu: ». . . der wird auch Wege finden . . .«
Als sie die Lene gewahrten, wischte sich die eine gerührt über die Augen. Die bunt gewürfelten Bündel standen unweit von ihnen und waren schon zur Hälfte gefüllt. Trotz der frühen Stunde schienen sie einen recht erfolgreichen Beutezug hinter sich zu haben. Mit wütendem Gebell schoß der Wolf auf die beiden Alten zu. Die Frauen kreischten schrill auf; die Pieracksche stieß vor Schreck fast in die Glasscheiben des Fensters. Ihr Pungel mit den geschnorrten Sachen flog zur Seite, wie der Hund mit einem wilden Satz darübersprang.
Die Baldasche hopste schnell zu ihrer Züche. Mit dem Aufschrei: »Meine Eier, ach Gottchen, meine Eier!« umklammerte sie ihr Paket ängstlich mit beiden Beinen. Ihr weiter, krauser Rock bauschte sich rings um sie, daß ihr verhutzelter Oberkörper schmal und klein daraus hervorsah, wie die Leiber jener wespentailligen Figuren, deren große Rockglocken über die Teekannen zum Warmhalten gestülpt wurden.
»I nei, i nei, aber auch so e wildes Tier! Einer muß ja rein Angst kriegen!«
Lene konnte den aufgebrachten Hund nur mit Mühe bändigen; wie rasend sprang er immer wieder an den Frauen hoch und bellte mit böser, tiefer Stimme. Endlich gab er sich zufrieden und legte sich abseits an den Herd, immer noch leise grollend wie ein abziehendes Donnerwetter.
Nun folgte von seiten der Frauen eine wortreiche Begrüßung. Nicht genug tun konnten sie sich, ihre Freude auszudrücken, jetzt auch auf den Schiemannschen Hof kommen zu dürfen.

»Wenn der Herr nich draußen auf dem Kirchhof läg, kennten wir nich bei de Madamchen kommen. Jä, jä, dem einen seine Freid is dem andern sein Jammer.«
»Denn de Leite sagen, de Madamchen sollen sich beinah sehr grämen.«
Lene erwiderte nichts. Es war aber auch nicht nötig. Die redelustigen Weiber babbelten gleich weiter: »Na lassen Se man sein, Madamchen, der Schmerz wird auch vorbeigehn. Denn der Herr Michalski wußt auch gar nich, was er anstellen sollt, wie ihm die Frauchen gestorben war. Immer übern Sarg hat er sich geschmissen un geschrien un gejammert, un nu? Nu hat er ihr all längst vergessen.«
»Keinen Ball läßt er aus. Und de Leite erzählen, er tanzt beinah de ganze Nacht, und jeden Tanz mit eine andere.«
»Un is doch all e ältlicher Mensch. Wenn einer noch so jung is wie de Madamchen un so ...«
Lene unterbrach die geschwätzigen Alten mit der Frage, ob sie ihnen Kaffee und Frühstück geben sollte. Die Frauen nickten eifrig.
»Denn Kaffee kann einer immer trinken.«
»Und was zu beißen auch. Ieberhaupt, wenn einer noch so weit gegangen is.«
»Bei die schlechten Wege wird einer bald hungrig. Ein Dreck is das ja, de ganzen Röcke haben wir uns beklätert.«
Lene holte ihnen zwei große Kaffeetöpfe vom Küchenbord und ging an den Herd, auf dem die dickbauchige Emaillekanne mit dem braunen Trank tagsüber an der Seite des Feuers stand. Sie langte auch gleich nach der Milch und machte ihnen das dünne Getränk weiß. »Auch Zucker?« fragte sie.
»Aber trautste Frau Schiemann, so recht sieß, denn schmeckt er am scheensten.«
»Ich sag immer«, fiel die andre ein, »Kaffee ohne Farin is wie e Schorz ohne Fupp: dis Beste fehlt.«
Die Lene holte das große Brot und den Schinken herbei und machte den Frauen zwei dicke Schnitten zurecht.
»Jä, jä, auf so einem scheenen Hof kann einer aus dem Vollen wirtschaften. Wir armen Leite sind all froh, wenn wir e Heringszagel zu belutschen haben.«
Lene wehrte ab. Eine große Wirtschaft verbrauchte auch viel, und rechnen müßte heutzutage ein jeder.
»Na, bis der junge Herrchen heranwächst, is wieder genug aufgespart.«
»Denn was macht der Kleine?« fragte die andere der Frauen neugierig.
Jetzt war Lene bei ihrem Mutterstolz gepackt. Ihr abweisendes Gesicht erhellte sich. Eilends ging sie ins Zimmer und holte den Paulchen. Mit dem Jungen auf dem Arm kam sie zurück.

Aus großen Augen sah der Paulchen erstaunt in die Welt und begann furchtbar zu brüllen, wie er die alten Weiber zu Gesicht bekam.
»So e hibscher Jungche un all so e kleiner Schäker«, rief die eine begütigend. »Kick bloß einer an! Wenn man was Junges, Hibsches wär, denn mecht er nich so schreien.«
»Ach nei, ach nei, diese Kinder!«
»Aber ich hab die Kinderchens jern, und mir kennen se sonst auch gut leiden. Wenn ich noch denk, der Sohnche von Gendarms, rein verrickt war der nach mir. Wenn ich inne Stub saß un spann, denn kam er alle Weilchen am Fenster un kickd rein un kloppert an, un denn schrie er immer: ›Ole Fupp, ole Fupp.‹ E trautster Bengel war der Wernerchen.«
Lene hatte inzwischen den schreienden Jungen wieder ins Zimmer getragen und beruhigt. Als er still geworden war, kam sie in die Küche zurück.
»Denn der Kleine von Lewins wächst auch hibsch. Wie lang wird noch dauern, denn kann er all dem Vaterchen im Laden helfen.«
»Aber er is e Judche. De Pierackssche hat jesehen, und die sagd . . .«
»Jä, jä, se haben ihm beschnitten.«
Die kleine Berta stand noch immer am Herd und hörte angespannt den Neuigkeiten zu.
»Leg Holz an«, sagte Lene, »das Feuer geht ja bald aus.«
Das Mädchen bückte sich zu der Herdöffnung und schob Klobe um Klobe in die rote Glut. Dabei wippten ihr die kurzgeschnittenen Haare unordentlich um den Kopf.
Die Frauen sahen ihr aufmerksam zu.
»Denn die Bertchen hat auch all e Bubenkopf?« stellte die Baldasche verwundert fest. »Viele lassen sich all wieder abwachsen, hab ich gehört.«
»Aber Berta, Berta, wie haben se dir bloß begnupst?« fragte die Pierackssche.
»Lauter Wonzen hast ja man auf em Kopp.«
»Nei, nei, wie das aussieht!«
»Denn ich kick auch all immer un denk . . .«
»Wie e Zeeg am Noarsch sieht se aus«, kicherte die eine.
Das Mädchen bekam einen roten Kopf und lief hinaus. Lene mußte lächeln. Die Frauen aßen schmatzend weiter. Ab und zu schlürften sie aus den dicken Töpfen den heißen Kaffee. Die eine pustete dann und wann hinein. Wolf lag lauernd am Herd und ließ die beiden nicht aus den Augen. Bisweilen knurrte er leise.
Die eine der Frauen wollte ihn heranlocken. Sie schnalzte mit der Zunge und hielt ihm ein Stück Brot hin, nicht ohne daß sie erst seine

Butter an ihrer restlichen Stulle mit großer Sorgfalt abgestrichen hätte. Mit schiefem Kopf äugte Wolf sie an, doch er rührte sich nicht von der Stelle. »Tyras, Tyras«, suchte sie ihn zu ermuntern, »na, komm doch, Tyraschen.«

»Er heißt Wolf«, sagte die Lene.

»Denn Maleikas hatten auch solchen Hund, und der hieß Tyras«, meinte die Frau, und man hörte ihr an, wie sie es nicht begriff, daß dieser Hund nicht auch so hieß.

Jetzt kam der Gustav vom Feld nach Hause. Er grüßte brummig, was die Frauen nicht abhielt, seinen Gruß überschwenglich zu erwidern, und trat leicht befangen an den Herd, um sich aufzuwärmen. Aus seiner gebogenen Lieblingspfeife stieß er dichte Rauchwolken, kurz und regelmäßig. Die Pieracksche schnupperte lüstern den Rauch ein und lächelte.

»Aber daß auch noch der Herr Siemanowski kommt! Ich hab Tabak fier mein Leben gern, das riecht immer so hibsch nach Mannsvolk.«

»De Pieracksche, das is eine! Wenn die man Männer riecht!«

»Na fier was sind wir Frauen auf de Welt gekommen! Is nich so, Madamchen?« Zustimmung heischend kicherte sie Lene an. Die zuckte mit den Achseln.

Und die Baldasche begann wieder: »Aber alle sind auch nich so. Kilians Jette, die wolld gar nich heiraten. Nei un nei, sagd se, ich heirat nich. Aber was ihr Vater war, der alte Kilian, der sagd, du wirst mer doch heiraten, sagd er, das wär ja noch scheener! Und wie sich nu einer fand, er war gerad vons Militär gekommen, da mußd se ihn nehmen. Se wolld nich un wolld nich, aber der Alte ließ nich nach. Wie se nu zum Altar gehen mußd, da machd se e Gesicht wie bei ihrem eigenen Begräbnis. Un was tat de verrickte Marjell hernach? Wie alle Gäste wech waren un Zeit wurd, schlafen zu gehen, da steckt se sich im Sack und kroch hinterm Ofen. Un der junge Mann stand nu da wie e bepißter Pudel.«

Der Gustav lachte, und die andere Alte kreischte vor Vergnügen; auch die Baldasche freute sich herzlich an ihrer Erzählung.

»Jä, jä, was sich so alles macht!« stellte die Pieracksche sachlich fest und schnupperte wieder nach dem Tabak.

»Denn wenn wir beim Herrn Pasternack kommen, denn gibt er mir immer e Priesche zu schnauben. Das is gut fiere Augen.«

»Na, schlechte Augen, scheint mir, habt ihr alle beide nicht«, grinste Gustav. »Ihr seht doch alles, von was mechtet ihr sonst so viel zu erzählen haben?«

Die Wendung war den Frauen unangenehm. Da sie jetzt ihr Frühstück beendet hatten, erhoben sie sich langsam.

»Schniefke hab ich nich«, sagte der Gustav, »aber e Schnapsche könnt ihr noch genehmigen.«

Während er die Flasche mit dem süßen Bärenfang holte, suchte die Lene zusammen, was sie den Weibern mitgeben wollte, damit sie das Grab ihres Mannes versorgten, wenn die Arbeit auf dem Hof sie davon abhielte, nach dem Rechten zu sehen.

Durch lange Übung waren ihre gichtigen Finger behende geblieben; die beiden Weiber verstauten, was sie bekamen, blitzschnell in ihren bunten Züchen. Als der Gustav zurückkam, waren die prallen Bündel schon fix und fertig gepackt. Die Pierackssche goß ihr Glas in einem Zug hinunter. Die Baldasche nahm immer einen kleinen Schluck nach dem anderen und leckte sich dazwischen genüßlich schmatzend über die verhutzelten Lippen.

»Na, wie is«, fragte der Mann schmunzelnd, als sie endlich ausgetrunken hatte, »wollt ihr noch einen verhaften?«

»Na denn doch, denn doch«, pflichtete ihm eifrig die Pierackssche bei. Nach dem schnellen Trinken war sie mutiger geworden: »Auf ein Bein kann der Mensch nich gehn!«

Als sie das neu gefüllte Glas in der zittrigen Hand hielt, blinzelte sie mit luchternen Augen von Gustav zu Lene und von Lene zu Gustav. »Na denn auch prost«, rief sie überlaut. »Auf daß der Herr mit der Madamchen mecht recht glicklich werden!«

Die Lene stand wie mit Blut übergossen, und auch der Gustav war verlegen geworden.

Doch die Frauen kümmerten sich darum nicht. Auch die andere fing nun noch an: »E scheenes Paar wird das sein. Beide so hibsch groß un so grad wie de Lichter!«

»Und beide so gut, so gut. Einer kennt gar nich sagen, wie gut se sind.«

»Nu wissen wir ja Bescheid«, meinte Gustav trocken, »für euch aber ist es jetzt Zeit, daß ihr weiterkommt.«

Unter langen, honigsüßen Dankesreden verließen die Frauen endlich das Haus. Sie vergaßen nicht, der Lene wiederholt die Hand zu küssen, und auch für Gustav fiel ein Handkuß ab.

Das machte den Mann noch befangener, dennoch aber sah er Lene zum erstenmal nach langer Zeit wieder groß und voll an.

»Hast gehört, was die Leute reden?«

»Leute reden viel«, sagte die Lene kurz und ging schnell in die Stube.

KUNO FELCHNER

De Oawebank

De kleine Bank am Oawe wär unser scheenster Platz,
da huckd wi all tosamme, wi du noch wärscht min Schatz.

Doa huckd wi ook tosamme, wi erscht det Hanske käm,
on so noa Fieroawend wie önne Midd em nähm.

Denn käm ook all de Grete on denn de Karlemann,
on wedder noa poar Joahrkes käm ons kleen Lottke an.

Wi huckde oppe Siede, onn twöschenmank ons Veer.
Wi mußde ons oft wundre, wi groß dat Bankke wär.

Onn wedder noa e Wielke mußd noch a Platzke sönn,
on twöschenmank ons beide, da huck de Fief sich hen.

Ons kleenet Oawebankke heel mött ons jlieken Schrött.
Platz hadd wi wörklich alle, de Oawebank wuchs mött.

Doch nu, nach lange Joahre de Bank wurd wedder kleen,
nu huckde wi twee Ohle tor Schömmerstund alleen.

Doch keeme ons beseeke de Enkelkes so rund,
denn wächst ons Oawebankke tor Fieroawendstund.

Sechs hucke mank ons beide, twee hebb wie oppem Schoat,
onn ons ohl Oawebankke öß wedder lang on grot.

RUTH GEEDE

Es wär emoal e kleener Jung von fiftehalf Joahrkes, de heerd up dem Noame ›Kardel‹. Man blot sin Oma – dee wo de Mudder von sin verstorwenet Mutschke wär, da säd to em ›Kalla‹ und dat jefull em beeter, als wie ›Kardel‹. Ower sin leew Oma, de kräj he nich veel to sehne, denn dee wohnd e kleen Stund af inne Kerchdärp un dee hadd man e ganz kleen Stoofke innet Armehus. Dem Kardelke sin Voder dee hadd e Grundstik uppem Affbu, doa wertschaft he met sine fresche Fru – dat wär nu dem kleen Kardel sin Steefmudder.

Eene Dag – et wär jliek Wiehnachte – doa käm de Kardel inne Käch un säh to biem Wurscht moke. Sin Steefmudder, dee stunn anne Desch vär e groot Schettel voll Blotwurschtdig und fielld met dem Leepel dat rode Tiechs dorche End Kohhorn inne Därmsels rin. Ganz bloddige Händ häft de Steefmudder gehadd, ok de Jackearmel, ok de Schärt vull rode Plagge. Die Lina – wat de Deenstmarjell wär – de hadd de Därmselender met Band togebunde und häft se länge Rih uppem Desch gelеggt. Un de dick Makuthsche, dee wo vär hälpe gekome, dee hadd inne Holtwann de Därm jewasche – eenmoal met Schnee, eenmoal met Solt, un wedder met Schnee, un wedder met Solt – un hadd se jedrellt un jekrämpelt un von alle Side besehne un met e Handdok afjedreejt un denn terschneede. Un denn hadd de Makuthsche noe Maschin jesehne wo uppe Plat inne groot koppere Pann de Wärscht kokde; un hadd af un to Holt anjeleggt, datt de Flamme ganz rod utem Herdloch jesprunge sinn. Dat häft de kleen Kardel aller jesehne un häft wat wulld toa Lina sägge. Ower denn hadd em de Steefmudder met e Schleef jedroht un häft jeschompe: »Jung, hol et Mul! Wenn du wat säggst, denn platze mi de Wärscht up.« Un keener nich deerd e Wort to sägge; blot von weje de Wärscht, doa schischelde se sek wat to, un de Buersche fuchteld met de bloddje Händ dorche Luft, wenn se wat to befehle hadd.

Doa gung de kleen Kardel rut uter Käch un sett sek inne Stoow bien Voder uppe Kachelbänk.

»Jiwt bold Owenbrot?« fragd em de Voder noe Wielke.

»Ne«, meend de kleen Kardel, »de Käch is ganz vull Worscht! Se häbbe keen Tid nich far uns to koke.«

»Denn wird et woll hid owend all Worschtsopp met hitte Lewerwärscht jewe!« sed de Voder un jräpp noer Mätz, »wenn de Mudder froagt, denn säggst, ek si jejange, mi e Flaschke Rum hole – de Worschtsopp schmeckt met Groch beeter!« Indem mokd he de Lämp ut un gung.

De kleen Kardel wußd, datt wenn et inne Stoow diester wär, datt he denn inne Käch gohne mußd, drum schlech he sek wedder terigg, un de warm Damp schlog em umme Näs un dat roch aller no Peperkrut un Meiran un dat stunk no Därm un Fleesch. De Steefmudder, dee mängeleerd jeroads de jequollene Jrätt met Bloot tosamme. Un de Arnst, wo bie Bure deend, stund un drelld de Fleschmaschin, datt de Schwoarte kleenjemoakt wuerd. Un e groot Schettel met Fettstickselkes to Silz stunn ok doa un de groot dorchjespoldene Schwienskopp läg doabi – dat säh so gruslig ut. – Un de kleen Kardel deerd nuscht sägge un stelld sek bi em Arnst hen un kikd to, wie dat termoahlene Schwartefett uter Fleschmaschin rutakäm. »Jung«, schuscheld de Steefmudder, »kimmst mi undere Feet, goh inne Stoow.«

»Doa is diester«, sädd de kleen Kardel ganz leiske, datt de Wärscht nich sullde upplatze.

»Wo is de Voader?« froagd de Steefmudder.

»Is inne Krog jegange, em jankerd no Groch un Worschtsopp!«

»Sett di doa inne Winkel uppe Bänk un ätt!« befoll em de Steefmudder, »ower spoad di, ek bruk dem Teller!« Un se schäppd em e Leepel to, un nu mußd de Jung schlucke. De fette Supp wull nich recht glutsche, ower de Kardelke nähm seek tosamme; un wenn he dachd, datt et em terwarje sull, he schluckd alle runner so schwoar wie et em ok word. Wenn bi e Stickselke dreej Brotke wär datojewese – oawer dat deerd he nich to bidde. Wi he nu dem leddje Teller wedder terriggjäw, doa säd de Buersche: »Nu huck un speel« un se nähm seß Gansgurjle, dee hunge inne Schoschtienmantel up eene Band jetoge un wäre all dräj. Tosammejestickselt wäre se so wie runde Rind, un Arwte wäre binne, datt se hibsch kunnde klappre. Dee schmeed de Steefmudder dem Junge to; un he huckd sek wedder uppe Bänk inne Winkel un de Katt sprung to em rup un he speeld met de Katt un met de seß Gansgurjle. Up enmoal froagd de kleen Kardelke: »Towat häbbe wie ejentlich Wiehnachte?«

»Dommdriester Jung!« schämpd de Buersche, »towat wi Wiehnachte häbbe? Na – datt et sull Schwiensbroade jewe un Worscht un Silz, un datt wi Floade backe un Peperkokes – to dat is Wiehnachte!«

Et wurd späder un späder. De Storm huuld inne Schoschtien un de Schnee verfung sek mangke Strohmatt färem Finster un moakd uppe Schuwe witte Musterkes. Un wie de Worscht wär utem Kessel jenome, doa säd de Lina: »Mi grut – ek denk, hide ward noch de Schemmel kome!« Un de Arnst lachd un meend: »Ek heer em all klingere!« Ower de Wiehnachtsschemmel käm nich. – Un wie de kleen Kardel hadde Stund oder twee uppe Bänk gehuckt, doa ſull em de Kopp up een Sid un em käm de Schloap an. Doa nähm em de dick Makuthsche un brachd em to troage inne Stoow un schmeed em uppet

Bedd, un bestoppd em met de schwoare Todeck, datt he kunnd schloape bliewe.
Ower inne Käch doa jätt de Buersche de Worschtsupp in e deep Kuffel und schmeed de jeplatzte Wärscht rin. »Dat es de Jung schuld, de Kardel«, dachd se bi sek, »dee häft jeschabbert, wie min Wärscht in Kokes wäre.« Un se mokd so e Jesecht, datt se utsäh wie e bruner Peperkoke, wo de Korinteoge tosamme jeschorrt wäre und wo de Mandelnäs to deep inne Kokediek rinjedrickt worde wär. Jo, sulk e scheewet Jesecht mokd de Buersche.
Dem Kardelke dem wurd et emmer hitter under sin Todeck un up em läj de Katt und bewarmd em ok noch. Un dem kleen Jungje dreemd wat: un he säh vär sek eene groote dicke Kerdel, dat wär de ›Jrättworschtmann‹. Disser hadd e Kopp so groot wi e Mälsteen, ower dick un rund; un wo sunst de Hals sätt, doa wär dat met Garn afjebunde, un ut de Oge kwoll em de Jrätt rut un utet Mul stunde Sperkel so wie lange witte Tähn. Un dat Liew, un Arm un Händ, un Been un Feet, dat wär aller von Jrättworscht un truff vull Schmolt. De Jleddersch de wäre aller ajjeschnärt met Foadems. Diß jewaltje Kerdel käm näjer un näjer un drohd met dem Worschtfinger un full äwer dem kleene Junge un bedriggd em, datt he sek verschrock un lut upschräj! –
To dena Tid wär de Buer no Hus jekoma un dee huckd, wie et all twelwe jeschloahne hadd, bi Groch un Worschtsupp. Ower wie he sinem Junge em Bedd schräje heerd, do gung he to em, joagd de Katt runner und schloagd dem Todeck terrig. Wi he nu met de Hand dem Junge ävere Kopp fohr, wurd he jewoahr, datt de Kardelke schwitzig wär un säd toer Buersche: »De Jung häft sullk groot Hitt, de Jung is krank.«
»Wat«, schräj de Fru, »wer häft nu de Tid, Dokter to speele – ek nich! Nu vär Hilljedoag, bet de Worscht äwer Sid is, un denn de Floade to backe, un de Stoow to schiere, un wat noch aller is –! Häbb ek Tid no dem jriese Junge to sehne? Scheck em wech, lot de Grootmudder em nehme!« Un de Fru tog dem arm verschlopene un kranke Junge sine Sinndachskleeder an, bund em e dick Schalldok äwere Mätz, treckd em de Schoh äwere Feet un befull dem Arnst, datt he sulld dem Kobbel väre Schlede spanne. Denn packd se noch e poar Peperkokets tosamme: »datt se eenem nich berede!« un sätt dem Junge inne Schlede rin. De Arnst stoppd em noch de Perdsdeck umme Feetkes un sett sek deicht bi em ran, datt he em so recht bewarme kunnd. Denn knalld he met de Pitsch, un los gung et dem schneeje Wech lang. De koalde Flocke fullde sacht un week äwer se. Dat ganze Land wär witt un nuscht wär to häre, als hen un wedder wo e Schleedeglock, ower datt aff un an wo e Hund belld. De kolde Luft däd dem Kardelke god. He munderd sek

rasch up; un wie se dorchem Wold käme, wo de Dannebeem stunde, säd he tom Arnst: »Arenst, wennehr is Wiehnachte?«

»Morje is Hillje Oawend«, säd de Arnst, »un äwermorje is erscht Fierdag.«

»Towat is eejentlich Wiehnachte?« froagd de Kardelke.

»Na«, säd de Arnst, »de Fru säggd je: tom Fleesch fräte.«

»Dat is aller?« froagd Kardelke.

De Schleede bracht se wider un wider dorch e langet Därp dorch; doa wär vär jederem Hus underem Strohdack inne Schnee e grooter roder Plagg – dat wär vonnet Schwien schlachte. Man blot vär eene eenzji Där, doa wär dat nich – un dat wär dat Huske anne End vom Därp, deicht anne Kerche barch, dat wär dat Armehus. Un doa häld nu de Schlede stell, un de Arnst bund de Lien anne Schwengel an, un he drog de injepummelte kleene Junge innet Hus rin. Doa wär et ganz duster. Ower de Arnst kloppd rechter Hand anne Stoowedär.

»Wer es doa«, schräj de Oma met ehre hohe Stämm. »Wer es?«

Doa sätt de Arnst dem Junge anne Erd un gung terrig tom Perd. Un de kleen Kardelke schräj noch hicher und juchd jlick lustig up: »Oma – ek! Oma – ek!«

»Kalla, min Jung!« schröj de Oma und schlut de Där up un tog dem Jung rin und hardsd em un butschd em af. Un de halwe Nacht bet morjes vertällde se sik – so veel hadde 's sek to sägge. »Kalla, min Jung«, säd de Oma, »dat sinn nu scheene Wiehnachte far mi! Un wenn ek ok nich häbb e fett Schwien tom schlachte jehadd, dat schoad nuscht. De Fru Farr häft mir twelwe rode Äppel jeschonke un de Fru Kanter brachd mi jistre e lang Streemsel Floade. Dat es jenoch far di und far mi, Kalla, min leewer Jung!«

Un värmiddags, wie de Oma in ehr kleenet Stowke rumkrasseld, doa läj de Jung inne gode gesunde Schloap. Un de Oma gung alle Wielerkes emoal an dat groote Hemmelbedd ran un schlog ganz sachtke de jewärtelte Gardine terrig und betrachtd sek dem Junge. Un denn säh se in Jedanke in dat Jesicht von ehrer Duchter, wo dem kleen Kardel sin Muderke jewese wär. Ower wil de Jung noch in schlopens bliewe sull, drum lätt se em ligge un drussle.

Nich wit vonne Kerchebarch du fung de Wold an, un de Herr Färschter wär e frindlicher Mann; to dem gung se un he schonk ehr e kleen Danneboomke; un de Fru Färschter jäw e poar bunt Lichterkes un e Tud vull Pepernett dato, denn se wußd, datt dat ol Wiefke innet Armenhus wohnd. Wie de Oma nu met all dat no Hus käm, stelld se aller uppem jrene Kaste up. Dat Boomke putsd se ut un hung aller, wat se hadd, ran. Un de korte Dag gung rasch värbi, bold nomiddags wurd et all wedder diester. Un wie de Sunnke äwerem Schnee undergung, doa nähm de Oma de Hillje Schreft und sätt sek de Brill up un fung am Finster an to lese. – Met eenemmoal juchd wat in ehr groot Hemmelbedd, un de Gardine floge utenander. »Oma! Min Oma!« schräj de kleen Jung un hadd sullk klare, utjeschloapene Ogkes.

»Kalla, min Jung!« säd de Oma un de kloare Träne rollde ehr vär Freid vonne dreeje Backe runner. Un se waschd em un se tog em an un se jew em Kaffee und Floade.

»Ach, Oma«, säd de Kalla, »dat jefillt mi, datt ek hier nich bruk Worscht to freete, ek kann dena Wärscht nich mehr sehne, mi grut vär dat! – Sägg emoal, Omutschke – towat is bi die Wiehnachte?«

»Warscht sehne, min Jung!« säd se.

Doa funge de Glocke bute an to lidde. Un de Oma tog dem Junge Handschkes an un sätt em de Mätz up un nähm em anne Hand un gung met em enne Kerch. De kleen Kardel hadd noch keen Moal keen Kerch nich jesehne. Doa stunde twee groot hell Wiehnachtsbeem to beids Side vonnem Altar; un de Orgel speeld un de Scholkinder sunge: »Ihr Kinderlein kommet, o kommet doch all.« Un de ganz Kerch wär vull von Minsche ut all Därpersch inne Rund. Man blot dem Kardelke sin Voder met sin Fru, de wäre nich doa, denn dee fierte ehr Wiehnachte up eejene Art.

ERMINIA VON OLFERS-BATOCKI

Vär Winachte

Witt öngemummelt liggt de Welt –
ök goa se hen on dreem,
de Frost, dä knöppt, dat Schneke föllt,
et riekt noa Dannebeem.

Dat ös de röchtge Winachtsloft –
mi warrt so week to Sönn.
Ök hevv mi e Hampelmann gekofft
on een Kommruut – kommrön.

Ök kick mien Späältieg selig an –
mench ener drellt sök om:
»Wat späält dä möt dem Hampelmann –
so oolt on noch so domm!«

Nu huck ök oler Junggesell
ön miner Stoav alleen –
dat Moondke schient, mi warrt so hell,
as kunn ök Geister seen.

Mien Späältieg mi ganz schummrig stömmt –
moakt nich de Däär sök op?
Mien Mudder kömmt, mien Voader kömmt
on strikelt mi dem Kopp:

»Wie freit ons dat, ons oler Sään,
dat du nich trurig granzt –
wie ös dat doch von di so scheen,
dat du noch späle kannst.

De Mönsche wanke her on hen,
dat Glöck, dat stiegt on föllt –
sulk späältiegfreidger Kindersönn
buut sök een bäätre Welt …«

WALTER SCHEFFLER

Ostpreußisches Wörterbuch

Wie schön war es, als wir unsere Kinder noch mit dem ›Buschebaubau‹ im Zaum halten konnten. Die ost- und westpreußische Sprache war ungemein reichhaltig an bildhaften und klaren Worten, Begriffen und Redewendungen.
Die Leser des Buches werden da und dort auf Wörter stoßen, die sie vielleicht schon vergessen haben. Sie stellen sich schnell wieder ein, wenn Landsleute beisammensitzen und wie einst ›plachandern‹. Aber das ist ja schließlich nicht alle Tage der Fall.
Also haben wir hier eine Sprachbrücke gebaut für die Fälle, in denen die Erinnerung versagt. Wahrscheinlich wird der Leser bei dem ›A‹ beginnen und beim ›Z‹ aufhören. Es ist ein vergnüglicher Spaziergang durch unsere Heimatsprache, und oft genügt nur ein Wort, um alte Erinnerungen wieder lebendig werden zu lassen.

aasen, auch rumaasen, veraasen – vergeuden; Geld vergeuden
aasiger Wind – starker Wind
›mir ist ganz aasig zumute‹ – ›ich fühle mich sehr elend‹

aasig – sehr viel
z. B.: ›ich hab aasig zu tun‹ – ›ich habe mächtig zu tun‹

abäschern – sich abmühen

abbacken – backen (einen Kuchen)

abbeißen, einen abbeißen – trinken

abdreejen – abtrocknen

abgebrachter Feiertag – zu Zeiten unserer Großeltern der dritte Feiertag, der kirchlich gefeiert wurde und an dem die Gäste ›abgebracht‹ wurden

abmarachen – abquälen; zuviel arbeiten

abnehmen – fotografieren
z. B.: ›sich abnehmen lassen‹ – ›sich fotografieren lassen‹

Achtehalber – ein Fünfundzwanzigpfennigstück, das bis 1914 im Umlauf war

Affenschmalz (volkstümlich – das im Ersten Weltkrieg importierte Schweineschmalz

Alf – Papierdrachen

all – schon

allerballer – aus; zu Ende

altbacksch – altklug; auch altbacken, altes Brötchen

ambarschtig essen – sich überessen, wenn's zu gut schmeckt

amend – vielleicht

anstechen – Licht machen
z. B.: ›stech de Funzel an‹ – ›mache die Lampe an‹

Aptek, auch Doktor-Aptek – Apotheke

Aßjettchen – flache Schale

aufgeschirrt – viel zu früh fix und fertig angezogen sein und warten

aufkrasseln – Unordnung machen

aufrebbeln – 1. Gestricktes aufräufeln; 2. sich aufregen; sich über Gebühr mit Arbeit belasten

ausbaldowern – auskundschaften

ausfusseln – 1. ausfransen, z. B. den Rocksaum
2. umsonst reden, z. B.: ›da kann man sich den Mund fußlig reden ...‹ – ›man kann noch soviel reden, es hilft nichts‹

ausgeblechte Kehl – jemand, der viel Alkohol verträgt

ausgewaschen werden – vom Regen durchweicht sein

ausglutschen – ausgleiten (auf Eis oder stark gebohnerten Fußböden)

ausknüllen – austrinken (nur bei Schnaps)

ausknieweln – etwas austüfteln

auskratzen – ausreißen, z. B. vor Angst

auslausen – einen gutmütigen Menschen um Geld oder Gegenstände erleichtern; u. a. auch beim Kartenspiel

ausmolschen – faulenzen

auspellen – ausziehen (Kleidung)

ausstiebeln, auch ausstiepen – schimpfen

babbeln – schwatzen
Backebeer – der ganze Kram; die Siebensachen
Bagasch – 1. Gepäck; 2. unerwünschte Verwandtschaft
baggrig – baufällig
Barbutz – Friseur
barft – barfuß
bealles – tun; bedienen z. B.: ›ich bealles ihr‹ – ›ich bediene sie von vorne und hinten‹
Beeten – rote Rüben
Beetenbartsch – ostpreußisches Gericht von roten Rüben
bedammelt – wie betäubt sein
bedeiweln – jemanden verwirren; überreden
bedripst – niedergeschlagen sein
bedutt – aus der Fassung sein
befummeln – etwas in Ordnung bringen
begniddern – heimlich, versteckt lachen
begrabbeln, begrapschen – etwas anfassen; befühlen
Beisatz – Zusatz zum Braten in Form von Gelee oder eingemachten Früchten
beiwenigstens – mindestens; zumindest
bekleetern – sich mit Schmutz bespritzen
belapsen – jemanden bei etwas ertappen
bi – wenigstens
bleierne Ent – schwerfälliger Mensch z. B.: ›er huckt da wie e bleierne Ent‹ – ›er sitzt wie festgenagelt‹
benuscheln – 1. sich beschmutzen; 2. sich betrinken
bepulen – Streusel oder Rosinen aus dem Kuchen naschen
bepummeln – warm anziehen
beribbeln – blechen; zahlen
besacken – jemanden tüchtig ausschimpfen
beschettern – sich über die Maßen um eine Person oder Sache kümmern
beschlauchen – betrinken
beschwauksen – mit Wasser begießen
beschwiemen – ohnmächtig werden
besehen – 1. jemanden nicht leiden mögen, z. B.: ›ich kann ihn nich besehn‹ – ›ich kann ihn nicht leiden‹ 2. die Wirtschaft des Auserwählten vor der Hochzeit in Augenschein nehmen
bespalieren – Spalier bilden
betuddern – liebevoll bemuttern
betun – ich zieren z. B.: ›betu dich bloß nicht so‹ – ›stell dich nicht so an‹; ›laß dich nicht so lange nötigen‹
bewerfen – Nähte innen saubermachen
bewichsen – erledigen
Biswurm – Biesfliege, z. B.: ›du hast wohl 'nen Biswurm‹ – im übertragenen Sinne: ›du bist wohl übergeschnappt‹
blubacksch – Mensch mit bläulich-rot gefärbten Wangen
Blubber – Mund
Blubbermaul – schwatzhafter, vor sich hin schimpfender Mensch
blubbern – verächtlicher Ausdruck für schwatzen
Blubeeren – Blau-, Heidel-, Bickbeeren
bocksch – bockig
bölken – schreien
Boos – Wut; Ärger
boossig – bockig, wütend sein
Bowke – kleiner Gassenjunge, besonders so genannt in Danzig und Königsberg
braaschen – laut reden
Brasel – unsichtiges, wertloses Zeug
bräsig – behäbig; wichtigtuerisch
bremsen – jemandem eine runterhauen
brieschen, auch durchbrieschen – einen trinken; durchzechen
briseln – vor sich hin murmeln
Briselzimmer – Konferenzraum einer Gesellschaft
Brusch – Beule am Kopf
Bucht – Bett, z. B.: ›rin inne Bucht‹ – ›rasch ins Bett‹
Bugger – leichter Stoß
buggern – jemanden mehrfach anstoßen
Bullbas – Brüllaffe; schreiendes Kind
Bullerloge – billigster Platz auf der obersten Galerie des Theaters
Bullerwagen – Polizeiwagen, in dem

Betrunkene in Königsberg zur Wache gefahren wurden

Bunte Tut – Tüte mit gemischten Bonbons, die man beim Kolonialwarenhändler am Sonnabend für die Kinder bekam

burbeln – 1. Wasser gluckert im Kessel, wenn es kocht; 2. knurrender Magen

Buschebaubau, auch nur Bau-Bau – Kinderschreck, der soganannte ›schwarze Mann‹

Butsch – Kuß

butschen – küssen

Butterbüchs – verächtlicher Ausdruck für billige Taschenuhr

Chausseegeld – Geld, das Mutter zum ›Vatertag‹ ihrem Mann heimlich zusteckt

Christorbeeren – Stachelbeeren

Club – Redensart: ›wir waren gestern auffem Club‹ – gemeint ist der ›Club der Schlittschuhläufer‹ auf dem Königsberger Schloßteich, der nur gegen besondere Mitgliedskarte betretbar war, im Gegensatz zum ›Dittchenclub‹ auf der anderen Seite des Schloßteiches, wo man für zehn Pfennig beliebig lange bleiben durfte.

Couleur de Nuschel – ein Durcheinander von ausdruckslosen Farben

dakig – nebelig

Dämelsack – ein hoffnungslos dummer Mensch
Redensart: ›er is mit dem Dämelsack geschlagen‹ – ›er begreift überhaupt nichts‹

Damenwind – Redensart: ›heute schöner Damenwind‹ – eine bei den Cranzer Fischern gebrauchte Aufforderung für ängstliche Damen; mit anderen Worten: ›ruhiger Seegang‹

Dammelskopp – Dummer (Schimpfwort)

Dammlack – Dummkopf

dammlig – dumm

Dassel – Kopf

dasseln – jemandem einen Hieb oder eine Ohrfeige versetzen

deeren – sich nicht trauen; schüchtern sein

Deez – Kopf

Deikert, auch Deiker – harmlose Bezeichnung für den Teufel
Redensart: ›weiß der Deikert, war das schön‹ – ›weiß der Himmel, war das schön‹

Deiwel – Teufel
Redenart: ›der wohnt beim Deiwel auffe Rinn‹ – ›der wohnt weit außerhalb des Ortes‹; ›schlecht zugänglich‹

Deppke – alter, abgetragener oder auch unkleidsamer Hut

dickkoppsch – eigensinnig

Dickus – Dickerchen (für ein Kind, aber auch für beleibte Männer gebräuchlich)

Differt – Täuberich

Dimpel – kleiner Teich

Dingslamdei – Verlegensheitsausdruck für einen Gegenstand, dessen Namen einem im Moment entfallen ist.

Dittchen – zehn Pfennige
Redensart: ›der is bekannt wie 'n Dittchen‹ – ›er ist bekannt wie ein bunter Hund‹

Dojahn – Dummkopf

Drangtonn – Tonne, in der Abfälle für Schweine gesammelt werden
Redensart: ›ich bin voll wie e Drangtonn‹ – ›ich bin zum Platzen voll‹

dreej – trocken

dreibastig – vorlaut; keck

dreidammlig – dummdreist

Dreischlag – forsch im Gang und in der Arbeit
Redensart: ›das jeht wie im Dreischlag‹ – ›das geht wie geschmiert‹

Driffke – durchtriebener Mensch

driftig – verschlagen; schlau

Drippsdrull – ein Mensch, der ewig mißmutig und freudlos dreinschaut

drugglig – ein nicht großes, vollschlankes Mädchen; gilt aber auch für Frauen jeden Alters

Druschel – Ohrfeige

drusseln – vor sich hin dösen; kurz vor dem Einschlafen

Dubbas – Verlegenheitsausdruck für kleine Dinge, die man nicht ›auf der Zunge‹ hat, z. B. Flaschenöffner, Korken etc.
ducknackig – gebückt
Dulks – Stoß
Dummerjahn – dummer Mensch
Redensart: ›er is dem Herrgott sein Dummerjahn‹ – ›er kann nichts dafür, daß er so dumm ist‹
Dunstkopp – Brummschädel nach einer durchzechten Nacht
Dups – verlängertes Rückgrat
durch'ne Finger – kaputte Finger, auch vom Frost oder Waschen
durcher Käse – reifer Käse
durchrasseln – sitzenbleiben; durch ein Examen oder eine Prüfung fallen
durchschwuchten – durchfeiern bis zum Morgen
durchstuken – 1. Wäsche kräftig mit einem Holzstück schlagen; 2. eine gehörige Strafpredigt halten
durstern – Durst haben
Duschack – Dummkopf
duschig – dümmlich; zerfahren
Dussel – Dummkopf
Dutzkeilchen – Brüderschaft trinken
Redensart: ›wir haben doch keine Dutzkeilchen miteinander gegessen‹ – ›so vertraut sind wir noch lange nicht‹
dwatsch – dämlich

ehrpußlig – sich bewußt moralisch in Szene setzen
eigen – sauber; adrett
Redensart: ›sie ist eigen auf ihre Kledasch‹ – ›sie hält ihre Kleider in Ordnung‹
einfuchsen – eintrichtern beim Lernen eines faulen Schülers
einfuppen – in die Tasche stecken
einschuschen – ein Kind in den Schlaf singen oder wiegen
einschwunken – 1. zur Arbeit antreiben; 2. beim Tanz die Partnerin gehörig in Schwung bringen
einstänkern – stark parfümieren
Eklipasch – Equipage; auch der Landauer
Enkel – Fußknöchel
erkubern – 1. sich von einer Krankheit erholen; 2. geschäftlich hochkommen
erst wer – der erste beste
Redensart: ›ich bin doch nich erst wer‹ – ›ich bin noch nicht irgend jemand‹

Faselvolk – gemacht vornehm; geziertes Benehmen
fermost – famos
Fiddel; Fiddelgeiger – Geige; Violinist
Fiddelbogen – Geigenbogen
fijucheln, auch rumfijucheln – dem Vergnügen nachjagen; überall dabeisein
fijuchlige Marjell – vergnügungssüchtiges Mädchen
Fips – kleiner, unscheinbarer Mensch; auch Name für einen Hund
fipsiges Kleid – ausgewachsenes oder verschnittenes Kleid
Fisematentchens – Geschichten, z. B.: ›mach mir keine Fisematentchens‹ – ›mache mir keine Ungelegenheiten‹
fislig, auch fuslig – zerstreut sein
fisplig – unruhig; Kind, das keine Minute stillsitzen kann
Fitzelband – Nahtband
Fixnietel – sonniges Baby
Fladrusch – 1. ursprünglich: hohe Haube; kann aber auch pompöse Haarpracht, hochaufgetürmte Frisur bedeuten – 2. ein etwas übermäßig gerüschtes Kleid
Fleck – ostpreußisches Nationalgericht
fleien – aufstapeln, z. B. Holz
Flick – kleiner Stoffrest
Redensart: ›das is e lustiges Flick‹ – ›das ist ein lustiges Mädchen‹
Flochten – Flügel
Redensart: ›die Flochten hängen lassen‹ – ›total niedergeschlagen sein‹
Flochtenmantel – scherzhafte Bezeichnung für einen zu weit geschnittenen, wallenden Mantel
Flunsch – schmollender Mund
Redensart: ›zieh nich so 'ne Flunsch‹ – ›mach nicht solch ein Gesicht‹

fluschen – flink arbeiten
Redensart: ›das fluscht ihm man so‹ – ›er arbeitet für drei‹
flutschen – leicht gleiten
Flutschkeilchen – ostpreußisches Gericht
fodern – fordern; etwas erbitten
fuhrwerken – scharf arbeiten; aber auch mit den Händen sprechen
Fusseln – kleine Überbleibsel von Fäden auf den Teppichen
fußlig – ausgefranst
Redensart: ›da kann man sich den Mund fußlig reden . . .‹ – ›man kann noch soviel reden, es hilft nichts‹

Gänsegekröse – Gänseklein
Ganter – Gänserich
Gebraasch – lautes Durcheinandersprechen
Gebrasel – unnützer Kram
Gebrisel – leises, undeutliches Schwatzen, das weder Sinn noch Verstand hat
gebumfidelt – sich sehr geehrt fühlen
geistliche Sauce – zu hell geratene Sauce
Geklier – unsauberes, auch unleserliches Schriftstück, Brief
Gekrassel – Gerümpel
gelackmeiert – angeführt; hintergangen sein
geraten – schaffen, z. B. ›Ich gerat nicht mehr‹ – ›ich schaffe es nicht mehr‹
Gerebbel – sehr großer Mensch
Redensart: ›Erbarmung, is da e langes Gerebbel‹ – ›Himmel, was ist das für ein großer Mensch‹
Gewürzer – Kolonialwarenhändler
Gibbel – Mund, z. B.: ›halt de Gibbel‹ – ›halt endlich einmal deinen Mund‹
Gibitz, auch Geibitz – alter Gauner, der andere übers Ohr haut
gieprig – auf etwas lüstern sein; Verlangen auf ein bestimmtes Gericht haben
Gilken – gelbe Garten-Bauernblumen
glabbrich, glamsig, glibbrig – schleimig, z. B. die Haut vom Aal, aber auch Seife usw.
Glumse – Quark
Glumskopp – dummer Mensch
glupen – unfreundlich blicken
Gluper – kleine Fensterscheibengardinen
glupsch – unfreundlich
glutschen – gleiten
gnaddrig – zänkisch; schlecht aufgelegt
Gnatzkopp – Querulant
gniddern – heimlich kichern
Gniefke – Geizhals
gnietsch – geizig
Gnos – kleiner Junge
Schimpfwort: ›so e gnosger Kreet‹ – ›so ein unverschämter Bengel‹
gnosig – nicht gut gelaunt sein
Gnubbel – 1. kleiner Mensch; 2. Reste von Bleistiften usw.
goa! goa! – ungläubig: na! na!
gransen – weinen
grapschen – nach etwas greifen
Greifchen spielen – Kinderspiel: Haschen, Kriegen
grifflachen – sich still über etwas belachen
Grumpel – kleiner Haufen; Krümel
Guter Mann – Trauzeuge

Haafke – plattdeutscher Ausdruck für Habicht
Hacheln – 1. stangenförmige Dinge, z. B. Äste, die lang in die Luft ragen; 2. überlange Arme
hamschen – schnappen; raffen
Handspirkel – geräuchertes, gebratenes Bauchstück, das man zur Arbeit aufs Feld mitnahm und zu trockenem Brot aus der Hand aß
Hanschke; Handschkes – Handschuh, Handschuhe
happig – reichlich
Has'chebrot – Frühstücksbrot, das Vater von der Arbeit zurückbrachte und das besonders gut schmeckte
beben – unruhig sein, z. B.: ›es bebt einen‹ – ›ich habe keine Ruhe zum Sitzen‹
Heemskes – 1. Ameisen; 2. kleine unterernährte Kinder; 3. schmaler, zartgebauter Mensch
Heideldeidel – 1. Krimskram
2. mit Kind und Kegel, z. B.: ›mit

allem Heideldeidel zogen sie los‹ – ›mit Kind und Kegel fuhren sie ins Grüne‹

Hietscherche – Fohlen

Hobs'che spielen – Kinderspiel: ein Stein wird geworfen, nach dem man auf einem Bein zuhüpft und ihn aufhebt

Hofgänger – ungelernter Landarbeiter

horchen – gehorchen

Hotz – scherzhafter Ausdruck für Bett z. B. ›rinn inne Hotz‹ – ›schnell ins Bett‹

hubbern – frieren

hucken, huckenbleiben – sitzen; sitzenbleiben: nicht versetzt werden, keinen Mann bekommen
Redensart: ›er huckt wie auf der toten Kuh‹ – ›er arbeit wie besessen‹

humplig – höckrig
Redensart: ›das Wasser is mir zu humplig‹ – ›das Wasser hat zu große Wellen‹

Huschchen – ein zarter Zweig, z. B.: ›ein Huschchen Flieder‹ – ›ein kleiner Zweig Flieder‹

iezen – stehlen

Ilske – Iltis

inzwei – entzwei

is all – es ist schon in Ordnung, z. B.: ›is all‹ – Kinderspiel: die Kinder rufen ›es ist soweit‹, wenn jedes sein Versteck gefunden hat

jachern, auch rumjachern – ausgelassen sein; fröhlich herumtollen

jachrig – vergnügungssüchtig

Jampel – minderwertiger Mantel

Janker – Begierde, Appetit auf etwas haben

jankrig – lüstern auf etwas sein (besonders gebräuchlich bei Gerichten)

Jelböhrchen – Pfifferlinge

Jleddersch – Glieder

Jrät – Grütze

juchen – laut vor Vergnügen schreien; kreischen

Jungensmarjell – Mädchen, das sich mit Jungen herumtreibt

Jux – Tand; wertloses Zeug, z. B.: ›so 'n Jux rauch ich nich‹ – ›diesen Tabak lehne ich ab‹

kabbeln – sich zanken

Kabolzkepflaster – Steinpflaster

Kabolz schießen – einen Purzelbaum schlagen

Kaburr – kleine Hütte

kaddern, auch auskaddern – Wäsche waschen

Kaddig – Wacholder

Kader – Doppelkinn

kadreiern – mit Hinz und Kunz schwatzen

Kadreiersche – schwatzhaftes Weib

kakelbunt – grelle Farben durcheinander

kakeln – plaudern

Kakelnest – ein Kind, das nicht aufhört zu fragen

Kalabräser – breitkrempiger Hut

kalbeeken – unaufhörlich reden oder schimpfen; auch zur Vernunft predigen

kalbern – albern sein; kichern

kalte Lameng – von ›la main‹ (fr.), z. B.: ›er macht alles mit der kalten Lameng‹ – ›er macht alles mit leichter Hand, spielend‹

Kalupp – baufälliges kleines Haus

Kalus – Gefängnis

Kampen – ein Stück Brot, meist der Kanten

Kaneel – Zimt

kankautsch – mäkelig

Kanthaken – Wickel, z. B.: ›jemanden beim Schlaffittchen fassen‹

Karauschen – Fische mit Maibutter

karsch – mutig

Kasel – altes Kleid

Kasewelk – Umschlagtuch einer Bäuerin

Kastroll – Kochpfanne mit Stiel

Kattun kriegen – ausgeschimpft werden

Katzenkopp – Ohrfeige

Keilchen – kleine Klöße

kicken – schauen; sehen

Kieker; auf dem Kieker haben – auf jemanden schlecht zu sprechen sein

kiewig – mutig; auch frech

Kirschkreid – ganz dick eingekochte

Sauerkirschen, vorher entkernt und nach dem Kochen duch ein Sieb gemahlen – wie Kreide
klabastrig – wackelig; zerbrechlich (auch bei Gesundheit)
klamm – 1. eiskalt, z. B. Hände; 2. knapp an Geld sein
Kleckerkerzen – tropfende Kerzen
Kleetern – Schmutzspritzer
Kleewer – plattdeutsch für Klee
Kleinmittag – zweites Frückstück auf dem Lande vor dem Mittagessen
klietschig – gefallener Hefekuchen
Klinger – Klingel, z. B.: ›er hat 'n Klinger‹ – ›er ist übergeschnappt‹
Klingermann – Milchmann, der durch die Straßen fährt und mit einer Schelle sein Kommen ankündigt
Klippschul – Hilfsschule
klotzen – blechen; bezahlen müssen, z. B.: ›er hat klotzig viel Geld‹ – ›er hat furchtbar viel Geld‹; ›er kann ruhig alles bezahlen‹
Klotzkorken – Holzpantoffeln
klugkosen – sich als gescheit aufspielen; altklug sein
klumpatsch – ungeschickt sein
Klunker – kleines Mehlklümpchen
›alte Klunker‹ – verächtlicher Ausdruck für ein weibliches Wesen
knastorn – stark frieren
kniewlig, auch ausknieweln – knifflig; über etwas nachdenken
Knipsgroschen – kleines Taschengeld für alle Fälle
knurksen – knurren
Knust – 1. ein Stück Brot; 2. eine Beule am Kopf
Kobbel – alte Stute
Kodder, Wischkodder – Aufwischtuch
Koddern; zerkoddern – uralte Kleider; zerreißen
Koppscheller – Pferdehändler, vor dem man sich in acht nehmen muß
Kopskiekelwein – Johannisbeerwein
Kos – Ziege
kraalen – Laute von sich geben, z. B. ein Baby, bevor es sprechen kann
Kragge – alte Pferd
kraggeln – 1. mühsam gehen; 2. unbeholfen schreiben
Krahlwasser – Redefluß, z. B.: ›du hast wohl zuviel Krahlwasser getrunken‹ – ›dir läuft mal wieder die Zunge über‹
krasseln – aufräumen
Krasselzeug – Schimpfwort, z. B. ›ekelhaftes Volk‹
kraufen – kriechen
Krauter – Greis
Kreet – Schimpfwort, z. B.: ›so 'n Kreet‹ – ›so 'n Lausebengel‹
Krekeln – wilde Pflaumen
krengeln – sich drehen; winden
Krengelstuhl – Drehstuhl auf einem Bein
Kreppsch – Markttasche; Einkaufsbeutel
Kreppschull – Wickel, z. B.: ›einen beim Kreppschull nehmen‹ – ›jemanden beim Kragen fassen‹
Kribbelkopp – leicht erregbarer Mensch
krieslig – 1. außer sich vor Freude sein; 2. schwindlig sein
Kriggelkraggel – unleserliche Schrift
krillen – kräuseln, z. B. das Haar
krischeln – etwas in der Pfanne braten
Kronsohn – Liebkosung für den Stammhalter
Kruck – Krug; 1. Wärmkruck – Wärmflasche; 2. alte Kruck – alter, putziger Mensch; 3. anno Kruck – vor unzähligen Jahren
Kruppzeug – mildes Schimpfwort für kleine Kinder, die unartig sind
Kruschel-Muschel – Krimskrams
Kruschken – kleine wilde Birnen
krutzen – kränkeln; wird auch benutzt für Pflanzen oder Bäume, die nicht gedeihen wollen
Kuckel – Kuchen
Kuffel – hohes irdenes Gefäß
Kujel – Schwein; Eber
Kullerreifen – Kinderspielzeug: großer Reifen
Kulpsaugen – hervorquellende Augen
Kummchen – kleine Schüssel
Kumst – Sauerkohl
Kumstkopp – Schimpfwort für einen etwas beschränkten Menschen
Kunter – kleines Pferd
Kuppelweiber – Bezeichnung für Kö-

nigsberger Marktfrauen
Kurr, Kurrhahn – Puter
Kurrepest – vor vielen, vielen Jahren
kurrig – nörgelnd
Kusseln – Unterholz; kleine Fichten

Laban – langer Kerl
Labommel – Lümmel
Lachodder – Lümmel
Laps – grüner Bengel; dummer Junge
Lauks – scharfer Ausdruck für Lümmel
leckern – naschen
leddje – leer
Leibkuchen – rundes Hefegebäck mit Zuckerguß
Licht – Redensart: ›du redst wie e Endche Licht‹ – ›du redest ohne Sinn und Verstand‹
Liliekanfalien – Maiglöckchen
Lischke – Einkaufsbeutel
Lorbaß – 1. Lümmel; 2. Draufgänger (beides in gutem und bösem Sinne)
losschächten – energisch voranschreiten mit ausladenden Armbewegungen
Lucht – Bodenraum
luchtern – begierlich nach etwas sehen
luchterne Augen – die Augen überall haben
Luntrus – Lümmel
Lutschbacken – sehr volle runde Wangen
Lutschpungel – Schnuller für Babies

Maachen – Liebkosung für ›Mama‹
maddern – mühselig etwas reparieren
Magrietsch – einen Freitrunk nach einem Geschäftsabschluß geben
mäklig – wählerisch sein; schwer zufriedenzustellen
mang – inmitten; unter
mängeleern – mischen
Marjell, Marjellchen – Mädchen
Maschin – eiserner Herd
Maschkuppie – eine Gemeinschaft in Geschäften – Sprichwort: ›Maschkuppie is Schieterie‹
Mauchen – Pulswärmer
mausig machen – sich in Szene setzen
Meiran – Majoran
Meschkinnes – Honigschnaps, auch Bärenfang genannt
misrig – schwächlich
Modder – Schlamm
Molkenziemer – Schmetterling; Kohlweißling
molsch – 1. faul, müde; 2. verfaultes Obst
mucksen, auch aufmucksen – rebellieren
Mummeln – gelbe Seerosen
munklig – nicht mehr ganz frisches Essen; unangenehmer Beigeschmack
Muschel-Muschel – keine klare Farbe; verwaschen
Muschkeboad – plattdeutsch für Streuzucker
Musköppe – die schwer von Begriff sind (kommt von ›Mus‹, dem Gericht, das langsam gelöffelt wird), z. B. in der Schule sagt der Lehrer: ›die einen begreifen sofort, die andern sitzen da wie de Musköppe‹
Mutzkopp – Ohrfeige

Nachschrabsel – Nachkömmling
nachzageln – hinterherlaufen
Nahber – Nachbar
nahbern – schwatzen; plaudern
nich kiks, nich kaks – das ist weder-noch
niedlich machen – sich zieren
niep – genau
nippen, auch einnippen – kurz einschlafen; ein Nickerchen machen
nuckeln – saugen, besonders bei Kindern an der Flasche
Nuschelei – langsame, unordentliche Arbeit
Nuscheljere – Journalière
nuscheln, auch benuscheln – 1. sich schmutzig machen; 2. sich betrinken; 3. saumselig arbeiten
nuschlig – 1. schmutzig; 2. von keiner bestimmten Farbe
nuscht – nichts
nuscht-nich! – nein; kommt gar nicht in Frage

Oap – Affe (Schimpfwort)
oberwärts – westliche Gegend Deutschlands

obsternatsch – widerspenstig sein
Ohrbetongs – Ohrringe
ojahnen – gähnen
Okel; auf der Okel – Dach; auf dem Dach
oppendopsch – 1. rebellisch sein; 2. ein etwas beschränkter Mensch, der leicht mißversteht; 3. untersetzte Person, die sich aufspielt

Pacheidel – kleines Gepäckstück
Packzeug – Gesindel (Schimpfwort)
Pamel – altes Brötchen
pameln – langsam kauen
Pampuschen – warme Hausschuhe
Pams – dicker Brei
pannebratsch – 1. mit jemandem auf du und du stehen; 2. plumpvertraulich tun
Paretzken – verächtlicher Ausdruck für abgetretene Schuhe
paschen – Karten mischen
Paslack – Diener; auch jemand, der ausgenutzt wird, z.B. Dienstbote, Knecht
Patscheimer – Wassereimer
Patschhand – Hand eines kleinen Kindes
Paudel – meist: Hutschachtel
Peede – Holztrage auf den Schultern für Korbe der Marktfrauen, aber auch für Wassereimer auf dem Lande
peesen – schnell laufen
Penter – Rohrstock zum Verprügeln
perzen – schwer arbeiten
pesern – Tannenzweig über einer brennenden Kerze hin und her bewegen
petrich – unbeholfen sein; ungeschickt sein
piesacken – quälen (bei Mensch und Tier)
Piesekatz – zärtlicher Name für eine Katze
pingsern – herumprobieren
pinslig – zu sorgsam sein
Pischer – kleiner unbedeutender Gewerbetreibender
Pischkachel – Kind, das sich dauernd die Hosen naß macht
plachandern – sich lebhaft unterhalten
pladdern – in Strömen gießen
Plagge – Flecken
Plauksch-Pardauksch – urplötzlich
Plautz – Lunge
Redensart: ›sich die Plautz voll ärgern‹ – ›sich zum Platzen ärgern‹
plierig – entzündet; tränende Augen
pliesern, zerpliesern – zerreißen; abpflücken
plietsch – heimtückisch
plinkern – mit den Augen zwinkern
plinsen – weinen
Plon – Erntezeit
Plume – Pflaumen
Plumepingste – Pfingsten, Pflaumenpfingsten
Redensart: ›da kannst warten bis Plumepingste‹ – ›da kannst du vergeblich warten‹ (Pfingsten gibt es noch keine Pflaumen)
plustrig – aufgeblasen; auch locker, z. B. beim Teig
Pogg – Frosch
Poggenritzer – Zigarrenabschneider
Pogiften – ›bis dorthinaus‹, z. B.: ›er ist verschuldet bis inne Pogiften‹ – ›er ist über die Maßen verschuldet‹; ›ich schlaf morgen aber bis inne Pogiften‹ – ›ich schlafe morgen bis in den späten Tag hinein‹
Pojaz – Fatzke
polken, rumpolken – rumrühren; wühlen
pomale – bedächtig; phlegmatisch
Pomuchel – Dorsch
Pomuchelskopp – Dickkopf
Ponarth umwenden – ein speziell Königsberger Ausdruck für einen weiten Umweg, der nicht nötig wäre, um ans Ziel zu kommen
porren – drängen
Posauk, Posaukenpack – geringschätziger Ausdruck für niederes Volk
Posen – Betten
Redensart: ›nu aber rin inne Posen‹ – ›nun aber hinein ins Bett‹
Pracher – Bettler
prachern – betteln
pranzeln – unaufhörlich um etwas bitten
Präzenter – Dorfschullehrer
premsen, auch reinpremsen – vollstop-

fen, z. B. den Koffer oder Sack, daß er fast platzt
Prepel – Maifisch (mit Butter)
prepeln – still vor sich hin essen, ohne aufzusehen oder sich am Gespräch zu beteiligen
preppsch – mürrisch; trotzig
Prickel – 1. Zahnstocher; 2. eingebildeter Mensch; Dandy; 3. Lockenwickler
prickeln – 1. herumstochern; 2. ungeschickt mit Stricknadeln umgehen
Redensart: ›ihn prickelt wohl der Hafer‹ – ›ihn sticht wohl der Hafer‹
Prieslauch – Schnittlauch
proschen – um etwas bitten
prudeln – nähen
pulen, auch bepulen – kratzen, z. B. an einer Wunde
Pungel – gefüllter Beutel, z. B. für Wäsche
Purzel, Purzelchen – Schmalzgebäck; liebevoller Ausdruck für Kleinkinder
puschei'che machen – streicheln
puscheien – streicheln
Puschel – jemand, der niedere Arbeit verrichtet
puseln – herumwirtschaften
Redensart: ›na, Frau Puselchen, wie wär's mittem Käffchen‹ – liebevoller Ausdruck, um jemanden ein wenig bei der Arbeit zu unterbrechen und eine Tasse Kaffee mit ihm zu trinken
puuschig – ein sich weich anfassendes Fell bei Tieren, z. B. bei Katzen
quanzweis – so nebenbei
quarren – ein Kind quarrt, weint leise vor sich hin
quasen – vergeuden
quiddern – unterdrückt kichern
quiemen – quälen, z. B.: ›er quiemt bloß noch so hin‹ – ›er quält sich sehr‹ (das gleiche gilt für eine Pflanze, die nicht wachsen will); von ›quiemen‹ spricht man auch, wenn die Pfeife des Rauchers stinkt

Rabauk – Junge, der viel Krach macht; Lümmel
Rachachel – zu lang geratenes weibliches Wesen
Rachull; rachullig – habgieriger Mensch; habgierig sein
raggen – gewöhnliche Arbeit verrichten, z. B. ›Dreck raggen‹
rappeln – sich anstrengen; sich zusammenreißen, z. B.: ›da mußt du dich aber rappeln‹ – ›da mußt du dich aber gehörig zusammennehmen‹
Raps haben – einen Tick haben
raren – laut schreien
rausmustern – sich vorteilhaft entwikkeln
rebbeln, runterrebbeln – 1. aufräufeln von Maschen; 2. schnell erzählen, berichten, vorlesen
Redensart: ›der rebbelt das man so runter‹ – ›der kann das auswendig‹
Reester – Flick für Schuhe
Reißdeiwel – kleiner Lorbaß, der seine Kleidung dauernd kaputt macht
Reißmandichtig – Rheuma
Rippentriller – Rippenstoß
Ritz – Ritze
Redensart: ›das is wie inne Ritz jeschorrt‹ – ›das ist wie vom Erdboden verschwunden‹
rösch – knusprig
Rotzkodder – Taschentuch
Rubbelbrett – Waschbrett
rubbeln – reiben
rumbringen – jemanden ins Gerede bringen
rumbiestern – umherirren
rumdammeln – albern sein
rumdrawalksen – dauernd unterwegs sein
rumgansen – gähnen
rumkrutzen – kränkeln
Rumpelkasten – unaufgeräumter Näh-, Flick- oder Werkzeugkasten
rumpuscheln – bedächtig dies und das tun
rumranzen – jemanden beschimpfen
rumschettern – flitzen
rumspenkern – leichtsinnig Geld ausgeben
Rumtreibersche – Mädchen, das nicht auf sich hält
Rung – Stützbalken an einer Leiter
Redensart: ›er is faul wie e Rung‹ – ›Faultier‹

Ruscheldups – Kind, das nicht eine Sekunde stillsitzen kann
ruscheln – rascheln
Ruschewill – unruhiger Geist

sacht – langsam
Redensart: ›sachtche, sachtche‹ – ›nur mit der Ruhe‹
›es hat aufjehört mit Sachtregnen‹ – ›es fängt an zu gießen‹
Saurampf – Sauerampfer
Schabbelbohnen – Schneidebohnen
schabbern – plaudern
Schäckert – männliches Jackett
Schacktarp – Zeit der Schneeschmelze
schaden – fehlen, z. B.: ›schadt dir was‹ – ›fehlt dir etwas‹; ›ich glaub, dem schadt was‹ – ›ich glaube, bei dem is was nich richtig‹; ›was schadt dir‹ – ›was fällt dir eigentlich ein‹
Schaff – kleiner alter Schrank
Schafszagel – Dummkopf
Scharwerker – ungelernter Landarbeiter
Schaschke – einfacher Soldat; auch Verehrer eines einfachen Mädchens
Schauer – Schuppen
Scheeske – Rockschoß beim Gehrock
scheiweln – nachlässiger Gang, so daß die Füße schleifen
Schempel – alter Mann
scherbeln – tanzen
schettern, auch rumschettern – herumgehen; jemanden an der Arbeit hindern
schichern, auch schuchern – erschrekken; einschüchtern
Schiemannsgarn – Kautabak
schillern – ›vor sich hin dösen‹, kurz vor dem Einschlafen im Sitzen
schischeln – flüstern
Schischkes – Tannenzapfen
Schlabberchen – Lätzchen für Kleinkinder
schlackern, ausschlackern – einen Laufer u. a. ausschütteln
Schlauben – Hülsen, z. B. von überbrühten Mandeln
Schleef – Holzlöffel
Schlorren – Pantoffel
Redensart: ›der hat sich mal wieder die Schlorren vollgeschöpft‹ – ›der hat sich aber gehörig betrunken‹
Schlubberchen – ein Schlückchen
Schlumske – schmeichelnder Ausdruck für ein Kind
Schlunz – mit Roggen- oder Weizenmehl gebundene Wassersuppe
schlunzig – schlampig; sehr nachlässig
Schlusohr – Schlafmütze
Schmadder – nasser, aufgeweichter Boden; auch zu dünn geratener Pudding oder Schlagsahne
Schmalzbirnen – sehr saftige grüne Birnen
Schmand – Sahne
Schmandbixen – weiße, lange Strandhose für Herren (ironischer Ausdruck)
Schmeißweg – Straßenhändler
Schmelekserchen – Schmeckprobe
schmengern – naschen
schmirgeln – braten
Schmiser – Freund, meist von Dienstmädchen
Schniefke – Kautabak
schnurgeln – aufziehen (Nase)
Schossel – vergeßlicher Mensch
Schrumm – Tanzvergnügen
schnubbrig – etwas kühl, z. B.: ›ich schubber man bloß so‹ – ›mir ist kalt‹
Schubiak – Schuft
Schubrien – Haarsträhne
Schumm – Trunkenheit, z. B.: ›im Schumm sein‹ – ›seiner Sinne nicht mehr mächtig sein‹
schuschen – schlafen
schußlig – albern sein
Schuwe – Scheibe
schwaddern – 1. regnen; gießen; 2. Wasser aus einem Eimer vergießen
schwadronieren, auch rumschwadronieren – Auf- und Abgehen beim Warten; sich herumtreiben
schwuuksen – planschen; überschütten
Schweinevesper – Mahlzeit zwischen Kaffee und Abendbrot (auf dem Lande)
schwoofen – tanzen
schwuchten, herumschwuchten – liederlich leben
Schwuchtjee – Liederjan

schwummrig – schwindlig; übel sein, z. B.: ›mir is ganz schwummrig‹ – ›mir ist ganz schwindlig‹
Seeger – Uhr
Singbeutel – liederlicher Mensch
socken – ausreißen; schnell laufen
Spacheister – dünner, jüngerer Mensch
spacheistrig – dünn
Spendierbixen anhaben – großzügiger Mensch; jemand, der eine Runde ausgibt
spendinabel – freigebig
spenkern – leichtsinnig sein, z. B.: ›der spenkert man so mit's Jeld‹ – ›der wirft mit dem Geld nur so um sich‹
Spickfuß – Fußtritt
spiddrig – hager; dünn
Spillen – kleine gelbe, runde Pflaumen
Spillkuks – sympathischer Possenreißer
Spirkel – Speckstücke
Stippel – Gefäß zum Wasserschöpfen
Stabutzer – kleiner, stämmiger Junge
Sternicksel – Schlag ins Genick
Stiem – Schneesturm
Redensart: ›im Stiem sein‹ – ›angeheitert sein‹
Stillfreitag – Karfreitag
Streemel – Streifen
strietzen – stehlen (aber im gemäßigten Sinne, z. B. wenn Kinder etwas naschen)
Stubbekopp – ein Mensch, der schwer begreift
Stuchlinski – Stichling
stuken – Wäsche durchstampfen mit einem Holzgerät
stukern – rütteln, z. B. der Wagen stukert
Stundenlutscher – Bonbon am Stock; Lutschstange
Sturgel – Holzgerät zum Durchrühren der kochenden Wäsche
suckeln – lutschen, z. B. aus der Milchflasche oder an der Lutschstange

tachteln – verprügeln; eine Ohrfeige verabreichen
Takelzeug – Gesindel (Schimpfwort)
Tändelschürzchen – kleine, zarte, weiße Schürze, die man anbehielt, wenn Besuch kam; sie hatte zwei kleine Taschen; man konnte damit ›tändeln‹, sich wiegen, sich etwas kokett bewegen
tibbern – anstoßen
Tonbank – Ladentisch
tratschen – klatschen, z. B.: ›olle Tratsche‹ – ›alte Klatschbase‹
trautst – allerliebst
Trautsterche – Liebchen
triezen – jemanden dauernd zur Arbeit antreiben
Trittoar – Bürgersteig
trogschnauzig – frech; unverschämt
Tröster – Rohrstock des Lehrers
trunschig – altmodisch; auch altjüngferlich
Truschbock – Kaninchenbock
Tulpche Bier – ein kleines Glas Bier
Tuntel – Nase, z. B.: ›er hat sich mal wieder ordentlich die Tuntel begossen‹ – ›er hat sich wieder mal gehörig betrunken‹

überwendlich – verdreht; ungeschickt
Uhl – plattdeutsch für Eule
Redensart: ›du kickst wie e Uhl utem Schmolttopp‹ – ›dir sieht man an, daß du erstaunt bist‹
Uhlenflucht – Dämmerstunde
Uhlepingste – vor sehr langer Zeit
Undererschke – unsichtbare Geister, die unter der Erde gelebt haben sollen
unegalsche Finger – ungeschickte Finger
Uschi – kleiner Dummerjan

veraasen – kaputt machen; die Kleidung nicht schonen
verbeisert – auf etwas versessen sein
verbiestern – sich verirren
Verdrußkasten – Buckel
vergrätzt – verärgert
verhubbert – verfroren sein
verkaisern – verkaufen; auch Gegenstände oder Geld verjubeln
verklammt – vor Kälte erstarrt sein (bei Füßen und Händen)
verknusen – leiden mögen
verloddert – sehr unordentlich sein
verlöten – einen Schnaps trinken
verpimpeln – Kinder zu warm anzie-

hen, so daß sie bei geringstem Luftzug späterhin sofort eine Erkältung bekommen; verzärteln

verpirren – verhindern

verratzt – verloren, z. B.: ›ich bin total verratzt‹ – ›ich bin verraten und verkauft‹

verschaukeln – jemanden anführen

verscheiweln – abgetretene Sohlen oder Absätze (bei Schuhen)

verspaakt – heiser sein; ausgetrocknet – z. B.: ›verspaakte Kehl‹

Vertellchens – kleine Geschichten; Anekdoten

vertellen – erzählen

Vijelin – Geige

Vijohlchens – Veilchen

Wabbel – Käfer

Wallrutschersche – Rumtreiberin

weimern – jammern

weiße Salbe – so nennt man jemanden, der angeblich von nichts weiß, der scheinbar unschuldig ist

weißnasig – blaß

Wengtiner – Landstreicher (kommt von dem Spiel ›vingt et un‹, das die französische Besatzung spielte)

Wippzagel – Bachstelze

Wischkodder – Aufwischlappen

Wischkoll – Wickel; beim Wickel nehmen

wischig – zerstreut

Wune – ein Loch, das in die Eisdecke geschlagen wird

wurrachen, auch rumwurrachen – anstrengend körperlich arbeiten

wutschen, rüberwutschen – schnell zu jemandem laufen

Zacklinder – Zylinder

Zagel – Schwanz
Redensart: ›kommst übern Schwanz, kommst übern Zagel‹ – ›ach, es wird schon irgendwie gutgehen‹

zaglig – wenn Rocksaum, Gardinen usw. ungleich lang sind

Zampel – verächtlicher Ausdruck für alte Frau

Zazkes – Dummheiten

zergen – streiten

zerkoddert – zerlumpt

zerpliesern – zerreißen

Zich – Kissenbezug, z. B.: ›Flickerzich‹ – ›Stoffbehälter für Flicken‹

Zigahnsche – Zigeunerin

Zippel – Zwiebel

Zippelkruschke – Zipfelmütze, z. B.: ›unter nona nuschke mit der Zippelkruschke‹ (Spottvers auf die Abc-Schützen)

Zislaweng – mit Pfiff

Zoddern – wirre, ungeordnete Haare, z. B.: ›Zoddernkoppsche‹ – ›ungekämmtes, ungepflegtes Mädchen‹

Zudeck – Deckbett

Zunder geben – jemanden beschimpfen; jemandem einheizen

zuner Wagen; zune Fenster – geschlossener Wagen; geschlossene Fenster

zurückdummen – alles, was man gelernt hat, vergessen

zurückzoppen – zur Vorsicht anhalten oder zurückschrecken

zuschustern – beisteuern; jemandem etwas zugute kommen lassen

Zwerge – kleine runde Quarkkäschen
Redensart: ›man kann nich aus Dreck Zwerge backen‹ – ›man kann nicht aus Dreck kleine Kuchen backen‹

zwingen – schaffen, z. B.: ›ich zwing nich mehr‹ – ›ich schaffe es nicht mehr‹

MARION LINDT

Namen- und Titelregister

Albertchens Wunschzettel am lieben Weihnachtsmann 165
Arfte möt Speck 172
Auf dem Fischmarkt 78
Auf Schloß-Hauptwache 207

Bialluch, Max 178 ff, 195 ff, 197 ff
Bienenfeld, Wilhelm 11
Bink, Hermann 79, 112, 139 ff, 187, 207 f
Botsky, Katharina 199 ff
Broscheits Ohm 231
Budzinski, Robert 15 f, 19 ff, 182 f

Da hilft kein Beten; da hilft nur Mist 187
Das Bad am Samstagabend 95
Das Genie 145
Das graue Buchche 223
Das Zeugnis 157
Dat lewe Veh 193
Dat Pölzke 161
De Brill 230
De Fasteldanz 99
De Oawebank 241
Der arme Sauerampfer 105
Der Bauer stirbt 176
Der Besuch der Kirchhofsfrauen 236
Der Hahn 53
Der Kielke plinkt 170
Der Leseteufel 31
Der Meister erzählt . . . 194
Der Richtige 79
Der Strauß 126
Der Schafbock 212
Der Schießprügel 197
Der Zauberer Gottes 63
Die Babies 136
Die Birgschafft 134
Die Fliegen-Medizin 116
Die Frau, das Echo, die Stadtuhr und die Schnecke 59
Die Hoffmannstropfen 178
Dietrich, Alfred Otto 142, 193, 194 f
Die verhaßten Fremdwörter 207
Die wichtigsten Ortschaften des Landes 19
Du warscht lache 11

Eine heitere Religionsstunde bei den Kleinen 139
Eine Liebesgeschichte aus Masuren 101

Fechter, Paul 63 ff
Felchner, Kuno 236 ff
Finckenstein, Ottfried Graf 24 ff
Friehling 111

Gardey, Ernst 111, 121 ff, 137
Geede, Ruth 105 ff, 241
Geschichten aus dem Alltagsleben 83
Gesinnungswandel 116
Glaske Beer 184
Grentz, Georg 170, 176 f

Hanne, das Kind 121
He kennt em nich 48
He kennt en Buchels schlecht! 175
Herbstlied eines Königsbergers 235
Hesse, Otto Ernst 53 ff
Hilfsschrankenwärter Koschorrek 233
Höcher rop! 208

Johannes, Robert 36, 134 f, 136, 169

Kardelkes Wiehnachte 242
Keenigsberger Klops 169
Keyser, Charlotte 124 f
Kindermund 129
Kindliche Logik 142
Klatsch 36
Kleine Geographie Ostpreußens 16
Kleine Philosophie über den ostpreußischen Humor 7
Klootboom-Klootweitschen, Kl. 137 f, 212 ff
Königsberger Histörchen 61
Kudnig, Fritz 80

Lau, Alfred 94, 118, 144, 230 f, 233 f
Laura oder der Markt zu Wehlau 199
Lenz, Siegfried 31 ff, 101 ff
Lindt, Marion 7 ff, 16 ff, 37 ff, 72 ff, 83 ff, 129 ff, 223 ff, 228 f

Mai, Richard 61 f
Man ömmer dütsch rede 46
Marktfrauen 126

Mein erstes Gedicht 159
Mein Hund 118
Miegel, Agnes 95 ff
Mutterwitz 195
Myrtenkranz und Blaubeerkraut 112

Née, Franz, 172, 184, 231 f
Nehrungsfischer im Wirtshaus 80
Nu aber Schluß! 144

Olfers-Batocki, Erminia von 99 f, 242 ff
Omas Frühjahrsmantel 228
Onkel August 182
Originale vom Pregel und der Mottlau 72
Ostpreußisches Ortschaftsverzeichnis 22

Panka, Heinz 145 ff
Perlchen 24
Petukat, Friedrich Erich 157 f
Pilze 94
Plenzat, Karl 170, 208

Reichermann, Wilhelm 46 f, 48 f, 175
Resée, A. de 165 f
Rottluff, Ernst 29 ff

Sassnick, Siegfried 116
Scheffler, Walter 247
Schukat, August 161 ff
Selbstverständlich 137
Spottverse 23
Sprichwörter 19, 36, 93, 104, 110, 144, 183, 192, 235
Spukgeschichten 40
Staschus, Daniel 78, 126

Über das Land 15
Unser Bertchen 124
Unser Briefträger Carl 234
Unsere lieben Alten 223
Unser täglich Brotchen 137

Vär Winachte 247
Volksweise 104
Vom ostpreußischen Gemüt 37
Von Kriegern und Pferden 209
Von Kutschern und Köchinnen 119

Wagner, Ruth Maria 159 ff, 234
Was zu nuscht ös 104
Wat kunne wie supe 173
Weder Optimist noch Pessimist 29
Weiß, A. von 22
Wenn es Meddag? 142
Wensky, Herbert 40 ff
Wetterregeln 193
Wiener-Braunsberg, Josef 235
Wolff, Johanna 104

Quellennachweis

Hermann Bink: »Fideles Ostpreußen«, Göttingen 1959, Elchland-Verlag
»Ostpreußisches Lachen«, München 1961, Aufstieg-Verlag
»Ostpreußisches Lachen: Königsberger Marzipan«, Königsberg, Verlag Hartungsche Zeitung
Paul Fechter: »Der Zauberer Gottes«, Gütersloh 1954, Sigbert Mohn Verlag
Kuno Felchner: »Der Hof in Masuren«, Stuttgart 1934, J. G. Cotta'sche Buchhandlung
Georg Grentz: »Da lacht selbst der Leuchtturm«, Oldenburg 1958, F. W. Siebert Verlag, 29 Oldenburg, Ostlandstr. 14
Siegfried Lenz: »So zärtlich war Suleyken«, Hamburg 1955, Hoffmann & Campe Verlag
Richard Mai: »Ostdeutsches Anekdoten- und Historienbuch«, München, Verlag Volk und Heimat
Agnes Miegel: »Gesammelte Werke«, Düsseldorf 1954, Eugen Diederichs Verlag
Heinz Panka: »Auf der Brücke«, Braunschweig 1957, Georg Westermann Verlag

Der Verlag dankt allen Autoren und Verlagen für die freundliche Genehmigung zum Abdruck.

Erzählungen großer Autoren unserer Zeit in Sonderausgaben

Das Haus am Eaton Place

Porträt einer englischen Familie

die Romane zu der erfolgreichen Familienserie

Bis jetzt erschienen:

Porträt einer Familie
John Hawkesworth rororo Band 1937

Die Frauen der Bellamys
John Hawkesworth rororo Band 1938

Die Zeiten ändern sich
Molly Hardwick rororo Band 1939

Für König und Vaterland
Molly Hardwick rororo Band 1952

901/1

172/16

12/19